龍と人の文化史百科

池上正治
Shoji Ikegami

原書房

（上）龍袍を着た清（第6代）乾隆皇帝

（左）明（第16代）天啓皇帝
の龍袍の龍

中国最大の九龍壁（山西省大同。長さ45.5m、高さ８m、厚さ２m）

上図の九龍壁の中央に位置する龍

双龍が珠を取り合う（北京・北海の皇帝専用の階段）

黄河に浮かぶ一対の龍（甘粛省の蘭州）

結氷した汾河の龍（山西省大同。全長126m、頭の高さ16m）

ハルピン氷祭りの龍（黒龍江省）

春節の夜の龍（山西省大同）

巻龍（玉製、紅山文化）

玉製の龍（紅山文化、62項）

龍体人面の彩陶（仰韶文化、63項）

黒陶の龍（龍山文化、64項）

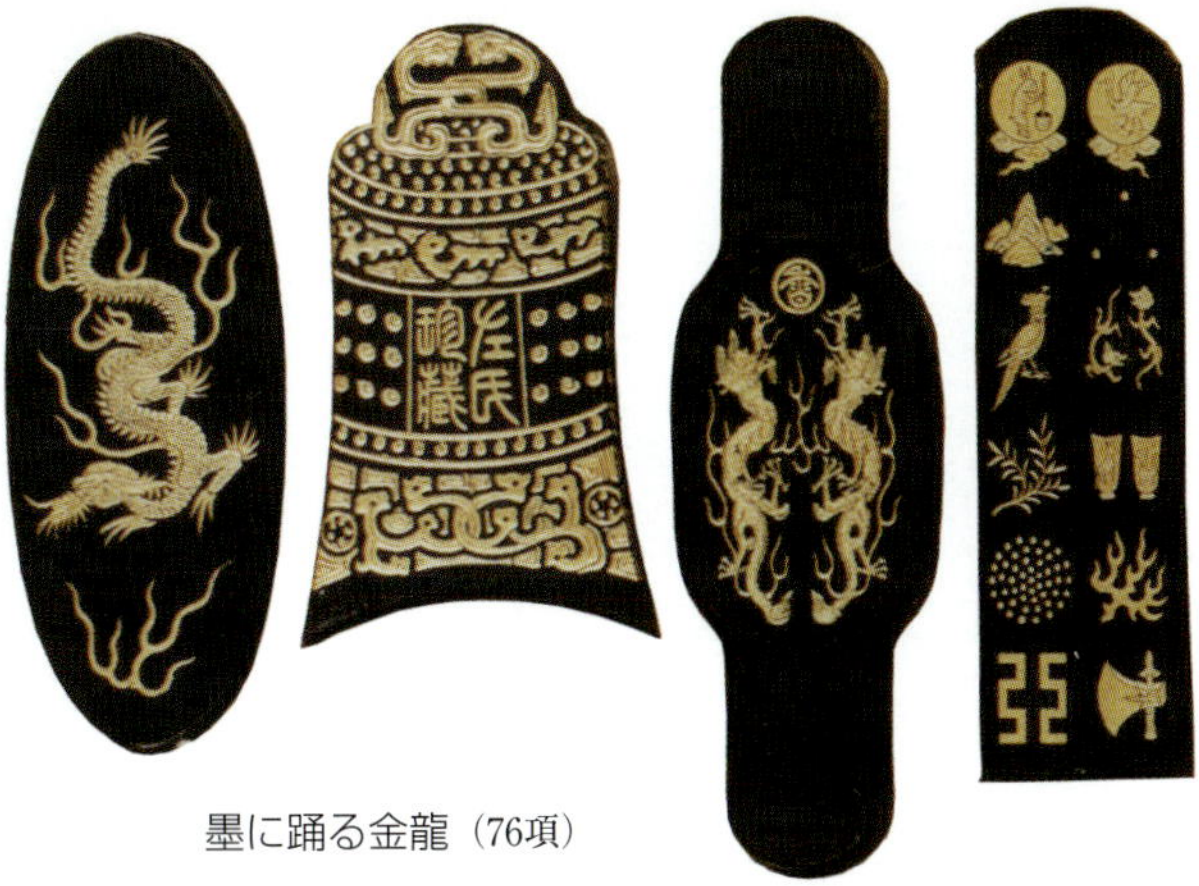

墨に踊る金龍（76項）

金雲の瓶に五彩の龍（79項）

宋代の壺に龍

青花の壺に龍（74項）

藍の盤に白い龍（73項）

皇帝は普段着でも龍と（78項）

九龍紋の硯、金龍の筆（77項）

長城（左）と黄河がクロス（寧夏・銀川）

長城東端の日の出（40項）

黄河・龍門の激流（38項）

長城西端の嘉峪関（41項）

虫送りを導く龍（青森県、107項）

絵馬（龍門の鳴龍、栃木県、1項）

農民魂を感じさせる龍踊り（四川・灌県、2項）

勇壮な龍蛇の雨乞い行事（埼玉・鶴ヶ島、108項）

ナーガが守る寺院の階段（タイ国）

乳海攪拌（92項）の立体群像

中国の年画カード（1項）

張り子の龍（1項）

日本の年賀切手（2012年、1項）

ミレニアム龍年（2000年）に
発行された100元札（1項）

龍と人の文化史百科

池上正治

序　章　龍と辰年　1
1　辰年は、龍のグッズから　2
2　十二支の中でも異質な「辰」　5
3　辰（龍）の年は歴史的に荒れ模様　7
4　日本初の切手に龍の絵がら　9
5　中国初の切手には大龍が躍る　13

第Ⅰ章　龍と中国の歴史　19
6　龍と人祖・伏羲と女媧との関係　20
7　鼎の完成した日、黄帝は龍にのり昇天　22
8　龍と黄帝と鼎との不思議な関係　24
9　農耕社会で雨を管理する龍王　27
10　治水に成功した禹は龍の一族か　29
11　神の龍を感じて生れた王者たち　31
12　葉公、龍を好む　34
13　逆鱗に触れれば命はない　36
14　龍顔を拝する恐怖と光栄と　38

15　かくして龍と皇帝とが合体した　41
16　漢代、ほぼ完成した龍の全体像　44
17　臥龍とは待望される天才のこと　46
18　画龍点睛の故事　48
19　龍袍を着せられて天子となった宋の太祖　50
20　龍頭蛇尾は禅問答の『碧巌録』から　53
21　あたかも龍が飛ぶような筆づかい　55
22　故宮の龍の石段は皇帝の専用　57
23　龍の銀貨を鋳造して列強に対抗　60
第Ⅱ章　龍と中国の伝承　63
24　龍と鳳とは二大トーテムだった　64
25　龍という姓は舜の時代からあった　66
26　龍の九匹の子どもと、その役割　68
27　東の守り神「青龍」と古代中国の天文学　70
28　殷代の甲骨文字にいくつもの龍が　73
29　周代、金文の中で龍は形を整える　74
30　あの孔子が老子を龍にたとえた　76

31 憂国の詩人・屈原の作品にみる龍 79
32 最古の字典『説文解字』にみる龍 81
33 黄龍は天下太平のシンボル 83
34 銭龍にはかない夢を托した芸妓 85
35 龍は未解明の両生類との説 87

第Ⅲ章 龍と中国の地誌 91

36 中国文明の母は暴れ巨龍――黄河 92
37 黄河の激流が流れ下る――龍門 94
38 鯉が登れば龍となる――登龍門 96
39 中国大陸を東西に走る蒼い巨龍――万里の長城 99
40 蒼い巨龍が東端で海水を呑む――老龍頭 101
41 巨龍の西端の端麗な尾――嘉峪関 104
42 龍門から見おろす絶景――昆明 106
43 龍脈は大地の気が流れるルート――崑崙 108
44 龍穴とは大地の気がでるところ――崑崙山 110
45 アジア最大の滝の龍門はさながらジェット噴射――貴州 113
46 龍宮では地底の舟遊び――貴州の水洞 115

47 龍宮は神仙の世界——山東省、河北省 117
48 邪をかわす照壁に龍が躍動する——山西省大同市 120
49 九朝の芸術が花開く龍門——河南省洛陽 122
50 孔府には例外の龍の石柱が——山東省曲阜 124
51 龍井から名水が湧きでる——杭州 127
52 龍蚕の脱皮とその斑点——蘇州、杭州 129
53 シルクロードに龍の女神がいる——新疆 131
54 千仏洞の壁画には白い龍——新疆キジル 133
55 龍は怒る、欲張り男の目玉の要求——山東省 136
56 水を盗んで殺された龍——北京郊外西山 138
57 水しぶきを浴びてペーロンを競う——長江 140
58 羊飼いになった龍の娘と男の約束——洞庭湖 143
59 ミャオ族が龍を迎え龍を引く——湖南省、貴州省 145
60 龍踊りのにぎやかなお祭りムード——四川省灌県 149

第Ⅳ章 龍と中国の文物 153

61 四川省の自貢は中国の恐龍の郷 154
62 六千年前、新石器時代の玉製の龍 157

63 仰韶文化の彩陶に龍体人面の文様 159
64 龍山文化の黒陶にとぐろを巻く龍 161
65 龍骨の模様から殷墟の大発見 163
66 殷の女傑・婦好が愛した玉製の龍 166
67 春秋時代、青銅器を飾る四匹の龍 168
68 戦国時代に龍のアクセサリーが流行 170
69 漢の最古の吉祥図に現われた黄龍 173
70 唐代の青銅の鏡に躍動する龍 175
71 西安の碑林では龍が螭首を飾る 177
72 宋代の黄玉の杯に戯れる龍 180
73 白龍が飛翔する元代の青い盤 182
74 景徳鎮の逸品、青花龍文壺 184
75 明代のすかし紙に躍る金線の龍 186
76 金の龍が映える清代の黒い墨 188
77 明・清の九龍紋の硯と金龍の筆と 190
78 皇帝は普段着でも龍とともに 191
79 清朝の赤絵の白磁瓶に龍が遊ぶ 193

第Ⅴ章　龍と中国の食と薬　197
80　農暦二月二日には龍が頭をもたげる　198
81　蓬萊の島に「清蒸龍王」があった　200
82　龍鍋で庶民の味・餃子を格上げする　203
83　東北地方の飛龍のスープは献上料理　205
84　龍眼とは甘美なフルーツだった　207
85　秘法の龍菜は、皇帝専用の強壮剤　210
86　小さなタツノオトシゴも強精薬　212
87　身近かな漢方薬にも龍骨の処方　214
88　洗龍からは水しぶきがあがった　217

第Ⅵ章　諸外国の「龍」　221
89　龍に守られる国ベトナム　222
90　龍を見に、初めて韓国ソウルまで　226
91　済州島に、もう一つの龍王祭　229
92　乳海を撹拌するナーガ　232
93　国旗に龍がいるブータン　235

94 龍はナーガやドラゴンとは異なる存在 238
95 ヘラクレスに退治されるドラゴン 240
96 『聖書』世界のドラゴンを考える 243
97 英国のワイヴァーンは生気にあふれ 245
98 ロシアのドラゴンの歴史的背景 247
99 中南米のククルカンは農耕神 251

第Ⅶ章 日本人と「龍」 255

100 正倉院の御物に太古の龍骨 256
101 浦嶋神社には龍宮城の掛け軸が 258
102 日本のあちこちにある龍穴――奈良県宇陀市 260
103 日光の鳴き龍は、耳と目を悦ばす 264
104 龍にちなむ植物――金龍草・銀龍草 266
105 高級ブランド米「龍の瞳」 269
106 豊作祈願の蛇踊りは実は龍 272
107 青森では龍の頭で「虫送り」 274
108 四年に一度の龍まつり――埼玉県鶴ヶ島市 276
109 ドラゴン・サミットの市――茨城県龍ヶ崎市 279

110 「雪舟の龍」から大運河に挑戦 283

おわりに 287

索引 293〜289

地図 294

序章　龍と辰年

1　辰年は、龍のグッズから

二十一世紀の最初の辰《タツ》年である。それにちなんだ龍のグッズを拾ってみた。寝ても覚めてもという程でもないが、龍のことは常に念頭にある。取材の際や、通りかかった店などで買い求めた龍のグッズは、数だけなら相当ある。

最新のもの、ということで、辰年の年賀切手である。絵がらは、龍の頭の張り子、土の鈴であり、いかにも目出たい色あいだ。五〇円切手は、相模土鈴の龍頭（相沢伊寛・作）で、八〇円切手は、土佐和紙（雁皮）を用いた張り子の龍（田村多美・作）だ。それぞれに三円をプラスした「お年玉番抽せん」があり、全部で、四種類がある（口絵8頁参照）。

こちらも最新、中国の龍年の年賀カードと封筒、年画はがき。黄色い龍をデザインしたカードと封筒はセットで、値段は五・五元、封筒のうらには抽選番号がある。文字の「龍図献瑞」「瑞祥雲龍」「富貴無疆」などは、赤く印刷されている。二種類のはがきは、赤と金で印刷してあり、どちらも抽せん番号つきで、値段は〇・八元である（口絵8頁）。

最も小さいのは、張子の龍（口絵8頁）である。身長が七センチ、体重は五グラム、出身は埼玉県の鶴ヶ島市である。ここには県の選択無形民俗文化財に指定されている「脚折《すねおり》雨乞行事」があり、そのマスコット。勇壮な行事は、108頁に。

最も重い（サイズの割りに）のは、身長は六センチながら、体重が二八〇グラムもあるのは、銅製だから。金メッキの上に、ゴマ粒ほどの金片がたくさん散りばめてあり、光る（口絵8頁）。三枝惣太郎・作という、銘入りだが、どこで買ったのか記憶はない。

紙一枚、といえばそれまでだが、散華《さんげ》で龍をデザインしたものは珍しい。散華とは、仏を供養するために花をまくこと。それに用いる紙製などで、蓮の花びらの形をしたものも、散華という。女人高野でしられる室生寺《むろうじ》（奈良県宇陀市）の散華（102頂）に、北方の守護する青龍が画かれる理由は、現地にいくと納得できる。

龍の絵馬《えま》もある。これは「龍門の鳴龍」の絵馬（口絵7頁）で、烏山（栃木県那須烏山市）で入手した。絵馬とは本来、神社や寺院に祈願する時、その祈願が成就した時、お礼として奉納する五角形（家の型）の板である。それによく馬が画かれたことから、その名があるという。近年では、その年のエトの絵がらに、「合格祈願」や「結婚成就」などを記したものが多いようだ。この札を媒介とし、何ごとかを祈念するのは、本来は中国の道教の儀式である。

お金をグッズにいれていいか否か、すこし迷うところだ。ただ、中国のこの一枚はかなり特殊であることを考えて、敢えて取りあげた。特殊というのは、記念紙幣だからだ。十二年前、西暦二〇〇〇年は辰年だった。まさにミレニアムの龍の年というわけだ。日本でも話題になったが、中国の過熱ぶりはその比ではなかった。この前後、龍にちなんだ各種のイベントがあり、龍をテーマとした多くの本が出版された。「新世紀を迎えて」と印刷された紙幣があることを知ったのは、じつは三年後のことだった。北京にある最大規模の書店は、ビル丸ごとの図書大厦《としょたいか》である。半日いても飽きることはない。豪華本のコーナーでのことだった。通りすぎたガラスケースの中に、何かある、と感じた。呼ばれた、というような感じでもあった。

まさしく龍デザインの百元札（口絵8頁）である。百元札は中国の最高額紙幣であり、日本の一万円札に相当する。店員に値段を聞くと、額面の約五倍だという。この後は相談である。中国のことは、よろずネゴシアブルなのだ。ねばって額面の約三倍までいき、合意した。使うことのできない、一枚だ。

香港では、各銀行が紙幣を発行しているため、かなりの種類があって、香港査打銀行の二十円紙幣のように、大きく龍を描いたものもある。

一番の大物は、長崎の「蛇おどり」の暖簾である。たて横ともに一メートル強。本書の106項にあるように、正しくは「長崎くんち」であり、国の重要無形民俗文化財。諏訪神社に奉納される演し物で、ダイナミックに躍動するのは明らかに龍であるのに、「蛇おどり」とは、これいかに？ どうやら現代人の概念がいささか貧弱なようだ。虫→蛇→龍と連想する、それが伝統的な思考法なのである。

禹《う》といえば、中国の神話に登場する英雄とされ、治水の神とされてきた。だが、中国の歴史では、禹は、紀元前二〇七〇年から始まる夏朝の創設者として、実在の人物とされる。その真偽はともかく、禹という文字は、「虫」と「九」を組み合わせたものだ。禹は、虫すなわち蛇、すなわち龍をトーテムとする有力な血族集団の指導者だったのでは……。

龍をイメージすると、その前途は無限である。

ささやかな龍グッズからスタートし、本書を楽しんいだだければ、幸甚である。

2　十二支の中でも異質な「辰」

日本の田中角栄首相が、中国の周恩来《しゅうおんらい》総理に相まみえたのは、一九七二年秋のことだった。日本と中国の国交正常化をめぐり、両者のあいだに厳しい議論があったことは周知のとおりである。その前後に、こんなエピソードがあったとは、あまり知られていない。

田中「中国に十二しかなく、九億もの人民が一つずつ持っているのは、何でしょうか?」

周「それは干支《エト》でしょう」（笑い）

日本ではエト（干支、兄弟）というが、本家の中国では一般に生肖《ションシャオ》という。正しくは、天干（十干）と地支（十二支）を組み合わせたいい方である。

天干＝甲《コウ》、乙《オツ》、丙《ヘイ》、丁《テイ》、戊《ボ》、己《キ》、庚《コウ》、辛《シン》、壬《ジン》、癸《キ》

地支＝子《ね》、丑《うし》、寅《とら》、卯《う》、辰《たつ》（龍）、巳《み》、午《うま》、未《ひつじ》、申《さる》、酉《とり》、戌《いぬ》、亥《い》

この天と地の要素を、甲子（きのえね）、乙丑（きのとうし）、丙寅（ひのえとら）……と組み合わせていくと、六十通りになる。それを生年などに当てて、暦としたのである。

暦の起源をここで語るゆとりはない。ただ、辰（龍、リュウ）が十二支のなかで異質な存在であることは確かだ。というのも、子（ネズミ）にしろ、丑（ウシ）にしろ、明明白白に実在する動物なのである。ところが、リュウだけは、馬小星著『龍』（35項）のように実在説もあるが、一般的にいえば、やはり空想上の存

龍をあしらった民間の素朴な切り絵

在なのである。

民間につたわる伝説や伝承は、人びとの文学的な空想力の結晶である。十二支をめぐる中国の民間故事も、きわめて興味ぶかいものである。それによれば、エトを決めたのは最高神の玉帝《ぎょくてい》である。その会場や日どりのことも、動物たちに、すでに通知が出されていた。

当日、リュウは意気揚揚と会場にやって来た。それというのも、リュウの全身には鱗《うろこ》が光り輝き、立派な鼻やヒゲなどもある。どう考えても、「我こそは」と思ったからである。しかも一日前、特にニワトリにたのんで、一対の角まで借りてきて、頭のうえに配したのである。

玉帝は果たせるかな、リュウをふくむ十二種類の動物を選び、エト（生肖）の地位を認めたのだった。子（ネズミ）、丑（ウシ）、寅（トラ）、卯（ウサギ）……の順である。

しかし、この選定の前後には、色いろな「物語」があったという。例えば、それまで仲良しだったネズミとネコの関係が非常に険悪となった。その理由は、ネズミは、ネコにエト選定の通知の伝言を忘れただけでなく、自分がエトのトップに選ばれたからである。

あの角を、リュウに貸したばかりに落選した、と思いこんだのはニワトリである。それからというもの、オンドリの鳴き声は、「オイ、龍《ロン》さん、あの角《チャオ》かえせ」となったという。その真偽はともかく、リュウの辰年は十二年に一回めぐってくる。

3　「辰」（龍）の年は歴史的に荒れ模様

辰（龍）年のことは、前項でも触れたように、十二支のなかで、それ以外の干支《えと》とはすこし異質のようである。龍（辰）なるものが実在するかどうかはともかく、中国人は一般に、この龍《ロン》（辰）年には「ある種の感じ」をもっている。

それは漠然とした恐怖感のようでもあり、恐るべきことの到来の予感でもある。

現代史の例では、一九七六年の辰年、毛沢東《もうたくとう》と周恩来《しゅうおんらい》が死んだ。国家の最高指導者と、共産党の最高指導者とを、二人いっぺんに失ったのである。その悲しみの深さは、たぶん外国人には、とくに政治家があまり尊敬されていない外国では、まず理解できないだろう。

湖南省の農民の家に、一八九三年に生まれた毛沢東。彼は中国共産党の創立大会（一九二一）に参加、農民運動を指導して、革命を実践した。井岡山《せいこうざん》や延安での根拠地、*紅軍の命運をかけた大長征、抗日統一戦線の提唱、中華人民共和国の建国、人民公社をふくむ社会主義化、そして文化大革命……。

そのどれ一つをとっても、毛沢東の独創的な発想や、強力な指導力と切りはなすことは不可能である。彼はよく「厳父」にたとえられる。

それとは対照的に、「慈母」にたとえられるのが周恩来である。江蘇《こうそ》省の役人の家庭に生まれ（一八九八）、

*根拠地　いずれも革命の聖地。1927年、毛沢東が労農紅軍を率いて井岡山を根拠地とし、1931年、瑞金に中華ソビエト共和国臨時政府が樹立。国民党軍に追われ、1934～36年にかけ徒歩による大遠征「長征」により延安に到達。中国共産党の中央は1935～48年まで延安に存在。

よく龍を画いた陳容の作品の部分（南宋）

天津の南開学校の時代から、ハンサムな秀才として有名だった。中国では学生運動の指導者であり、留学先のフランスで共産党に入党している。国民党の蔣介石《しょうかいせき》が監禁された西安事件（一九三六）や、建国後の国際会議などでも、彼は卓越した交渉能力を発揮した。周恩来に一度でも会った人は、中国人であれ外国人であれ、彼のファンになってしまった。

こうした建国の偉大な指導者たちを、同時に失った辰年。それは中国人の辰年にたいする「ある感じ」をいやが上にも印象づけた事件だった。

だが、これには反論もあるだろう。龍の年は十二年に一回めぐってくるのであり、十二分の一の確率にすぎないと、それも一理なのだが、歴史をもうすこし振りかえってみたい。

一八五六年の辰年には、アロー号事件。英国籍の小帆船アロー号が広州で海賊の容疑で臨検された。これを口実に英仏は中国への侵略を開始する。広州を占領した両国軍は、北上して天津にせまり、清朝と天津条約をむすび、さらには北京《ペキン》を占領して、北京条約をむすんだ。こうして帝国列強の中国侵略は一歩ずつ進められることになる。

一七九六年、白蓮教徒《びゃくれん》の乱。白蓮教は南宋《なんそう》にはじまる民間の宗教結社であり、弥勒《みろく》仏を信仰。元末には紅《こう》巾《きん》の乱の主力となった。清朝中期のこの年、河南・湖北・四川などの広い地域で、白蓮教を中心として農民反乱が起った。清朝の正規軍や地方の義勇軍がようやく鎮圧したのだった。古くは、唐王朝に事実上の引導をわたした黄巣《こうそう》の乱が終った年（八八四）もまた、龍の年である。

龍蛇の歳といえば、タツとヘビの年のことであり、とかく賢人が死ぬとされる。こうした歴史的な事実や、いわゆる伝承をまえにすると、やはり辰（龍）年のもつ意味を考えてしまう。そこには人知を越えた何かが、存在するのだろうか。

4　日本初の切手に龍の絵がら

日本で最初に発行された切手は「竜文切手《りゅうもん》」である。それは明治四年（一八七一）四月二十日のことだった。この切手には四種類あり、黒色で印刷された銭四十八文、青色の銭百文、赤色の銭二百、緑色の銭五百、である。薄い和紙に印刷され、大きさは一九・五ミリ四方の正方形と、日本の切手としては現在も「最小」サイズである。うら面には糊がなく、周囲のギザギザ（目打ち）もなく、国名も表記されていない。

日本が近代化に邁進しはじめた明治初期、第一番目の切手に龍をデザインしたのは、銅板師の松田敦朝《あつとも》（緑山《ろくざん》、一八二七～一九〇三）である。松田はすでに、明治政府が発行した太政官札のデザインを担当していた。それは日本初、全国に通用する紙幣だった。その太政官札に用いた「双龍」を、切手にも応用したのである。

日本初の郵便切手「竜文切手」

この竜文切手をすこし詳しく見てみよう。向かいあった一対の龍を双龍《ならびりゅう》という。龍には雌雄があり、雌は左、雄が右であることは、五倍くらいに拡大すると納得できる。左の龍の頭髪は寝ており、口から吐く火炎もやや小さく、女性的だ。右の龍は頭髪が立っており、火炎も大きく、なるほど男性的である。その中間には「銭四十八文」など、銭勘定すなわち切手の額面があり、それを双龍が守り、保証しているかのようだ。

竜文切手では、雌雄の龍を囲むようにして、二種類の文様がある。内側が七宝《しっぽう》飾りであり、外側が雷文《らいもん》飾りである。七宝は金や銀、銅などの金属を下地とし、そのうえに釉薬《ゆうやく》をのせ、高温で焼成する工芸である。その誕生は中近東とされ、シルクロードを通り、日本へ。その美しさをデザイン化したのが、七宝飾りだ。雷文飾りは、古代中国の青銅器にも刻まれており、方形が渦巻きのように連続している。このあたりのことは、市田左右一著『竜切手』（昭和四六年、私家版）に詳しい。

敢えて、ということで、竜文切手の「雷文飾り説」に、異論を唱えてみたい。それが、ラーメン丼の内側のふちを飾る、あの文様だからである。それは実は「喜」という文字を二つ横に並べた「囍」を、さらに連ねてデザイン化したものである。ダブルの喜びである「囍」を、中国語では「双喜」ないし「双喜字」という。それが連続すれば、この上なく目出度く、縁起がいい、というものだ。

さて、銅板師の松田がこの龍の切手をデザインした時代、一シートは四十枚の切手で構成されていた。当時は原版を複製するという技術がなく、その四十枚の切手の原版は、それぞれに手彫りされた。どんな名人であれ、四十枚の原版を全く同じに彫ることは至難の業だったであろう。龍のツメのあたりに、いくらか模様の違いがでたとしも、それは仕方のないことだ。その微小な違い、素人目には判別できない差異が、切手マニアにとっては垂涎の的となっている。

現在の切手マーケットでの値段を紹介しておこう。マニアの必読誌『スタンプマガジン』（発行＝郵趣サービス社、二〇一一年一一月号）によれば、左の写真にある四枚、すなわち日本で最初に発行された郵便「竜文」切手、第一稿紙のセット価は計三十二万円である。

この日本初の竜文切手には、興味ぶかいエピソードがある。前島密（一八三五～一九一九）といえば、現行の郵便制度の創始者であり、いまも一円切手にある「日本郵便の父」その人である。その前島が、日本最初の切手をデザインしていた。それは梅の花を輪郭としており、かなりシンプルな絵がらだ。そのため偽造されやすいのでは、という理由から採用されなかったという。そして、松田敦朝の出番となった。

偽物を造ることは、アンドレ・ジッドの名作『贋金つくり』*にもあるように、背徳のにおいのする罪行である。その分だけ、ある種の「吸引力」を持っているのかも知れない。現行の切手の周囲にある目打ち（ぎざぎざ）も、偽造を防ぐことを目的としている。

この偽造は難しそう、と思ったのは三年前、ロシアの入国ビザを取得したときのことである。まず、サイズがパスポート一頁大である。その左手中央にあるのが、ロシア国章やロシア正教会、ロシア風建築がキラめくホログラフィーだ。それがまた大きく、日本の一万円札にあるホログラフィーの五倍はありそうだ。近

*アンドレ・ジッド（Andre Paul Guilaume Gide, 1869 ～ 1951）はフランスの小説家。『贋金つくり』は、贋金の使用、少年のピストル自殺の二つの事件から着想して、様々に錯綜した複雑な構成で、現実と人間の観念の相克を実験的な手法で描いた、代表作の一つ。

年はほとんどの国が入国ビザを廃止しており、このロシアのビザは、わがパスポートを美しく飾ってくれている。

閑話休題。

ところで切手とは「切符手形」を略したいい方。切符や手形はもともと、金銭の支払いや身分証明など、確たる裏づけをもつ紙片のことだ。室町時代にはすでに、現金や現物の代用とし機能していたし、江戸時代には「通行手形」があった。現在の小切手もそうであるように、現金と同じ扱いを受ける。

明治三年（一八七〇）、租税権正《そぜいごんのかみ》（従七位）で、駅逓権正《えきていごんのかみ》を兼任していた前島密＊は「郵便創業に関する案」を省議に提出、翌四年四月二十日から、日本の郵政事業がスタートした。竜文切手は、その第一日目に、お目見えしたというわけだ。

この新しい郵便制度はまず、東京と大阪の間だけで実施された。いまの郵便局にあたる郵便役所や郵便取扱所が設置されるが、その数は六十五カ所だった。いまのポストは当時、「書状集め箱」とよばれた。その後、郵便のルートは延長され、全国まで広がったのは明治五年（一八七二）のことだった。

その郵便の料金は、これまでみたように「銭」を単位としていた。例えば、銭四十八というのが額面、すなわち切手の値段で、すなわち郵送料だったのである。当時の通貨の単位が円ではなく、文《もん》だったことから、「竜文《りゅうもん》」切手とよばれる。この呼び名の由来を、「竜の文様があるから」とする人もいるが、それは俗説である。

この値段を、米やそばと比べてみると、相対的な価値が分かる。明治の初期、米一升は二百文であり、一杯の（かけ、もり）そばが二十四文だった。そば二杯といえば、昨今の物価感覚で約千円ほど。いまの封書

＊前島密　（まえじま・ひそか、1835 ～ 1919）、は明治政府の官僚、政治家。近代郵便制度創始者の一人。早稲田大学の前身、東京専門学校の二代目校長も勤めた。

は定型で、二十五グラムまでが八〇円である。それを速達にすれば二七〇円の追加、さらに書留にすれば四二〇円の追加となり、総計で七七〇円となる。竜文切手をはった新郵便は決して安くなかったのである。

ちなみに通貨の単位が「文」から「圓」（円の旧字体）に変わるのは、翌明治五年に制定された「新貨条例」による。明治から昭和までずっと圓（旧字体）が用いられており、現在の新字体の「円」と書かれるようになったのは、戦後のことである。

5　中国初の切手には大龍が躍る

中国で最初に発行された切手は「大龍切手」である。清の光緒四年（一八七八）のことで、日本の「竜文切手」に遅れること七年である。その「大龍切手」に、CHINA や CANDARIN という英文が記されているのは、当時の中国がもつ国際性を示すというよりも、この切手が、お雇い外国人の手によって発行されたという、複雑な歴史的事情からである。

まずは、大龍切手の絵柄である。中央にダイナミックに躍動する一匹の龍がいる。龍は本来、天《あま》かける存在であるが、その居所により、分類することがある。例えば、まだ天に昇らず、わだかまっている蟠龍《ばんりゅう》、水のなかに潜む蛟竜《こうりゅう》などである。大龍切手の絵柄は、波だつ海上で、珠もて遊ぶ蟠龍であるが、そのサイズの大きさから「大龍」切手と呼ばれるようになった。

その蟠龍であるが、日本の軍艦の名前となっていたことは興味ぶかい。江戸末の安政五年（一八五九）、日英修好通商条約に調印するためにJ・エルギン伯爵が来日した。ビクトリア女王の名において彼は、徳川将軍に元英王室御用船《ヨット》だったエンペラー号を贈呈した。ペリーの黒船来航（一八五三）以来、当時の日本にとり、西洋の船舶は驚愕の対象であり、羨望の的だった。この大砲も備えたスクーナー型蒸気船は幕府海軍に編入され、ただちに砲艦に改修され、蟠龍丸と命名された。

その後、蟠龍丸は数奇な運命をたどる。慶応四年（一八六八）、榎本武揚《えのもとたけあき》に率いられ蝦夷地（北海道）へ、函館戦争における旧幕府海軍の主力艦となるも、奮戦の末に大きく破損。その修理はイギリス人の手で、上海で行われた。明治十年（一八七七）には日本海軍の軍艦となり……、同二十二年に廃艦、高知県に無償で払い下げられ、捕鯨船となり……、大阪の造船所で解体されたのは、明治三十年（一八九七）のことだった。

さて、大龍切手をすこし詳しく見てみよう。それには三種があり、デザインは同じであるが、額面が異なり、色違いである。緑色で印刷された一分、赤色の三分、黄色の五分、である。その紙面にある文字は、漢字、欧文、アラビア（算用）数字である。

漢字を読む順番は、「大」「清」「郵政局」「壱分銀」である。それが印刷されている場所に戸惑を感じる人がいるかも知れない。「大」が右上にあり、「清」が左上にあるからだ。

しかしそれは、正しい書き方なのである。その理由は、それが縦書きであり、一行に一字を書くという、一番格式の高い書き方だからである。「大」は一行目、「清」は二行目なのである。この二文字は上段である。「郵政局」と「壱分銀」は下段であり、一行に三文字だ。こうした書き方は、故宮などの額にもよく見られるもの。

CHINAの解釈は不要だろう。CANDARINはウェールズ語で、英語でいえばMandarin（マンダリン、中国の公用語ないし官吏の意味）である。どちらも欧文であり、当然のこと横書きである。CHINAが一行目、CANDARINが二行目であることは分かりやすい。CANDARINの両側に「1」を置いたのは、デザイン上のバランスからと思われる。

切手の中央に勇躍する龍のツメの数に、注目されたい。両手と両足には、それぞれ五本のツメがあるのは、それが皇帝のものであることを明示している。ついでに確認すれば、前項の日本の「竜文切手」の龍のツメは、三本である。中国の龍のツメには歴史的な変遷があることは、48項にゆずる。

中国初の郵便切手「大龍切手」

その皇帝シンボルともいうべき五ツメ龍の「大龍切手」を発行されたのは、上海に「洋関」という組織があった時代である。この洋関は総理衙門（内閣）に直属し、外国船による外国貿易や沿岸貿易を管理する役所だった。その洋関のトップが総税務司であり、外国人が任命されたのは職掌がらであろう。初代の総税務司が英国人レイ、二代目のロバート・ハートも英国人だ。彼らは当然、皇帝に忠誠を誓うことを前提とした清国の官吏である。

ロバート・ハート（中国名、赫徳。一八三五～一九一一）は、北アイルランドに生まれ、クィーンズカレッジを卒業、中国に勤務する通訳生となり、香港《ホンコン》や寧波《ニンポー》をへて広東の領事館に。一八六三年、上海の総税務司となる。彼の仕事の一部に郵政事業があり、「中国近代郵便の創始者」とよばれる。彼が「海関」総税務司をしていた時代、上海や天津など五個所の海関で大龍切手が発行され、郵政事業が開始された。この「海関」は洋関とは別組織で、中国人による貿易を管理する役所（税関）である。

そもそも切手を用いる郵便は、十九世紀のヨーロッパ各国で行われるようになったという。イタリアが先駆けとなり､イギリスがより完備した制度にした。世界発の切手は、一八四〇年にイギリスで発行された「ペニー・ブラック」、すなわち当時の英国元首ヴィクトリア女王の肖像を、黒色で印刷したもの。額面は一ペニー。目打ち（ミシン目）がなく、必要な枚数をハサミで切ったという。

中国初の「大龍切手」を語る時、忘れてはならない人に姜治方（一九〇七～一九八〇）がいる。毛沢東と同郷で、面談もしている姜は、政治家、学者であり、若き日には日本留学をして、長崎高等商業で学んだ。ここでは彼が「大龍切手を九〇〇枚も集めた」という切手コレクターの面だけを、その著書『郵趣とわたしの歩んだ道』から紹介する。

「上海の『申報』の広告欄で、ルイスマー洋行の切手の広告を見かけた。わたしは掲載の日時通りに、北四川路にあるこの店へ出かけた。ルイスマー洋行には家具、書籍、古董、書画となんでもあった。その日の午後、切手のオークションになると、一室に二、三十人がすし詰めになった。顔見知りの者は一人もいない。オークショニアは外国人で、競りは英語が主だが、ときおり中国語の片言をまじえたりする。光歯大龍切手の三枚――三分、五分の未使用と一分の使用済みをスタート値の六元から七元で競り落としたのが、わたしのルイスマー洋行での収穫だった。それは大龍切手をセットで買い入れた最初でもある」（押川雄孝訳、北京・外文出版社、一九八六年）

姜治方は、一九三三年と一九五七年の二回、国際切手展覧会で金賞を獲得しており、国際的な知名度をもつフィラテリスト（切手愛好家）だった。

なお、この「大龍切手」発行百十周年を記念して、一九八八年七月、中国では三種類をならべて、額面が三元の記念切手が発行された。これとは別に、「大龍切手発行百二十周年記念」と題したアルバムが発行され、その中に二十四金の金紙に印刷されて三種類の「大龍切手」が含まれ、マニア垂涎の的となっている。

第Ⅰ章

龍と中国の歴史

6　龍と人祖・伏羲と女媧との関係

モノゴトの最初に、人間は関心をもつようだ。それでは、人間の最初はどうか。ここでは生物学者の説ではなく、神話や伝説のほうに耳を傾けてみたい。なぜなら、そちらにはどうも、龍の気配がするからである。

中国の神話では、まず兄妹の神が登場する。男神が伏羲《ふっき》であり、天地を開闢《かいびゃく》したという。女神が女媧《じょか》であり、黄土をこねて人間を作ったという。伏羲はまた、占いをする八卦《はっけ》や、計算のための結縄《けつじょう》を発明し、人びとに教えた。八卦はやがて文字となり、文化や文明の基礎となった。縄を結んで数える知恵は、やがて生産性をもつ社会をスタートさせたのである。

ある日、伏羲の造った天の一部が壊れてしまった。そこからは滝のような豪雨がそそぎ、地上のヒトは次つぎと洪水にのまれて、死んでいく。それを不憫《ふびん》に思った女媧は、五色に輝く石を用いて、天を修理したという……。この天地創造の神話は、きわめて示唆的である。

図版は、漢代の画像石（レリーフ）である。石の板に、浅い彫刻をほどこしたものである。中国の神話で、この画像石に彫られた一対の男女の神により、人間をふくむ宇宙が創造されたというのである。右が伏羲であり、左が女媧である。注目すべきことは、女媧と伏羲の形態である。この図版は上部が欠けている。そこには、伏羲のかざす「定木《じょうぎ》」あるいは「太陽」と、女媧《じょか》のかざす「コンパス」あるいは「月」が、それぞれ棒のさきにあったと考えられる。

さらなる問題は、二人の下半身である。一般的には、女媧を「人頭蛇身」といい、伏羲を「蛇身人首」という。要するに伏羲も女媧も、上半身はヒトであるが、下半身はヘビなのである。そのヘビの部分は互いに絡みあっているのである。それは生殖の構図でもあろう。

太古の時代、人類の社会を構成していた単位は、親族の集団だった。血のつながりを原則とした集団である。この血族のククリが「姓」であることは、25項などで述べる。この習慣は今日まで引き継がれている。古代の血族集団はまた、ある特定の自然物（トーテム）と、神秘的かつ象徴的な関係をもっていたとされる。そのトーテムは、自然のなかの動物であり、植物である。それは、ある特定の集団にとって、畏敬《いけい》の対象であり、同時にタブーでもあった。その伝承のトーテムが、長い歳月をへてのちに、共通の祖先をもつことを証明することもあったろう。

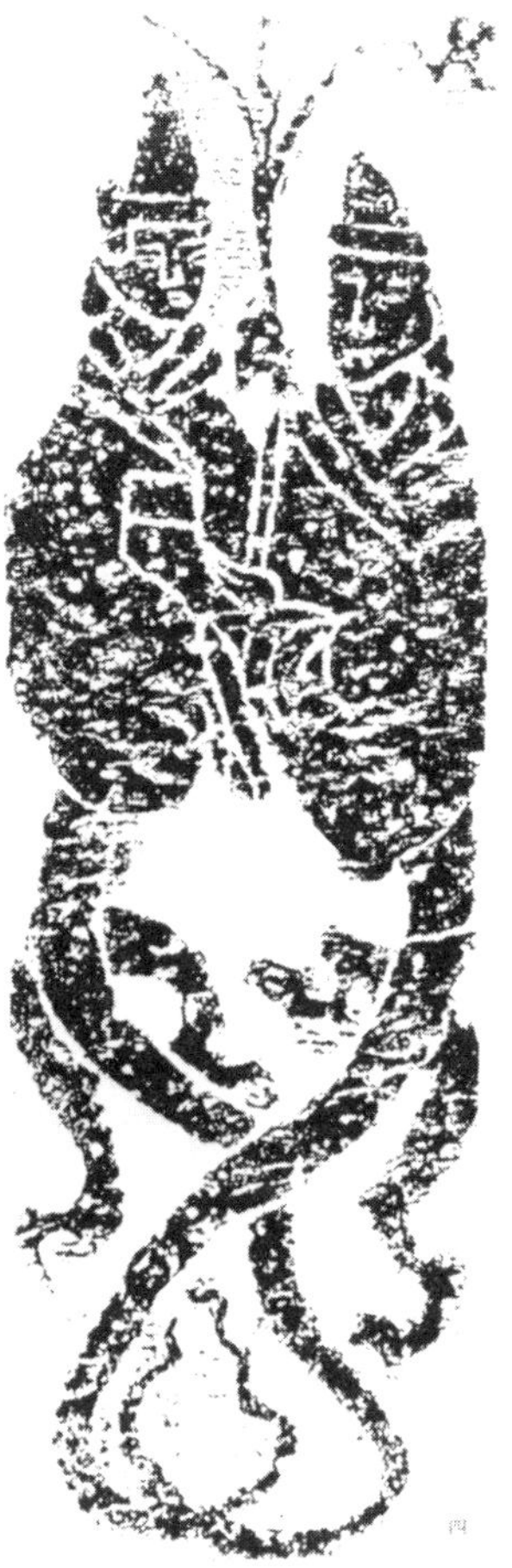

漢代の画像石では、伏羲と女媧は上半身が人間、下半身が動物（蛇）となっている。

こうした風習は、程度の差こそあれ、人類に共通のものである。北米のインディアンにはトーテム・ポールがある。そこにトーテムの記号を描き、トーテムの像を彫刻する。中国や日本に広くつたわる「かぐや姫」伝説は、植物の竹をトーテムとした集団の遺産であり、文学的な傑作である。

「龍の首はヘビに似る」としたのは、漢代の王符《おうふ》である。この時点で、実在するヘビから空想の龍へと「格上げ」があった。彼は龍を定義した最初の人である。中国の神話にでてくる男女の神は、いずれもヘビの形象をしている。その意味するものは、ヘビをトーテムとした血族集団の優勢ということである。

7　鼎《かなえ》の完成した日、黄帝は龍にのり昇天

天には天帝がいて、地には地帝がいる、と古代の中国人は考えた。それらは、あおぎ見る天のかなたの絶対者であり、地上のもろもろの命の主宰者である。それに比べると、伝説上の黄帝《こうてい》は、かなり人間にちかい存在といえそうだ。

中国の伝説によれば、黄帝は、その母が北斗を感じたとか、あるいは大きな稲妻を見て、「気」に感じて生んだ子であるという。しかもその稲妻は、北斗七星の第一星をめぐったともいう。

北の夜空には、斗《ひしゃく》の形をした七つの星がある。それは誰の目にも明らかな存在だ。いわずと知れたオオグマ座の七つの主星である。第一星のかなたには、不動の北極星がある。第七星は一昼夜に十二の方角をさすことから、古来、最も信頼できる天空のシグナルとされてきた。

この黄帝の出生をめぐるエピソードは、いく通りにも読むことができる。「北斗」のくだりは、彼の豊か

道教の発祥地では、龍の柱のある黄帝殿で勤行（四川省青城山）

な才能と人望の厚さを示すものであろう。徳をつみ天子となった彼は、さらに身を修め、人民のためになる政治を心がけたという。

「気」に感じた母のくだりには、人類の歴史が凝縮されているだろう。そこには父親の影も形もない。文字どおりの母系制の社会*があったのだ。現代の多くの人には、にわかに信じがたいことだろう。だが、それは歴史的な事実である。

広大な中国には、今なお母系制社会を色濃くとどめている場所がある。例えば、雲南省と四川省にまたがるロコ湖の一帯である。そこにはモソ族などの少数民族が、半農半漁の暮らしをしているが、どの家の主人も「おばあさん」である。男どもの影は薄い。**

黄帝は、中国の伝説では、はるか太古の昔の存在として語られている。それは女媧《じょか》や伏羲《ふっき》にしても、同様である。その時代設定はともかくとして、伝説や神話のなかのヒーローやヒロインは、ある種のこ

＊母系制社会　母方の血筋により家族・血縁集団が組織されている社会。結婚した夫婦は妻方（母方）の共同体に住む。必ずしも母権制を意味せず、集団の統制権は母の兄弟や長女の夫といった男子にある場合が多い。　＊＊この辺境の村にも、観光の波が押しよせるようになったという。清浄な環境と母系制社会とは、中国にあって人気スポットになるだろう。

とを物語っているだろう。それは、狩猟や漁労の社会から農耕社会へ、母系制から父系制へと移行してきた人類の歴史の「痕跡」であろう。

龍にのって、白昼、黄帝が天に昇ったという話は、あまりにも有名である。中国人であれば、そう聞かされて育ったはずである。龍はすでに二千年まえの漢代、天と地のあいだを自由に往来する、と考えられていた。だが、天子となった黄帝は、「半獣半人」の女媧や伏義と異なり、完全に人間の形として画《えが》かれている。

その黄帝を、長いひげをした龍が迎えにきたのは、青銅製の鼎《かなえ》が完成した日だったという。黄帝は龍の背中にのり、側近や後宮の美女たちも、それに便乗したという。天に昇るとは、この場合、死ではなく、その逆に「不死」を意味している。

8　龍と黄帝と鼎との不思議な関係

黄帝《こうてい》は中華の始祖であり、神話のなかのスーパー・ヒーローである。その黄帝は、母が北斗の「気」に感じて生んだもので、各地での戦いに勝ち、帝王の座についたという。

中国の歴史書のさきがけとなった『史記』がある。その「封禅書」のなかで、黄帝の人生のフィナーレについて、司馬遷《しばせん》＊は次のように書いている。

「……黄帝が荊山《けいざん》のもとで鼎《かなえ》づくりに励んでいた。苦心のすえに鼎が完成したときのことである。天から一匹の龍が迎えにきたのである。黄帝は龍の背中にのり、側近や親族の数十人もそれに同行した。それ以外の

＊司馬遷　（紀元前 145 または 135 ～前 87 または 86）。中国前漢時代の歴史家。『史記』の著者。中国史上で筆者の最も尊敬する人物である。その正確な記述と、それを支えた行動半径の広さ、渉猟した書物の数々は前にも後にも例がないだろう。陝西省の漢城にある墓に詣でたのは、2001 年６月のこと。

龍の髭《ひげ》につかまり便乗しようとした者たちは、髭がぬけて落ちてしまった……」と。

　この短い文章から、数多くのことを読みとることができる。

　封禅とは、帝王のとり行なう儀式のことである。一般には、泰山《たいざん》（山東省）のような高い場所で、祭壇をつくり、天の神と地の神を祭るのである。それを主催するのが、天の子としての天子である。秦《しん》の始皇帝《しこうてい》も、漢の武帝《ぶてい》も、政治上の重要なタイミングでは、この封禅の儀式を行なっている。このように、天地の神を祭るという儀式は、じつは地上の人間界をとても強く意識したものである。

　荊山は河南省に実在する山である。さほど高くはないが、見晴らしがよく、周囲には果樹畑がどこまでも広がる。その一帯には、黄帝の鼎づくりの伝説がいまなお残っている。そこは、日本の唱歌「箱根の山」で知られている函谷関《かんこくかん》の西南、約二十キロにある。

　よく誤解されることの一つに、青銅の色がある。あの緑青《ろくしょう》をふいた色は、じつは銅のサビの色で、青銅の色ではない。それが地中に埋もれ、サビついたのである。完成したばかりの青銅は、緑青の色からは信じられないことだが、まさに金色に輝いている。

　長いながい石器時代をぬけだしてから、ようやく金属器時代である。当時の人たちの目に、金色に輝く青銅器はまぶしかったはずだ。銅と錫《すず》を熔《と》かして混ぜると、青銅ができる。この合金をつくる技術は、画期的な発明であり、帝王の業績としてふさわしいものだ。

　黄帝の鼎づくりには、こうした背景があった。今から約三千年前、殷《いん》から周にかけて、中国は本格的な金属器の時代にはいった。その超ハイテクの業《わざ》によって、生産のやり方も、戦争のやり方も、大きく一変したはずである。

黄帝が鼎をつくり、白昼に昇天したとされる荊山の遺跡（河南省）

鼎は当然のこと、祭儀の道具であって、実用品ではない。河南省の洛陽《らくよう》には、周代の城跡とされる王城公園がある。その入口には、高さ約三メートルの青銅の鼎がある。

さて、黄帝が鼎をつくり、お迎えの龍にのった場所である。そこはいつしか湖になり、後世、鼎湖《ていこ》とよばれるようになった。

「龍が鼎湖にいく」という表現がある。

日本ではまず使われない。それは帝王が死ぬことを意味する。ただ中国人は、黄帝は死んだのではなく、龍にのって昇天した、と考えたのである。それは命に限りある一般の人間を超越して、不老不死の存在……仙人となるという、神仙思想のもっとも古い源といえるだろう。

9　農耕社会で雨を管理する龍王

漢代の大学者である許慎《きょしん》により、龍は、「春分には天に登り、秋分には淵《ふち》に潜む」（『説文解読』、32項参照）とされた。天とは、中国人にとり、万能の天帝のおわす神聖な場所である。どうやら龍は、そこへ自由に出入りできる頼もしい存在であるようだ。

殷《いん》代の王たちは甲骨文字により、しきりに天帝の意を推しはかろうとした。同時に彼らは、瓏《ろう》と呼ばれる玉器をもちいて、雨乞《あまご》いをしている。瓏には、龍の紋が刻まれていた。殷の人たちは、日照《ひで》りに苦しめば、その玉製の瓏を用いて祈ったという。

中国大陸で農耕が始められたのは、今から約八千年前のこととされる。それまでの狩猟や漁労は、自然の恵みをいただく生活である。だが、農耕は人間が自然に働きかける営みである。天から降る雨の量によって、農業の結果は大きく左右される。

雨乞いといえば、すぐに思いだされるのが土龍《どりゅう》である。日照りで乾ききった土に水をかけ、泥をこねる。この泥で素朴な土の龍をこしらえる。この土龍に向かって、雨乞いをするのである。旱魃《かんばつ》に苦しむ時、雨を願い求める気持ちには、王侯や庶民の区別はない。

八世紀の唐代になると、雨乞い専用の龍の絵が登場する。玄宗《げんそう》皇帝の御世のこと、都の長安の一帯は大旱魃になった。各地で雨乞いの祈祷《きとう》をさせたが、何の効果もなかった。この時、誰いうともなく馮紹政《ふうしょうせい》のこ

素朴な版画の龍王（雲南省）

とが話題になった。

馮紹政は宮廷画家であり、龍だけを画《えが》くことで知られていた。それ以外は画こうとしない。彼は命じられるままに、皇宮内にある龍池のわきの建物に龍を画くことにした。四方の壁に一匹ずつ、計四匹の龍である。下絵を終え、色付けの段階になった時のことである。

不思議なことに、彼の絵筆の動きとともに、雲が生じるではないか。龍のウロコや爪《つめ》の部分が湿り気を帯びてきた。突然、まだ完成していない龍が壁から跳びだし、池のなかへザンブと飛びこんだ。間もなく大雨が降りだし、長安一帯の旱魃は解決した……。

唐代の『明皇《めいこう》雑録』にあるこの物語は、文学的な潤色がいささか強すぎるだろう。それは農業がいかに雨を必要とするか、いかに龍に期待したかを示している。日本人は二十世紀の最後の十年間で、百年に一回という大冷害と、百年に一回という大旱魃を経験した。農業と気候の関係は永遠のテーマである。

玉の瓏であれ、土の龍であれ、絵の龍であれ、人間の祈り崇《あが》める対象となったものは「神」である。旱魃の時に、雨をもたらしてくれる可能性をもつ神である。人びとはそうした龍を、敬意をこめて、龍王と呼ぶようになった。龍王にまつわる民間の伝説や故事は、日本でも、中国でも、それこそ山ほどもある。

図の龍王は、雲南省の民間につたわる版画である。素朴そのものだ。一匹の龍のうえに人間がのり、周囲に動物とおぼしき従者がいる。龍王の形象はまさに多様であり、龍の顔をした人間像もある。それは、中国の各地で各種のスタイルの雨乞いが行なわれたことの証拠であろう。

10　治水に成功した禹は龍の一族か

中国の「歴史の年表」は、夏《か》（前二〇七〇～前一六〇〇）から始まる。ただ、一部の学者がそれに疑問をもっていることも、また事実である。要するに、それを実証するだけの十分な史料がないからである。しかしそれは同時に、夏という王朝の存在を否定することにはならない。

禹《う》の不思議な出生や、偉大な事跡にふれるまえに、その名前に注目したい。禹という字の古い形を見ると、「虫」と「九」から成りたっている。この虫は「ヘビ」のこととされ、九のほうは発音を示している。禹、すなわち大きく蛇行するムシ（ヘビ）というイメージは、古代の中国のトーテムと関連している。そのあたりのことは、もう少しあとで、やや詳しく触れることにしたい。

禹の父は鯀《こん》である。この父と子は、中国の伝説では、堯《ぎょう》と舜《しゅん》に仕えたことになっている。当時は、治水こそが政治上の最大の関心事だったのである。「水を治める者、天下を治める」という時代であった。

堯と舜のことを「二帝」という。その二帝の治世にあっても、中国大陸の河川は氾濫《はんらん》をくり返していた。帝の命を奉じた鯀は、日夜、治水の事業に没頭した。しかし、彼の心血の最後の一滴まで使いはたしても、

黄河のほとりにたつ禹の像（河南省鄭州）

治水に成功することはできなかった。

この無念のうちに死んだ鯀の腹のなかから、伝説では、禹が生れたことになっている。しかも鯀の死体は、三年たっても腐らなかった。いぶかしく思った一族の者が、鯀の腹を切りひらくと、そこからは一匹の黄色い龍が現れたという。

こうした伝説は、禹の一族のトーテムを介して、読みかえが可能である。彼らは龍（大ヘビ）をトーテムとし、古代中国のなかでも、最も有力な一つの血族だったのである。その最高の指導者たちが、一般の人と異なる死や出生をもつことは、血族にとっての誇りだった。

鯀の息子の禹は一族の期待を裏切ることはなかった。彼は父にもまして奮励努力した。黄河をはじめとする治水に成功するまでは、たとえ自分の家の前を通りすぎても、家の中に入ろうとしなかったほどである。

禹歩《うほ》という呪術《じゅじゅつ》的な歩き方がある。それは主として、中国固有の宗教である道教の系譜にある。一説では、治水のために足を悪くするほど苦労した禹の歩き方を模したものだという。かりに禹が、シャーマンの一面をもっていたとしても、それは不思議ではない。

やがて治水に成功した禹は、舜から帝の位をゆずられる。禅譲である。それは国家の権力を、血筋や武力によらず、その資格をもった者に渡すという、ある種の理想劇だった。これが夏王朝の誕生である。

中国のいたる所に、禹にちなんだ場所がある。大禹陵のある紹興（浙江省《せっこう》）や、黄河にそった龍門《ロンメン》（陝西《せんせい》と山西《さんせい》の省境）、三門峡や鄭州《ていしゅう》（いずれも河南省）をはじめ、禹王廟《びょう》や禹王台などの「遺跡」は、それこそ数えきれないだろう。それは龍をトーテムとした一つの血族が、大自然を相手にして果敢に闘争し、治水に成功して、やがて王権の座についたドラマの舞台の跡ともいえるだろう。

日本でも近年、禹にちなんだ遺跡や地名のことが話題になってきた。

11　神の龍を感じて生れた王者たち

中国人は自分のことを「龍の子孫」であるといい、「龍の伝人（伝えている人）」であるという。

これからは、神や人の誕生と龍の関係について、また神話や民話のなかに登場する龍について考えてみたい。どの民族であれ、神話の内容は、まさに英雄カタログである。そうした英雄像は、ほとんどの部分が想像ないし伝承によるものであろう。だが、少なくともその一部分は、民族の体験であり、何らかの史実をもとにしていると考えるべきだ。

炎帝（神農）は農耕と医薬の神

中国の神話にも、数多くのヒーローやヒロインたちが登場する。例えば農業や医薬の祖とされる炎帝《えんてい》（すなわち神農《しんのう》）などの三皇がいる。さらに、中華の祖とあがめられる黄帝《こうてい》などの五帝もいる。

これらの神のなかでは、何度も触れることになる女媧《じょか》を除けば、すべて男性ということになる。ここで注目すべきことは、それらの神の誕生の経過と、母親のことである。

「女登《じょとう》は神龍を感じて、炎帝を生んだ」
「附宝《ふほう》は、北斗を感じて、黄帝を生んだ」

このように史書は記している。女登が炎帝の母親であり、附宝が黄帝の母親である。どうやら彼女たちはヒトであり、神ではないようだ。人間の女が「神」を生むことは、やはり一種の「謎」と言わなければならないだろう。

神とは、ある種の天才であり、超能力の持ち主だった可能性がある。そうした神の父親が、史書では、まったく触れられていない。それは「謎以上の謎」である。神には、父親が不在であり、母親が神秘的な体験をしている。これが共通点である。

この謎ときは、古代の人間社会のなかにある。四百万年ほどまえに誕生したヒトは、*木の実や魚、獣を食料としてきた。いわゆる採集と漁労の生活である。そのヒトが農業をやりだしたのは、わずか数千年まえのことだ。農業以前、気も遠くなるほどの期間、ヒトの社会の形態は母系制だったという。

ところで、地大物博の中国には、今なお母系制の名残りをもつ場所がある。四川省と雲南省の境にある瀘《ロ》沽《コ》湖の一帯であり、そこは美しく神秘的な場所だ。一九九〇年の春、そこを取材したことがある。

モソ族やナシ族など、五つの少数民族が、瀘沽《ロコ》湖を中心に、平和な半農半漁の暮らしをしていた。湖にのぞんで建てられた彼らの家は、木材をたっぷり用いてある。ログ・ハウス風ともいえるし、奈良の正倉院のようでもあった。

そして、家長は確かにおばあさんだった。女たちは自分の個室をもつが、男の部屋はない。夜、手土産をもった男が、女を訪ねてくることはある。チョイスの権限は、女性に属している。ただそれは固定した関係ではなく、「行婚《こうこん》」ないし「走婚《そうこん》」と呼ばれる。取材に先だつ打ち合せのなかで、中国側から「子供の父親のことだけは、話題にしないように」と強く注意された。

母系制の社会では、このように父親の存在感はうすい。だがしかし、ある男が非凡な才能を発揮し、超人的な業績をした場合は、別である。彼は「神」となる。その母親は北斗七星や龍に感じて、彼を生んだことになる。神の偉大さを証明するもの、それが龍だ。

＊ＤＮＡ解析の技術が進歩して、人（ホモサピエンス）の起源は、これまでの 400 ～ 500 万年前から、700 ～ 800 万年前という学説がでてきている。

12　葉公、龍を好む

中国人の龍好きは、数千年にわたり、上は皇帝から下は庶民まで、という具合である。皇帝が龍をどんなに専有したとしても、人民にはやはり対抗手段があり、民話のなかに龍を登場させたり、龍の素朴な絵や像を楽しんでいた。

龍を空想した中国人は、夢を食べてしまう獏《ばく》という動物も想像し、作りあげた。その空想力により、龍を実在の人物と結びつけた話がある。「葉公龍《しょうこう》を好む」である。

葉公は実在した人物であり、孔子《こうし》とおなじ時代の人である。この二人は実際に会って、話したこともある。『論語』にも三回ほど葉公のことが出てくる。*

当時の孔子は、諸国を遊説し、各地で政治指導者に会っている。その目的は、自分の学説を理解してもらい、政治に反映させることだった。だが、「仁」や「義」を内容とした学説に耳をかたむける者はいなかった。要するに孔子は、人徳はあったが、貧乏なインテリだったのである。

葉公は、南方の大国の楚《そ》の重鎮であり、葉県《しょうけん》（現在は河南省）の地方長官だった。『史記』などの記録から判断して、葉公はきわめて人望ある政治家だった。それは楚の国内だけでなく、他の諸国にまで知られていたようだ。

この葉公には、ひとつの癖があった。龍を、ことのほか好んだのである。葉公の屋敷の梁《はり》や柱、壁などで、

＊『論語』子路篇（16）に、「葉公政を問う。子曰く、近き者説《よろこ》ぶときは遠き者来らん」とあり、孔子は葉公に、まず近隣の者に仁政を施すことから始めることを勧めている。

龍でデザインされていない所はない。絵や書など、龍と名のつくものは何でも収集した。自身も、龍をあしらった着物をいつも着ていた。

それほどまでに、葉公は龍が好きだった。

天の龍は、それを知って悪い気はしなかった。その理由はたぶん、人間からは恐れられることが多かったからだ。人間どもは、敬うと同時に、遠ざけている、と龍には感じられた。敬遠である。どうやら、楚の国の指導者である葉公は、一般の人間とかなり違うらしい……と。

自他ともに認める龍好きの葉公だったが……

ある日のこと、龍は、ほんとうに葉公を表敬訪問することにした。雲をしたがえ、一陣の雨とともに、地上の葉公の庭に降りたったのである。葉公の住まう家の窓から、龍は首をだして、あいさつを……と考えたのだった。

問題は、葉公の対応だった。

あれほどまでに愛好していた龍である。その龍との対面が現実のものとなろうとは、さすがの葉公も想像していなかったのである。そんな訳で、窓から龍の顔がニューッと入ってきた時、葉公は思わず、「助けてーっ！」と叫びながら、逃げだしてしまったという。

この話はじつは、『荘子《そうじ》』のなかに出てくる。老子《ろうし》の難解な思想を、ときに笑わせ、ときに納得させるように書かれた『荘子』である。ある学者によれば、この葉公と龍の話は、公にとって、ある種の「有名税」であるという。「葉公、龍を好む」とは、似て非なること、また名ばかりを好んで実を好まないこと、のたとえである。

葉公の名誉のために付けくわえておく。彼はやはり人民のための政治や人生の真理を真剣に考えた人物である。彼が孔子の弟子の子路《しろ》に、「孔子はどんな人か?」と質問したことがあった。子路は、師があまり偉大すぎて答えられなかった、と『論語』にはある。

13 逆鱗《げきりん》に触れれば命はない

紀元前三世紀、戦国末期の思想家に韓非《かんぴ》がいた。彼は戦国七雄のひとつ韓の国の人であり、学問上の師は荀子《じゅんし》である。彼の著作が『韓非子』であり、社会の規範は法律であるという法家の立場にたっている。その『韓非子』のなかに、「逆鱗《げきりん》」が出てくる。

龍という動物は、うまく馴らせば、人がそれに乗れるほど、おとなしい性格となる。ところが、龍の喉《のど》の下に直径一尺もある鱗《うろこ》が逆向きに生えている。もし、これに触れようものなら、たちまち龍にかみ殺されてしまう。君主にも、この「逆鱗」があるから、それに触れないようにして進言すべきである。そうすれば必ず成功するだろう……。

龍の体の特徴などは、これまで何回か触れてきた。しかし、逆鱗については、これが最初である。それというのも、この言葉はどうやら韓非の発明らしいからである。

ただ、韓非の言わんとしているのは、龍のことではない。他人を説得することの難しさについてである。しかも相手が上司や帝王であれば、説得の難度はさらに高まる、というものだ。

なにしろ帝王たちは、生殺与奪の大権をもっている。進言は命がけの行為なのである。しかし、戦国時代のインテリは、それを承知のうえで、自分の思想を開陳することを使命としていた。

この「逆鱗」のくだりは、『韓非子』のなかの「説難《ぜいなん》」篇の結論の部分である。その前にも、なかなか興味ぶかいくだりがある。それは衛の国の王を例にとって、帝王の身勝手さを描いている。

――衛君の寵愛《ちょうあい》を受けている美少年がいた。衛の国の法律では、特別の許可がなくて君主の車にのれば、足切りの刑である。ところがこの美少年は、母親の病気を口実に車にのったり、自分が美味《おい》しいと思った桃を半分だけ食べ、その残りを君主にすすめたりした。衛君はそれを「母親思いでよろしい」「君主思いだから」という理由でプラスの行為と評価した。だが、美少年の容色がおとろえると、衛君は前言を撤回し、すべて許しがたい言動とした……。

韓非の真意は、相手の心理と、その

「法治」を主張した韓非の像（河北省秦皇島）

変化を計算したうえで、真剣に説得工作をせよ、ということであろう。

歴史はときに非情である。韓非は歴史の変化を見ぬき、社会の原理が「礼」から「法」へと交替することを予測した。その学説は、まことに残念ながら、彼の故国の韓では採用されなかったのである。失意のうちに彼が訪れた秦《しん》国において、結果的に『韓非子』の思想が受けいれられることになるのだ。

あの始皇帝《しこうてい》の政治原理は、基本的に、法家の立場である。だが、韓非その人は毒殺されてしまう。下手人はこともあろうに、ともに荀子のもとで学んだ李斯《りし》だった。彼はすでに秦国の宰相をしていたが、韓非が秦に来たことに恐れをなしたのである。韓非の才能は、学友を恐れさせるほど鋭いものだった。

14　龍顔《りゅうがん》を拝する恐怖と光栄と

「龍顔を拝する」といえば、皇帝の接見を受けることである。龍の形象は、すでに新石器時代の玉《ぎょく》の彫り物にあり、二千年前の漢代にほぼ形を整える。それはやがて支配者の独占するものとなり、皇帝の顔を「龍顔」と表現したのである。

龍と、王者や皇帝など支配者の関係は、おいおい述べていくが、龍が王権と結びついていく過程は、人間の心理をみごとに反映している。それは一面では、支配する側の都合である。あえて別の一面を指摘すれば、次項で触れる漢の創始者・劉邦《りゅうほう》のケースがそうであるように、支配される側の期待感をも反映している。

いずれにせよ龍は、支配者に専有されるようになると、その分だけ人民から遠ざかることになる。例えば、龍顔は天子の顔、龍光は天子の徳、龍船や龍車は天子の乗り物、龍種は天子の子孫……である。龍はこのように、天子の専用するところとなった。

中国の皇帝は天子であり、その権力は天から授けられたものである。したがって人民に対しては、あらゆることが如意、すなわち好き勝手なのである。この生殺与奪の大権をもった皇帝に、臣下が拝謁することは、ある意味では恐怖だったろう。

徐福の帰りを待ち望んで、渤海をのぞむ巨大な始皇帝の像（河北省秦皇島市）

例えば、秦の始皇帝《しんのしこうてい》である。数百年におよぶ戦国の世を、紀元前二二一年、秦は統一したのだった。乱世に終止符をうち、三十六の郡からなる中央集権の国家とした。ヒトとして最初の皇帝（始皇帝）の偉業は、それこそ数えきれない。万里の長城や自らの陵墓の築造は、空前の大土木事業である。度量衡の統一は効果的な経済措置であり、文字の統一は歴史的な文化施策である。そして、焚書坑儒《ふんしょこうじゅ》があった。これは類例をみない知識人への大弾圧である。*

中国でも、日本でも、始皇帝ブームの昨今である。西安の東郊外では、第一号の兵馬俑坑《へいばようこう》につづき、第二号、第三号が公開された。日本では、始皇帝展が大にぎわいで、百万人を上回る記録的な入場者数だったという（一九九四年、世田谷美術館）。映画やテレビでも、始皇帝を取りあげた作品が相ついでいる。彼を肯定的に描くにしろ、否定的に描くにしろ、その「龍顔」はやはり恐ろしげな形相となっている。

その反面、龍顔を拝することは、臣下にとって、この上ない光栄であり、栄達のチャンスでもある。詩仙といわれた李白《りはく》は、四十二、三歳の頃、唐の都の長安にいた。しかも彼は、宮廷への出入りを許された身分だった。楊貴妃《ようきひ》とのラブ・ロマンスで有名な玄宗《げんそう》皇帝は、李白をたびたび謁見した。

「龍顔を拝し、聖寿を献じる」

これは李白の作品「上雲楽」の一節である。皇帝にお目どおりの折りに、永遠のご長寿をお祈りした、というほどの意味である。

「李白一斗、詩百篇《ひゃっぺん》」（杜甫「飲中八仙歌」）といわれた李白である。大酒を飲むほどに、限りない詩をものしたという伝説の人である。時には、宮中からの呼びだしがあっても、「二日酔い」を口実に、それに応じなかった詩仙である。その李白にして、実際の龍顔を目の前にすれば、やはりかしこまり、「拝し、聖寿を

＊焚書坑儒　始皇帝に対する評価は、中国の歴史学界で大きく変わりつつある。これまでは焚書坑儒に代表される「悪政」に重点が置かれていたが、近年では文字や度量衡の統一などを「善政」として積極的に評価するようになってきた。

献じ」ていたのである。

15 かくして龍と皇帝とが合体した

龍は一般的に、想像上の生き物とされる。その空想の根拠となった動物として、ヘビやワニが有力視されている。また中国には、龍の「実在説」を唱える者もいる。いずれにせよ龍は、強大なパワーを持つと信じられ、やがて支配ないし支配者のシンボルとなっていく。

ただ、龍と支配（者）の結びつき方が、自然に感じられる場合と、いかにも強引だと思われる場合がある。漢（前漢）を創始した劉邦《りゅうほう》の場合は、かなり複雑なケースといえる。

その劉邦がかつて、人夫をしていた頃のことである。全中国を統一した秦《しん》の始皇帝《しこうてい》が、例によって大勢の従者をつれ、車にのって巡幸してきた。それを見た劉邦が、

「ああ、男子たるもの、あのようでありたい！」

と嘆息したという。劉邦は農民の出身である。しかも、野良での仕事をきらい、遊侠《ゆうきょう》の徒と交わっていた。そんな小役人をした程度の男が、いつか皇帝の位につこうなどとは、本人以外の誰が考えただろうか。

しかし、歴史の歯車は確実に回りはじめていた。急進主義にはやりすぎた秦の王朝は、わずか十五年という短命で、その幕を閉じたのだった。各地でいっせいに兵乱が生じた。劉邦にとっても、まさに千載一遇のチャンスだった。わずか十人の手勢から出発した劉邦は、やがて南方の雄国、楚《そ》の名門の項羽《こうう》と合流し、つ

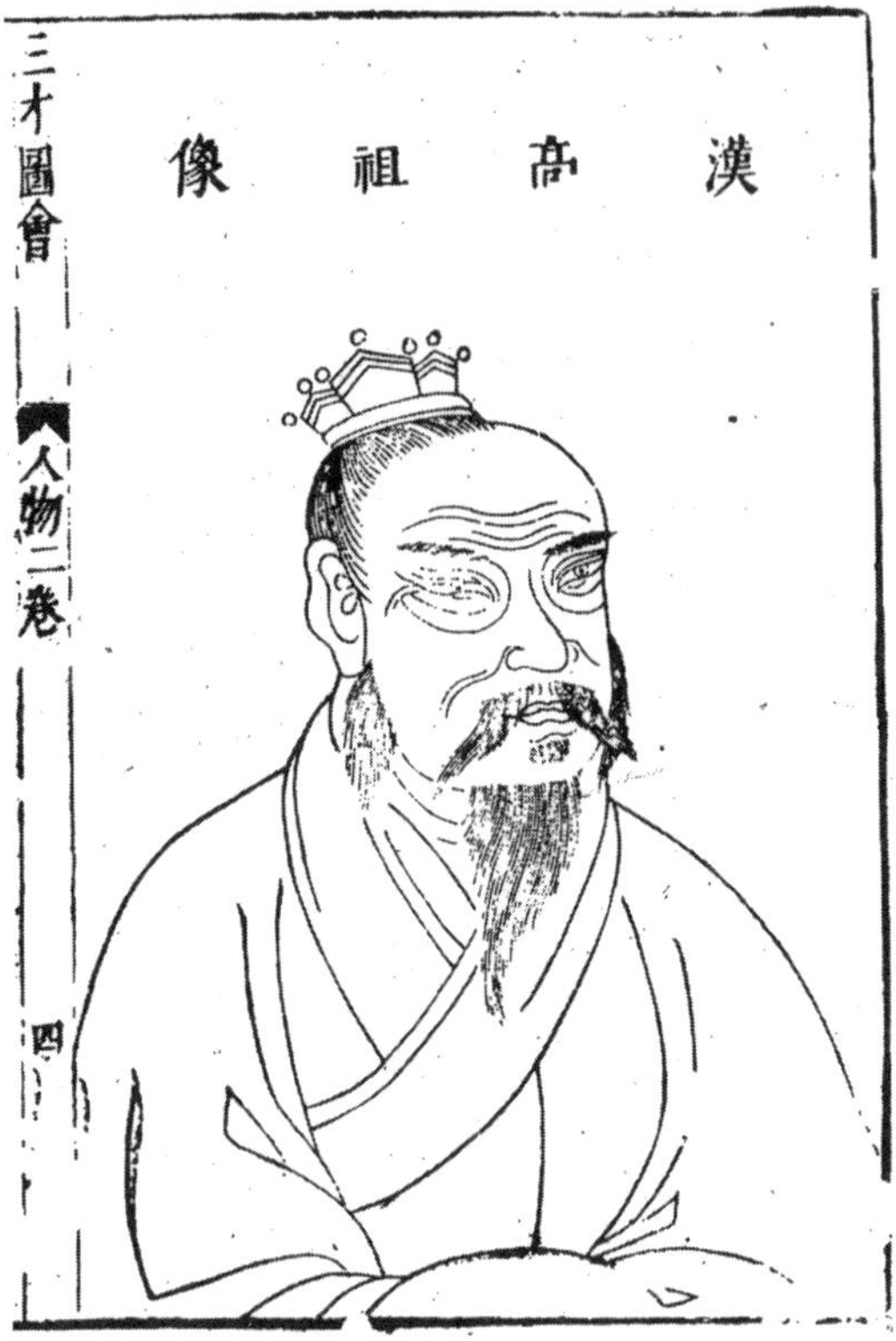

漢朝を創始した劉邦（明代の『三才図会』）

いには秦を滅ぼしたのである。
しかも垓下《がいか》（安徽《あんき》省）で、その項羽の軍勢をうち破り、とうとう天下を平らげたのだった。漢朝をうち建てた劉邦は、「まえの轍《てつ》を踏まない」ように漸進主義をとり、秦の郡県制と周以来の封建制の中間にあたる、郡国制度を採用した。

　こうして漢朝の四百年の基礎は築かれた。だが、問題は高祖《こうそ》（劉邦）の出身がやはり見劣りすることだ。項羽は楚の名門だったし、政《せい》（始皇帝）は秦の王族だった。それに比べて劉邦（高祖）は……となるのは、仕方のないことである。

　こうした朝野の要望にこたえたのが、「龍の威力」だった。

「（劉邦は）父を太公《たいこう》といい、母を劉媼《りゅうおん》といった。かつて劉媼は大きな沢の堤で休息をして、眠ってしまった。彼女は夢のなかで龍と遇《あ》ったという。この時、雷が鳴りひびき、稲妻が光り、あたりは真っ暗になった。太公が行ってみると、蛟龍《こうりゅう》が彼女の上にいるではないか。劉媼はやがて懐妊し、高祖が生れた……」

引用がすこし長くなったが、司馬遷《しばせん》の『史記』「高祖本紀」からである。中国の伝説では、英雄たちに「父」

がいないことが少なくない。例えば、炎帝《えんてい》（神農《しんのう》）は母親の女登《じょとう》が「神龍」に感じて生れた。黄帝《こうてい》は母親の附宝《ふほう》が北斗を感じて生れた……と。

だがそれは、神話時代のことである。劉邦はいまから約二千二百年の昔とはいえ、実在した人物である。司馬遷は「墨を金のように惜しみ」、その『史記』を著わしたという。彼の著作はきわめて正確なことで知られる。その司馬遷にして、劉邦の出生に関しては、漢朝の史官であったが故に、こうした意図的な表現をしたのであろうか。

その劉邦には、「気」をめぐる話がある。秦の始皇帝により、全中国が統一されたのが、前二二一年である。その始皇帝にして、在野の「気」は気がかりだった。占いによれば、

「東南に天子の『気』がある」

という。それは無視できない情報で、始皇帝はさっそく軍隊を派遣した。じつはその方向にいたのが、劉邦である。強力な秦軍がくると知った劉邦は、山奥ふかく身を隠した。

「彼（劉邦）の上には、雲気がある」

と言ったのは、やがて漢の高祖となった劉邦の皇后となる呂后《りょこう》である。短命に終わった秦の後、天下をめぐる争奪戦の主人公は、すでに述べたように劉邦と項羽である。

「（劉邦の気は）龍や虎となり、五彩をなす」「天子の気である」

と占ったのは、項羽の部下だった。項羽や始皇帝と異なり、劉邦は庶民の出身である。だが彼は、こうした不可思議な「気」をもち、皇帝のシンボルである龍とともにあった人物のようだ。

16　漢代、ほぼ完成した龍の全体像

龍という文字が、秦《しん》から漢にかけて定まったことは、第32項で述べるとおりである。龍のイメージ（像）もまた、図版にあるように、漢代にほぼ完成していたのである。この龍は、漢代の画像石（レリーフ）からとった拓本である。

この時代、石に浅く像を彫りつける芸術が流行した。山東省や四川省の画像石がよく保存され、また拓本にとられている。そこには、二千年前の漢代の人たちの物質生活や精神文化が、きわめて具体的に表現されていて、非常に興味ぶかい。

この画像石の龍は、それにしても頭が大きい。これは殷《いん》代からの伝統ではあるが、漢代の龍は大きく口を開き、目は丸く大きく、長い舌を出している。二本の角は細く、長い。首もまた細く、長い。胴体は太く長く、力強く曲がっていて、大蛇を思わせる。

胴の全体にある円い斑点《はんてん》は「ウロコをもつものの王者」たる龍を示している。四本の太い脚のつけ根は、胴ほども太く、その先端は軟らかく丸まっている。これは虎の柔軟な脚を思わせるに十分である。尾は長く、その先が丸まり、あたりを払っているようだ。

漢代の龍は、皇帝をふくむ支配者たちの身辺をことごとく飾っている。衣装、金銀器、玉器、青銅器、漆器、印鑑、銅鏡、墓室、瓦当《がとう》などで、枚挙にいとまがない。

二千年前の漢代に、ほぼ現在の龍のイメージが完成した（『魯迅蔵漢画像』）

「変異」もまた漢代の龍の特徴である。変異とは、龍の頭ないし胴の部分に、人間の像をあてるものである。人首龍身（蛇身）という。

湖南省の馬王堆《マーワントエ》（まおうたい）から、漢代の豪族の墓が出土したのは一九七二年のことだった。それは中国の考古学の大きな成果であり、世界を仰天させるものだった。この墓からは、墓の主のまだ生気を感じさせる女性ミイラのほか、大勢の人たちが気功をしている図や、重さがわずか五十グラムの絹の衣など、大量の副葬品が出土した。その衣には精巧な「人首蛇身」の絵柄があった。変異であることは言うまでもない。

後漢の学者である王符《おうふ》は、学問を好み、世俗をきらったことで有名である。その彼が、龍について展開した九似説《きゅうじせつ》がある。

「頭はラクダに、目は鬼に、角はシカに、首はヘビに、腹はミズチに、ウロコは魚に、爪《つめ》はタカに、脚はトラに、耳はウシに、龍はそれぞれ似ている」と。

これが龍に関する「定説」として、いまもよく引用される。

漢は唐とともに、中国史上の全盛期である。その漢代に定められた龍のイメージは、やはり中華民族の美意識を、みごとに体現したものである。九つの類似した部分の内容はともかくとして、龍の体の曲がり方と、その流れるような形象は、天地万物の変化のダイナミズムを全体的に表現したものといえそうだ。

図版の龍は『魯迅《ろじん》蔵漢画像』（上海人民美術出版社、一九八六年）から引用した。

この本は魯迅のひとり息子で、北京《ペキン》に在住の周海嬰《チョウハイイン》氏から直接いただいたものである。*中国の近代文学の巨匠である魯迅は、生前、こうした古美術にも深い関心をもち、数多くの拓本を収集していたのだった。

17 臥龍とは待望される天才のこと

姓は諸葛《しょかつ》、名は亮《りょう》、字《あざな》は孔明《こうめい》（一八一～二三四）は、楊貴妃《ようきひ》とならんで、日本人に最もよく知られた中国史上の人物であろう。

山東省に生れた孔明は、若いころに両親をうしない、黄河ないし長江（揚子江）の中流域に居をうつしたとされる。農耕のかたわら、読書に親しみ、悠悠自適の暮しをしていた。思索を好み、詩作にも精を出していた孔明である。この時代の孔明を「臥龍《がりょう》」と形容したのは、四川省の歴史を書いた『蜀志《しょくし》』のなかの「諸葛亮伝」である。

龍が臥《ふ》せているとは、天才がいまだ時を得ずに、じっと潜んでいるという意味である。龍はたとえ臥せていても、ひと雨あれば、一気に勢いを得て、天までも駆け昇るのである。

その孔明が龍のように臥せていた場所は、どこか？　それには少なくとも二つの可能性がありそうだ。一つは、湖北省の襄樊《じょうはん》である。もう一つは、河南省の南陽である。

いずれも孔明が草ぶきの小屋に住んでいたとされる。湖北では、その場に「古隆中」という牌楼《はいろう》が建てられている。河南では、そこをとくに「臥龍岡《がりょうこう》」とよんでいる。

＊1988年10月、北京のご自宅でのこと。何度かお邪魔したが、いつも闊達な会話が楽しみだった。こちらからのお土産は、好物のコーヒー豆と決めていた。2011年4月7日没、享年81歳。

そのどちらかが、「三顧の礼」の舞台である。漢朝の血をひくとされる劉備《りゅうび》が、無名の人材を起用するために、自ら三度も足を運んだのである。それは身分関係の厳然としていた当時にあって、とても信じられない行為だったといえる。

「やっちゃらんない！」

短気な張飛《ちょうひ》は、こう言い放ったにちがいない。ヒゲの関羽《かんう》は、恐ろしい顔で彼をにらみつけたことだろう。馬上の劉備は、そっと草ぶきの小屋のなかの気配をうかがう……。

この劉備、関羽、張飛の三人は、満開の桃の花のもとで、「死ぬときは共に」と誓いあった仲である。これに天才的な軍師が加われば、まさに向かうところ敵なし、だ。

「三顧の礼」の舞台（湖北省古隆中）

孔明はその期待にそむかなかった。まず劉備に献じたのが「天下三分の計」である。それは混迷する当時の状況を、まさに的確に分析したものである。劉備の蜀、曹操《そうそう》の魏《ぎ》、孫権《そんけん》の呉《ご》の三国を中心として、いずれ天下の争奪戦が展開されることを予測したものだった。

赤壁《せきへき》の戦い（二〇八年）では、孔明は孫権を味方につけ、優勢をほこる曹操軍を、知略によって打ち破ったのだった。孔明のその知略はとどまるところを知らず、敵対する魏国や呉国の王侯や軍師から恐れられた。「死せる孔明、生ける仲達《ちゅうたつ》を走らす」などが、その最たるものである。

また、孔明にたいする劉備の信任は厚かった。それは主従の関係をこえ、ある種の親交だったとされる。劉備が即位して昭烈《しょうれつ》帝となった後、孔明は宰相となり、蜀の国力の充実に努力した。孔明はさらに、名文家としても知られる。劉備なき後、幼君の劉禅《りゅうぜん》が出陣するにあたり、孔明は二回にわたって上奏文をものしている。

前後の「出師《すいし》の表《ひょう》」である。それは忠誠と憂国の至情にあふれたもので、古今の名文の模範とされている。成都（四川省）の武侯祠《ぶこうし》には、南宋《なんそう》の岳飛《がくひ》の筆になる「出師の表」が壁に彫られている。現在の中国では、中学校の国語のテキストでそれを習う。

日本のファミコン・ゲームでも人気の高い『三国志』であるが、この歴史を小説化した長編『三国志演義』（明、羅貫中《らかんちゅう》）が日本語訳されたのは、江戸時代のことである。

18 画龍点睛の故事

五世紀から六世紀にかけての中国では、短命の王朝が交替をくりかえした。南北朝の時代である。南朝の梁《りょう》は、今の南京《ナンキン》を都とし、かなり栄えた国だった。

張僧繇《ちょうそうよう》は、その梁の国の右軍将軍という、軍の指導的なポストについた人物である。だが歴史的には、彼は軍人としてよりも、画家として名高いのである。絶品「女史箴図《じょししんず》」で知られる顧愷之《こがいし》や、人物画をよくした陸探微《りくたんび》とともに、張僧繇はじつに「六朝の三大画家」に数えられる。

　その張僧繇が最も得意としたのは、龍の絵だった。ある日、彼は求めに応じて、安楽寺の壁に四匹の龍を画《えが》いた。それは出色のできばえであり、まさに真に迫るものだったという。ところが、それらの龍には目玉が画きいれてなかった。寺の住職が張にたずねた。

「張先生、どうしてこの龍には睛《ひとみ》が画かれていないのですか？」

「ウム、それがしの筆になる龍は、ただの龍の絵ではありません。もしも、睛を画きいれようものなら、絵の龍はたちどころに活《い》きたものとなります。この壁を破って中から脱けだし、天のかなたへと飛び去ることでしょう」

　これには、周囲の人たちが大声をあげて笑ってしまった。

「ご冗談を！」

「張先生、ホラもいい加減にしてください」

　すると、張僧繇はやおら絵筆を取りあげ、二匹の龍に睛を画きいれた。一同はかたずをのんで、壁の龍を見守る。しばらくすると、実際に雷が鳴りだし、にわかに雨がふりだした。

　龍が二匹、ほんとうに壁から脱けだし、雲にのり、天高く昇っていくではないか……。画家はまだ濡れている

睛を画きいれると龍はたちどころに……

絵筆を手に、昇天する龍を満足そうに見送った。それまで笑いこけていた人たちは、腰をぬかしてしまった。彼が睛を画きいれなかった二匹の龍は、そのまま安楽寺の壁のうえに残ったままだった……。

この話は、唐代の張彦遠《ちょうげんえん》の名著『歴代名画記』のなかにある。画龍点睛《がりょうてんせい》の故事である。『名画記』は全部で十巻からできている。前の三巻は絵画学の概論であり、「教化を成らせ、人倫を助ける」ものとして、絵画をさまざまに論じている。

残りの七巻は、神話のなかの黄帝《こうてい》から唐代まで、合計三百七十三人の画家と、その作品を分析し、評価をあたえている。

『名画記』の内容には、歴史的な事実もあり、伝説や伝承に属することもある。ただ中国では、絵を学び、絵を論じる者にとって、必読書の一冊であるのは確かだ。

さて、画龍点睛であるが、張僧繇や安楽寺は実在の人であり、実在の寺である。龍の昇天については、読者のご想像にお任せしよう。この故事は、一番大切な仕上げをすること、少し手をいれて全体を引きたてる、という意味である。その一歩まえの段階が、「画龍点睛を欠く」である。

19　龍袍を着せられて天子となった宋の太祖

「龍袍《りゅうほう》」とは、皇帝一族の専用の着物である。袍とは、綿いれの上着のことだ。臣下が朝廷に出仕する場合には、袍を着て、手には笏《しゃく》をもっことが常軌だった。

皇帝のための龍袍は、当然のことながら、特製中の特製である。龍がそのデザインの主体であることは、いつの時代も同じである。杭州《こうしゅう》のシルク博物館には、清朝の皇帝や皇后の龍袍が飾られている。その素材の贅沢《ぜいたく》さや、龍の刺繍《ししゅう》の精緻《せいち》さに、見学者は足をとめてしまうだろう。

龍袍の色は、黄色を基調としていることから、黄袍《こうほう》ともよばれることがある。この黄袍（龍袍）は、龍車や龍船と同じように、支配者たちの専有するものだった（口絵1頁）。

ところが中国の歴史のなかには、ひょんなことから、黄袍を着せられて、ほんとうに皇帝になってしまった者がいる。それは十世紀にあった実話である。

唐朝の朝廷では、内乱や外敵をおさえるために、トルコ系やチベット系の外部民族の軍事力をかりたことがある。皮肉なことに、それは唐の弱体化を早めるだけだった。玄宗《げんそう》の世のことである。唐朝の節度使の安《あん》禄山《ろくざん》は、青い目をしたソグド系だった。

そうした情況で、唐の宰相となったのは楊国忠《ようこくちゅう》だった。彼は、玄宗の寵愛《ちょうあい》をうける楊貴妃《ようきひ》の従兄にあたる。これに反撥した安禄山は、チャンス到来とばかり挙兵し、長安は戦乱の巷《ちまた》と化した。唐の衛兵たちが、楊貴妃に死をせまったのは、長安の西十キロほどの馬嵬《ばかい》でのことだった。

やがて唐朝が滅亡し（九〇七年）、宋《そう》が建国（北宋、九六〇年）するまでの半世紀間に、五つの王朝がめまぐるしい交替を繰りかえした。そのうちの三つまでは、トルコ系の将軍が帝位についたものだった。五代十国の時代のことである。

五代の最後の王朝となったのは後周《こうしゅう》である。都は大梁《だいりょう》（開封）にあり、二代目の世宗《せいそう》は名君として知られた。ただ問題は、その世宗が死んだ時点で、幼帝がわずか七歳だったことだ。折しも、北方ではモンゴル系の契《きっ》

宋の趙匡胤（中国歴代皇祖）

丹《たん》が、南進の機会をうかがっていた。

この後周に代々つかえた軍人のなかに趙《ちょう》匡胤《きょういん》がいた。軍営のなかで生れ、軍営のなかで育ったという、バリバリの軍人だった。彼の性格は豪放かつ磊落《らいらく》であり、酒もよく飲み、部下たちからの信望には厚いものがあった。

唐の滅亡このかた、帝室の弱体化は目にみえていた。帝を殺して、自分が新しい帝になった臣下も珍しくない。臣下が帝を選ぶことのできた時代でもあった。後周の軍営の内部には、幼帝をめぐる風聞が飛びかい、暗闘があったようだ。趙匡胤はその晩も、都から一日ほどいった軍営で酒をくらっていた。一帯には数万の軍勢が駐屯している。その指導者たちが白刃を手に手に、彼の宿場におしかけ、

「諸軍に主なし、願わくば大尉（趙匡胤のこと）を策して、天子となさん」

と迫ったのである。酔眼朦朧《もうろう》とした彼は返事もできなかった。誰かがいつの間にか、黄袍を趙匡胤に着せてしまい、兵たちは、「万歳《ワンソエ》！」と叫んだ。中国の「万歳」は、皇帝にたいしてのみ発せられる言葉である。これが宋の初代皇帝の太祖《たいそ》の誕生劇である。太祖は文治主義をとり、宋代の学問や文化は大いに発達したの

だった。

20　龍頭蛇尾は禅問答の『碧巌録』から

龍のことを、人びとは、どのように語ってきたのだろうか。それを調べはじめたら、きっと長大な「ネバー・エンディング・ストーリー」になるだろう。それを承知のうえで、ここでは故事やことわざから始めてみよう。あとで触れる「登龍門」は、日本でも中国でも、好んで用いられるものである。

しかし、中国では、まずお目にかからない表現に「龍頭蛇尾」がある。以前からそのことを漠然と感じていたが、今回はいちおうの理由を発見した。

「碧巌録」の表紙（国立国会図書館蔵）

龍頭蛇尾の出典は、宋《そう》代の禅問答の本『碧巌録《へきがんろく》』である。この本を著したのは圜悟克勤《えんごこくごん》（一〇六三〜一一二五）である。その内容は、雲門禅の巨匠とされる雪竇《せっちょう》（一〇五二年没）が選んだ公案《こうあん》に注釈を加えたもの。

雪竇は姓を呉《ウー》といい、安徽《あんき》省の人である。幼いときから仏書を好み、両親が死んだ後に出家した。禅宗の修行には、独特の研究課題があり、公案とよばれる。その公案の内容は、主として祖師の言葉や行動であり、問答の形式で展開していく。それを読みながら、知識をたくわえ、思考力をつけていく。一つのまとまりを「則」といい、それを数える単位とする。

さて雪竇は、公案の数があまりに多すぎるので、重要なものを百則だけ選んだ。それに圜悟が簡単な注をつけたのである。これが『碧巌録』である。その第十則のタイトルは「睦州《ぼくしゅう》、掠虚頭《りょうことう》の漢」である。「垂示《すいし》にいわく……」とはじまる公案は、門外漢にはチンプンカンプンだ。問題の個所は次のようである。

「……似たること則ち似たり、是なることは則ち未だ是ならず。ただ恐らくは、龍頭蛇尾ならん…」

禅問答はそもそも、知的な訓練のために編まれたものだ。だが、何やら煙にまかれるような印象もある。引用文の前後のストーリーは、こうである。睦州の寺に見知らぬ僧がやって来たときのことだ。

「どちらから？」と聞いたのだが、くだんの僧はそれに答えず、「喝ーっ」と一喝したという。

それは見事な大喝であり、まるで雷のように、あたりを威圧したという。禅宗ではいったい、この喝が、ポイントとなる。タイムリーに、しかも大きな喝を発することは、主導権を自分のものにする方法である。

その雷鳴のような大喝にもかかわらず、「あやしい」と疑った者がいる。それは睦州の寺の僧である。彼は、くだんの僧は、それほどの見識をもたない、「龍頭蛇尾」のにせ者だろう、と見破ったのである。

この「龍頭蛇尾」という表現は、中国では、ごく一部の宗教関係者だけが知る表現のようだ。陳濤《ちんとう》主編の『日漢大辞典』では、以下のような「龍頭蛇尾」に関する例文と訳文がある。

「龍頭蛇尾の計画」→虎頭蛇尾

「龍頭蛇尾の講演」→有始無終

と。「虎の頭、蛇の尾」であり、「始めあり、終りなし」なのである。

陳濤先生*（一九九〇年没）は戦前に慶応大学を卒業され、中国の日本語研究界の重鎮だった。その人生は『陳濤先生追悼録』に詳しい。

龍頭蛇尾は、初めのうちは勢いがよいのに、終わりにポシャッてしまうことである。本書の龍も、龍頭蛇尾にならないよう、最後まで、気を引きしめていきたいもの。

21　あたかも龍が飛ぶような筆づかい

十世紀からの宋代《そう》は、「文高武低」の時代である。学問や芸術は盛りをきわめた感がある。宋学とよばれる哲学が発達した。文学でも、蘇東坡《そとうば》などの詩人は、不朽の名作をのこした。徽宗《きそう》皇帝は、風流天子の異名をもち、天才的な画家であり、書家だった。

だが、内外ともに多難な時代でもあった。宋江《そうこう》を中心とする農民暴動があり、それは『水滸伝《すいこでん》』のモデルとなった。北からはツングース系の金が侵攻し、朝廷は長江（揚子江）の南の杭州《こうしゅう》へと移ってしまった。これが南宋である。

そうした時代に、僧の釈恵洪《しゃくえこう》が『冷斎詩話』を書いている。北宋の文人や墨客のエピソードをまとめた本である。張《チャン》という宰相がいた。宰相は皇帝を助ける最高の政治的ポストである。張宰相はまた、書道にも強い関心をもっていた。

彼が一番好んだのは草書だった。ただ、書家たちはそれが正規の書体ではないとして、あまり高く評価し

＊陳濤　（1900 ～ 1990），本名は陳日新。1980 年代には、ときに北京大学構内にあったご自宅にお邪魔した。日本で刊行された『陳濤先生追悼録』（中国語と日本語で印刷）がある。

自分で書いた字が読めなかった「龍蛇飛動」

なかった。ある日のことである。張宰相の心にいい文句が浮かんだ。宰相は筆をとり、墨をたっぷりふくませると、一気呵成《いっきかせい》に書きおえた。それはまさに「龍や鳳《おおとり》が飛び動く」筆づかいだった。満足そうな顔の宰相に、横にいた人が聞いた。

「何と、書かれたのですか」と。

自分で書きおえたばかりの書をにらみながら、張宰相の顔がしだいに青ざめてきた。

「ム、ムッ……？」

と繰りかえす。書いたばかりの字が、他人だけでなく、自分にも判読できなかったのである。

漢字の発明と、その書き方（書体）の創造は、中国の独擅場《どくせんじょう》である。第Ⅱ章でみるように、三千年以上前の文字は、絵さながらである。それがしだいに抽象化され、漢字への歩みをはじめたのだった。

紀元前二二一年、秦《しん》の始皇帝《しこうてい》は天下を統一すると、文字も統一することにした。漢字の標準化を断行したのである。それまでの漢字は、各国、地域ごとにバラバラだった。

秦の宰相の李斯《りし》らが基準をつくり、それ以外の文字を追放した。この書体が篆書《てんしょ》体であり、中国初の字書である『説文《せつもん》解字』の基本字母となった。

漢代の前半、あまりに複雑な篆書を簡略化して、隷《れい》書体がつくられ、一般に用いられた。現在もっともよく用いられる楷書《かいしょ》体は、漢代の中葉、今から二千年前につくられたものである。

さらに早く書くために行《ぎょう》書体が、漢代の後半につくられた。宋の張宰相の故事となった草《そう》書体は、行書をさらに簡略化したもので、三世紀ころにつくられた書体である。

「龍飛鳳舞《りゅうひほうぶ》」は、力強く、躍動感のある筆づかいとして、ほめ言葉である。それは日本ではあまり使われないようだ。ただ中国では、故事をふまえた高尚な表現として、好んで用いられる。

22　故宮の龍の石段は皇帝の専用

龍は、太古の昔、父系制の血族集団のトーテムだったとされる（24項参照）。その太古の龍は、やがて形をととのえ、漢代には皇帝のシンボルとなった。その龍の形が、その後、どう変わってきたのかを知るために、建築物や芸術品、文房具など、人間の生活にちかいところにいる龍に着目してみたい。

まずは、北京《ペキン》の故宮（紫禁城）である。そこは明代と清代、約六百年にわたり皇帝のいた旧王宮である。それ全体が国家レベルの文物保護単位である。日本でいう、国宝にあたる。そうした国宝級の史跡のなかには、よく龍を彫りこんだ石段（口絵2頁）があるものだ。

それらの龍の石段は一般に、大理石で造られている。中央部には龍があり、その左右が階段となっている。われわれが上るのは、左右の階段の部分である。龍のある中央部は、フェンスなどで保護されているだろう。

中央は皇帝専用の龍の階段（北京故宮の保和殿）

龍の部分に立入りが禁止されている理由は、少なくとも二つある。

第一は、破損をふせぐためである。たとえ大理石であっても、昨今では、内外から数多くの観光客がやってくる。いつしか破損しないとも限らないからだ。国宝の龍を、観光客の土足から守るためである。

第二の理由は、その龍の部分がかつて、皇帝の専用の階段だったからであろう。王宮は政務の場であり、科挙の最終テストの場であり、皇帝の私生活の場でもあった。いずれにせよ、皇帝だけが中央の部分、すなわち龍の浮き彫りのうえを歩いた。臣下たちは、その左右の階段の部分を、ずっと後から歩いたのである。

階段とはそもそも、高い場所へのぼり、そこから下りるために考案された。壇とは、本来、土を盛りあげて、上部を平らにした台のことである。それはもともと天や地にたいして、祭りごとをするための場であった。北京には、天壇、地壇、月壇などがある。

古代の中国人の考えでは、天は円く、地は方形である。「天円地方」という。天が円いことは、星空を見あげたりすると、かなり実感できる。四角い地のほうは、実感はちょっとできない。水平線を見たりすると、地も円い、と思ってしまう。ちなみに、日本語の「中央」にたいする「地方」は、古代中国人の宇宙観を語源としている。

北京の天壇はいまでは公園になっている。かつては皇帝が天にたいして「五穀豊穣」を祈った場所である。構図的には、四角い敷地のなかに、いくつもの円形をした壇や建物がある。いずれも当時の建築技術の粋を集めてあり、絵心をさそう。この天壇の石段にも、龍が彫られている。

龍の石段の最大のものは、やはり故宮にある。そのほぼ中央、保和殿の北側にある。サイズは長さ十六・五七メートル、幅三・〇七メートル、厚さ一・七メートルであり、重さは約二六〇トン、一枚岩である。

その石材はやや緑色がかり、艾葉青石《がいようせいせき》とよばれる。下部の山から上部の雲まで、龍、龍、龍……である。雲間に浮かぶ龍であることから雲龍とよばれる。その彫刻は力強く、しかも精緻《せいち》である。たとえ皇帝であっても、そこを歩くのはもったいないほどだ。

いつも話題になることは、この二六〇トンもある巨大な石の運搬である。五百年まえの明代、すべてが人力で運ばれた時代の作品である。ピラミッドの石は平均すると、一個がわずか二・五トンである。その百倍もある石は、どこから、どのように運ばれたのであろうか。

その答は、「北京の厳冬」にあった。秋までに、南方から大運河により北京郊外まで運んでおく。冬、水をまいた場所はすぐに凍結し、さしもの石材もスーイスーイだったという。

23 龍の銀貨を鋳造して列強に対抗

図版は清朝の銀製の龍コインである。一般には「龍紋大清銀幣」という。図版はその銀コインの裏面であり、中央に一匹のいかめしい龍が刻まれているではないか。

その龍は大きく目をあけ、口をわずかにあけて、両脚を上にあげ、胴を左から右へと大きく曲げている。顔と胴のあいだで、例によって珠《たま》遊びをしている。いかにも力強く、清朝の威光を示しているようだ。

十七世紀、明末から清初にかけて、中国と外国の接触、それをめぐる問題がにわかに多くなる。一六二四年、オランダがまず台湾を占領した。ロシアは中国の北辺の探険をはじめ、一六五九年、ネルチンスクを占領した。一六七三年、ベルギー人のフェルビースト（中国名、南懐仁《なんかいじん》）が、北京《ペキン》天文台の責任者となった。イギリスが南方の厦門《アモイ》（一六七五）や広東《カントン》（一六九九）で、許されて貿易をはじめた……。

日本の江戸幕府が、こうした「紅毛碧眼《へきがん》の攻勢」をきらい、長崎の出島だけを例外的な窓口として、鎖国を断行したのは一六三九年のことだった。

ところで、地球の丸さを、人類が実感したのは、それほど遠い昔のことではない。アメリカをアジアと錯覚したコロンブス（一五〇六年没）や、太平洋の名づけ親であるマゼラン（一五二一年没）たちは、その先駆者である。

問題は、彼らのスポンサーがスペインやポルトガルの王室だったことだ。資金などの援助をした王室も、その計画を実行した者たちも、「支配欲」という衝動にかられていたからである。コンキスタドレス（征服者たち）の精神が、そうした前人未到の事業を導いたのである。アステカ文明はメキシコ高原で発展し、太陽神や文字をもち、金銀は豊かだった。それを銃の力によって掠奪《りゃくだつ》し、破壊したコルテスは、コンキスタドールの典型といえるだろう。

清朝の中国には、絹や茶、陶磁器など、ヨーロッパ勢のほしい品物がいくらでもあった。ただ、十七世紀の清朝は強大であり、コルテスのようなタイプの「出番」はなかった。彼らは貿易を望み、その決済には銀貨をもちいた。そうした洋銀はやがて、中国の南方の広東などで通用するようになった。

清朝が列強に対抗して鋳造した龍の銀貨

銀は歴史的に、貨幣として、金以上の支配的な地位をもつ。金ほどではないにしても、やはり貴金属であり、腐食しにくい。金融機関のことを銀行という。日本では、銀貨に代表される貨幣を鋳造した場所が銀座だった。「雄弁は金、沈黙は銀*」ともいう。

中国でも、かつて馬蹄《ばてい》形をした銀貨（銀錠《ぎんじょう》）があり、元宝銀《ユアンパオイン》とよばれた。白銀《パイイン》といえば銀塊のことで、品質のよいことで知られていた。ヨーロッパの洋銀と中国の銀塊のあいだに問題が起こったのは、十九世紀末になってからのことである。その問題とは、貿易の決済にもちいられ、南方の中国で流通するようになった洋銀で、清

*沈黙は銀　イギリスの思想家トーマス・カーライル（Thomas Carlyle, 1795〜1881）の『衣裳哲学』にある。雄弁はもとより大切だが、沈黙すべきタイミングを心得ることはもっと大事、というほどの意味。

朝の白銀が買われるようになったことである。悪貨は良貨を駆逐する、という。

自国の銀塊の流出に業《ごう》を煮やした清朝は、自分でも銀貨をつくることにした。光緒《こうちょ》十三年（一八八七）のことだった。この龍の銀コインの表には、「光緒元宝、広東省造」と刻まれている。民間では龍元《ロンユアン》ないし龍洋《ロンヤン》とよばれた。

第Ⅱ章　龍と中国の伝承

24 龍と鳳とは二大トーテムだった

龍と鳳《おおとり》とは、中国人が最も愛好する一対の瑞祥《ずいしょう》である。「龍と鳳が祥《さいわい》を呈する」「鳳が舞えば文は明《ひら》け、龍が飛べば武は昌《さか》える」などの表現がある。

鳳とは、本来、大きなトリのことである。ヘビと同様、トリは古代人のトーテムであった。大空を自由に翔《と》ぶことのできる大きな鳥は、神の鳥であり、聖なる存在であって、人びとの崇拝の対象だったのである。それは神格化され、より華麗な形態を整えていく。頭はキンケイ、体はオシドリ、嘴《くちばし》はオウム、脚はツル、長くのびた羽根……。こうなれば「百鳥の王」であり、まさに美の化身というものだ。鳳はこうして、美しい、平和のシンボルとなったのである。

中国人は対《つい》のものを好む。プレゼントの場合も、花などでも、一対で二本とすることが多い。鳳と龍とは、最善の組み合せの一対である。それらが象徴するものを、あげてみよう。

龍――武・力・闘争・男・皇帝・陽……

鳳――文・美・平和・女・皇后・陰……

この対には限りがない。それは中国人の思考と嗜好《しこう》を知るうえで、確かな手がかりとなるものだ。

十数年前、江西省の農村で図版のような「龍と鳳」を発見した。上海《シャンハイ》の西南約六百キロにある江西省《こうせい》（省都は南昌）は、面積が日本の五分の二ほどあり、人口は約四千万。そこには革命の聖地の瑞金《ずいきん》や井岡山《せいこうざん》、陶磁器で知られる景徳鎮《けいとくちん》、風光明媚《めいび》な盧山《ろざん》などがある。

一帯は典型的な南方の農村だった。水田が広がり、緑の山が遠景にある。水牛がいる。黒いレンガ作りの農家は平屋建てだが、天井はいかにも高そうだ。入り口の大きな扉は、観音びらきである。その上に、この「龍鳳呈祥《りゅうほう》」の絵があった。

まだ新しい絵で、素朴そのものだ。直径一メートルほどの円形に、白いしっくいが塗ってある。その上の絵はカラフルである。龍や鳳の体は赤、羽根や脚は緑、顔や体の一部が黄色、黒でうまく輪郭をとっている。

この一幅の絵は、思うに、農家の若い夫婦の願いを表現したものであろう。龍になぞらえた夫と、鳳になぞらえた妻が、仲むつまじく暮らすこと、平和な家庭であるように……と。実は「龍鳳呈祥」は、ごくありふれた絵である。

農家の玄関の龍と鳳の画像（江西省臨川）

そうした絵に対し、大胆かつ学術的な仮説のあることを知った。何新《ホーシン》著『龍——神話と真相』（上海人民出版社、一九九〇年）である。

何氏によれば、遥か昔の中国大陸には、二つの代表的な血族集団があった。一つは母系制で、鳳をトーテムとし、もう一つは父系制で龍をトーテムとしていた。この二つの集団が合体して、中華民族の祖となったとする。

誤解を恐れずに、この「龍と鳳」を拡大解釈してみたい。龍は、黄河を中心とし、ムギを食べる北方系である。鳳は、長江（揚子江）を中心とし、コメを食べる南方系である。思想上でいえば、龍は秩序を重んじる儒教の、鳳は白由を重んじる道教の、それぞれ系譜にある。

第6項に紹介した伏羲《ふっき》と女媧《じょか》は、北方の血族集団のシンボル的存在であり、それぞれに傑出した指導者だったのではなかろうか。

25 龍という姓は舜の時代からあった

姓名といい、氏名というが、もともとは厳密な区別をもっている。まず姓《かばね》は、血筋すなわち家族を表わしている。氏は、家柄すなわち官職を表わしている。名は、その人だけの固有のよび方である。

日本人の姓は、武士の家などを別にすれば、十九世紀の後半、明治維新このかたのものである。したがって日本の姓の大多数は、百年ちょっとの歴史をもつにすぎない。その数は十数万とか。

中国では、三千年前の周の時代から、奴隷もすでに姓をもっていた。周の王室の姓は、姫《チー》である。同じ姓から出たものを同姓といい、同姓のあいだでは結婚しない習慣があった。血のちかい結婚の弊害をすでに知っていたからである。

その歴史と、その人口からして、中国の姓はものすごく多い……。こう考えられがちであるが、その答えはノーである。中国には数千ちょっとの姓しかない*。日本の十数万という姓とは、比較にならないほど少ないのである。中国の姓をあつめた本に『百家姓』がある。もともと子供のための教材として編まれた冊子である。北宋《ほくそう》（十世紀）のころに刊行されたといい、編者は不明である。四つの姓（漢字）を一句として、

＊手元にある『中国姓氏彙編』（人民郵電出版社、1984年）には、5730の姓が収録されている。その中、常用されるのは1割弱だという。ちなみに3大姓は、李・王・張である。

趙銭孫李（チャオ・チェン・スン・リー）、周呉鄭王（チョウ・ウー・チョン・ワン）……のように配列してある。中国語で読むと、ゴロがよく、耳に心地いい。子供たちにとって、覚えやすい工夫がなされているのである。

教える人も、当然のこと、さらに物語をつけただろう。例えば、孫という血筋には、孫子という兵法家がいて……。李には、あの李世民《りせいみん》（唐朝の実質上の創始者）や、詩人の李白《りはく》がいて……。こうして子供たちは、楽しみながら、中国の姓をおぼえていった。

趙《ちょう》という姓がトップにあるが、いささか理由がある。それは『百家姓』ができた宋代では、皇帝の姓が趙だったからである。また、明代にできた『皇明《こうめい》百家姓』で、朱《チュー》が最初にあるのも、同じ理由からである。

絵本版の「百家姓」は苗字を楽しく解説

龍《ロン》という姓は、『百家姓』のなかの第六十四句目にでてくる。ほぼ中間といったところだ。この龍の姓はきわめて古いもので、五帝のひとり舜《しゅん》の臣下だったという。その氏（官職）は納言《なごん》であり、現在でいう官房長官にあたる。紀元前三世紀の『韓非子』によれば、この龍の姓の血筋は「よく龍を畜《か》い」とあり、龍は「おとなしい」ともあって、なかなか興味ぶかい。

さて、歴史上の龍の姓をもつ人物を、何人か紹介しておこう。

龍陽君《ロンヤンチュン》——戦国時代の人で、魏《ぎ》の国の寵《ちょう》

臣《しん》だった。王とともに魚をつり、多くのつった魚を放して泣いた話は有名。

龍復本《ロンフーペン》――唐の著名人で、生れつき盲目だったが、相手の声を聞くだけで、その過去と未来を言いあてたという。

龍太初《ロンタイチュー》――宋の有名な詩人で、改革派の王安石《おうあんせき》とは詩友の関係にあり、人格がきわめて謙虚なことで知られた。

龍仁夫《ロンレンフー》――元の著名な学者で、『周易《しゅうえき》』などの古典に前人未到の解釈をほどこし、流麗な文体の名手である。

ちなみに、百姓《パイシン》について一言しておこう。それは日本語の百姓《ひゃくしょう》ではなく、すべての民を意味する。老《ラオ》をその前につけて老百姓《ラオパイシン》(民衆、一般大衆の意)とすれば、もっと意味がはっきりする。

龍は当然のこと、男子の名前としてよく用いられる。最近の例でいえば、人民解放軍の元帥だった賀龍《ホーロン》(一八九六〜一九六九)や、天津作家協会の主席の蒋子龍《チァンツーロン》(一九四一〜)などがある。

26 龍の九匹の子どもと、その役割

龍はいったい、どこから来たのか? という素朴な疑問がある。龍は、皇帝のシンボルであるとし、龍を、力強さの象徴であるとする。だが、その龍はどこから、どのようにして生れたのか。中国の古典はこれについて、あまり親切な説明はしてくれない。

「水が積もって川となり、龍や蛟《みずち》が生れる」とするのは『荀子《じゅんし》』である。荀子は前三世紀、戦国時代の思想家であり、性悪説の立場をとった。

「夏《か》の時に、龍は太廟《たいびょう》より生れる」とするのは『抱朴子《ほうぼくし》』である。その著者は葛洪《かっこう》という道士であり、太廟とは祖先を祭る建物のことだ。

このように、龍がどのように、どこから誕生するかは、分かったようで、分からない。ただ、龍の子については、かなり有力な材料があった。明代、文人の楊慎《ようしん》の編纂《へんさん》した『升庵外集』である。「俗説では、龍は九つの子を生む。それは龍の形をなさないが、それぞれに好むところ（役割）がある」として、以下のように解説している。

一番目は贔屓《ひいき》といい、形はカメに似て、重いものを負うことを好む。いまは碑のしたの趺《てつ》となる。

二番目は螭吻《りふん》といい、形はケモノに似て、遠くを望むことを好む。いまは屋上の獣頭となる。

三番目は蒲牢《ほろう》といい、形は龍に似て、吼《ほ》えることを好む。いまは鐘のうえの紐《ちゅう》となる。

四番目は狴犴《へいかん》といい、形はトラに似て、きわめて威圧的である。それゆえつねに獄門に立てる。

五番目は饕餮《とうてつ》といい、形は獣に似て、いたく飲食を好む。そのため鼎《かなえ》のふたに立てる。

六番目は蚆蝮《はちか》といい、形は怪魚に似ており、はなはだしく水を好む。それゆえ橋の柱に立てる。

七番目は睚眦《がいさい》といい、形は龍に似ており、殺すことを好む。それゆえ刀の環《たまき》に立てる。

八番目は狻猊《しゅんげい》といい、形は獅子に似ており、きわめて煙や火を好む。それゆえ香炉に立てる。

九番目は椒図《しょうず》といい、形は大カエルないしタニシに似て、閉じることを好む。それゆえ門の舗（ドア・ノッカー）に立てる。

龍のドア・ノッカー（張大千記念館）

これらの龍の九つの子は、いずれも高貴な存在で、瑞祥《ずいしょう》を意味する。しかも、親の威光というわけでもないが、邪を退けて、安全をたもつ役目をするという。

一番目のヒイキに、アッと驚かれた読者もあるだろう。それが、すでに日本語になっているからである。自分の好きな相撲の力士や、野球チームの「ヒイキ」である。勝っても負けても、たとえ弱くてもいい。「重さに耐えて」声援してくれるのが、ヒイキである。

九番目の椒図は、その字はともかく、中国でよく見かける伝統的なドア・ノッカーである。金属製であり、これをカタカタと鳴らして、来訪をつげる。

27　東の守り神「青龍」と古代中国の天文学

33項で触れるように、東方の色は青であり、その守り神が青龍である。この青龍について、すこし考えてみたい。青龍は、天体との関連がありそうだ。

次頁図版の青龍は、漢代の瓦当《がとう》である。軒さきの丸瓦《まるがわら》に刻まれた青龍は、一つの珠《たま》をもてあそびながら、躍動しているかのようである。今から二千年以上の昔、漢代の芸術はかくも高いレベルをもっていた。瓦当や石の彫刻にそれを知ることができる。動物の形象が特徴的であることから、美術史では、漢代を「動物時代」と呼ぶことがある。

ところで、人類は有史このかた、天体をよく観察してきたようだ。一日のリズムを刻む太陽と、一カ月のインターバルを決める月は、大きくて分かりやすい。だが、夜空にきらめく星はあまりに小さく、その数はあまりに多い。

古人たちは根気づよく、星を観察したようだ。砂の数ほどもある星には一定の動きがある。形よくならんでいる星や、ひときわ大きな星を中心とした複数の星があれば、そこにイメージをふくらませて、動物や英雄の像を描いたりした。いわゆる星座である。これは東洋も西洋も同じである。

例えば、中国と日本では、星座の名前が次のように対応する。

室女座＝おとめ座　天秤《てんしょう》座＝てんびん座　天蠍《てんかつ》座＝さそり座　人馬座＝いて座

そして、これらの星座のあるあたりが、東の守り神である青龍が支配する天空なのである。

中国古代の天文学は非常に発達していた。地球から見て、太陽が地球を中心にして運行する軌道がある。黄道《こうどう》という。この黄道にそって、天球を二十八に分け、それぞれの場所に星座を一つ作る。星座のことを、古代では、星宿といい、その全体を二十八宿と呼んだのである。

東方には、すなわち青龍の守る範囲には、古代の天文学でいう「角《かく》」「心《しん》」など七つの星宿がある。以下に、

漢代の瓦を飾る青龍は、東方の守り神

それらの日本語のよび名とともに、簡単に解説する。

まず、おとめ座であるが、その首星がスピカである。そのスピカを中心とした部分が角であり、日本語では、「すぼし」という。その東部が亢《こう》であり、日本語では「あみぼし」という。

てんびん座が、氐《てい》であり、日本語では「ともぼし」という。

さそり座は、首星のアンタレスを中心にして、その名のように長い。赤く輝く一等星のアンタレス付近が、心であり、日本語では「なかごぼし」のこと。その南東部が尾《び》であり、日本語では「あしたれぼし」。西部が房《ぼう》であり、日本語でいう「そいぼし」のことである。また、いて座を箕《き》といい、日本語の「みぼし」のことである。

さて、人間にとって、一日の始まりは朝である。まず東の空がわずかに青くなる。中国人がこの時の東方の色として「青」を選んだのはよく理解できる。青龍が東方の七つの星座を率いており、天の運行が順調であることは、人間にとっても非常に重要なことである。青龍を蒼龍《そうりゅう》と呼ぶことがある。その色は、東の空が白みかけた状態をより正確に表現しているだろう。

28 殷代の甲骨文字にいくつもの龍が

甲骨文字は、目下、中国では最も古い形をした漢字である。それは今から三千数百年も昔、殷《いん》の王たちが占いに用いたものである。まだ絵の要素がのこる文字を、亀の甲羅や牛などの肩甲骨に刻みつける。

「帝は風吹かしめんか」「庚寅《こういん》に雨降らざるか」……

その骨を炎のなかに入れると、ビビーッと音がして、ひび割れができる。貞人《ていじん》とよばれる専門家が、その割れ具合により、結果を判読する。占った内容の「諾否」あるいは「可不可」を、王に報告するのである。

今から約四千年前の龍山《ロンシャン》文化の時代もそうだったが、殷王朝の支配者たちも、占いに熱心だったようだ。雨が降るか？　風が吹くか？　豊かな実りがあるか？　戦争をすべきか？　などについて、彼らは、天帝の意を推しはかろうとした。

いかにも大陸的、といえばそれまでなのだが、中国人が、こうした数千年の歴史をもつ文字に気づいたのは、十九世紀末のことである。それが龍骨を手がかりとしたことは、65項で触れる。中国には悠久の歴史がある。甲骨文字よりさらに古く、陶文《とうぶん》ともいうべき文字の存在も、一部の学者により指摘されている。＊それは文字というよりは、絵のようだ。

現在のところ、約三千の甲骨文字が確認されている。王国維《おうこくい》や羅振玉《らしんぎょく》の研究にもかかわらず、その半数が解読されただけである。これまでに判読された甲骨文字のなかから「龍」をさがすと、次頁の図版のようで

＊陶文の「龍」は、このようだ。この陶文を漢字の祖先とする学説は、しだいに支持されるようになってきている。それが主流になれば、これが最古の「龍の字」となる。

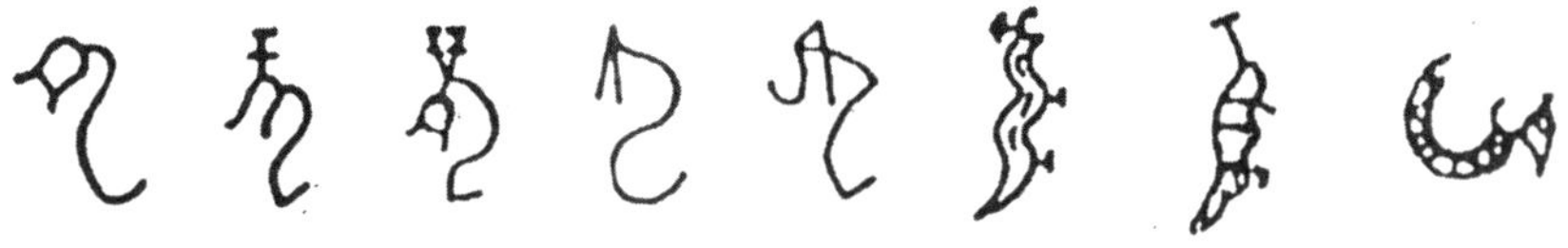

甲骨文字の龍を、古い順に右から左に見比べると、絵から抽象化される過程がよく分かる

ある。

その稚拙さに、読者は驚かれることだろう。これがほんとに漢字の元祖であるか、と疑念をもつ人もいるだろう。玉《ぎょく》の龍（62項）、龍体人面の文様（63項）、とぐろを巻く龍（69項）などは、殷代よりもずっと古い。それらに比べても、甲骨文字の龍はいかにも幼稚な印象を受けるだろう。

しかし、この思いきった抽象化こそが、文字への道程なのである。この大胆で、血のにじむような知的な営為がなければ、今日の漢字は存在しない。

右端の龍は、まだ絵の要素を色濃くのこしている。それが横たわっていること、それ以外の龍が立ちあがっていることに注目したい。甲骨文字のなかの龍は、具象から抽象へ、水平から垂直へと変化してきたことが類推できるからだ。

左端の龍は、何のけれんみもなく、一筆書きのようである。大きな頭とスラリと伸びた体が、いかにも印象的といえる。

29　周代、金文の中で龍は形を整える

殷《いん》王朝が約六百年もつづいたのは、いまから三千年も前のことである。その殷も紂《ちゅう》という暴君が出たために、民の支持を失ってしまう。周の武王《ぶおう》が殷を滅ぼしたの

は紀元前一〇二七年のこととされる。殷の伯夷《はくい》と叔斉《しゅくせい》は、それに抗議して、「周の粟《ぞく》は食わず」と餓死したという。

殷から周への交替で、政治や経済の中心地は、黄河の上・中流域から中・下流域へと移動した。春秋時代の孔子《こうし》が、古代中国の理想社会と絶賛した周王朝は、文化の方面でも見るべきものが多い。例えば、百余篇の詩からなる『詩経《しきょう》』は、古代中国の文学の最高峰である。

青銅は、銅と錫《すず》をまぜた合金である。二種類以上の金属をまぜて、新たに合金をつくることは、人類にとって大発明である。合金はもとの金属にはない特徴をもつからである。青銅はすでに殷代からあったが、周の青銅器の制作は圧倒的である。このため、周代を青銅器時代とよぶことがある。

青銅器の内側には、文字が刻みこまれていることがある。この金属に刻まれた文字のことを、金文《きんぶん》とよぶ。殷代の甲骨文字は、占いのための卜辞《ぼくじ》であった。だが、周代の金文は明らかに性格を異にしている。金文は、ある事がらを記録した銘文なのである。それ自体が、すでに一定の史料性をもっている。

龍の文字に注目したい。金文の龍は、一方では甲骨文字の字体を継承しているが、一方では独自の発展をしている。すべての龍が垂直である。右向きの龍があり、左向きの龍もあるのが面白い。金文の龍は、甲骨文字のもつ絵的な要素を捨象しつつ、画数をしだいに増やし、独自の形態を整えてくるようだ。

それにしても、金文の龍のもつ丸味はどうだろう。この丸味の秘密は、青銅器の製法に求められるべきだろう。まず粘土かロウで鋳型の原型をつくり、そこに文字を彫りつけたのである。その工具は、たぶん金属ないし石でできた細い棒状の筆だろう。こうした製法であれば、どんなに画数が多くとも、また字体に丸味や角をあたえることも、問題ではない。

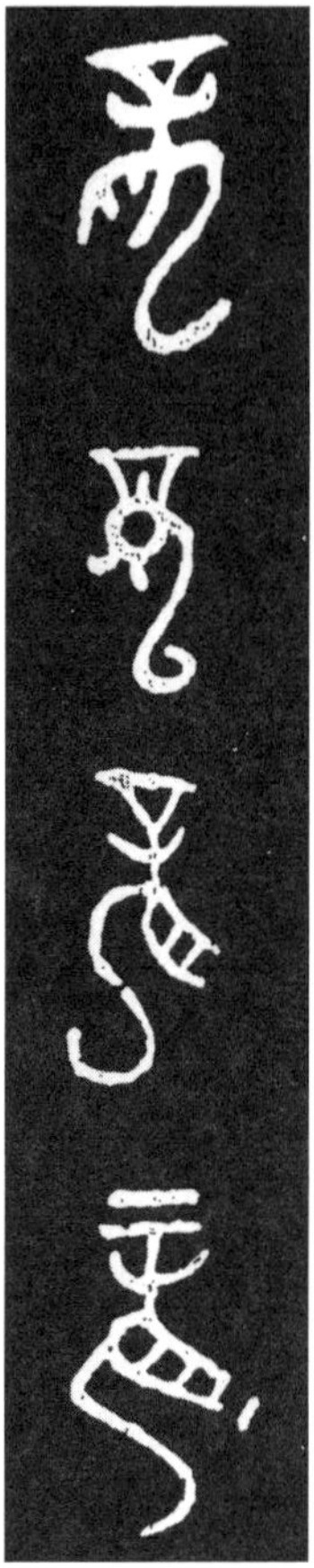

周代、金文の中の龍は形を整える

現在、青銅器に刻まれた金文は約三千字が確認されており、その三分の二ほどが解読されている。しかし、文字学者の研究によれば、周代の金文の文字の総数は、目下知られているものの数倍はあるという。

青銅器はところで、鉄ほどではないが、やはり腐食して姿を消してしまう。博物館などで観賞することのできる青銅器は、その表面がうまく腐食し、その青銅色のサビ、すなわち緑青《ろくしょう》によって全体が保存されたものである。

出来あがったばかりの青銅器は、意外なことに、黄金を思わせる色と輝きをもっている。身近な例でいえば、新品の五円玉の色である。錫の割合が多ければ、プラチナのように白くなる。気も遠くなるほど長い石器時代をくぐりぬけた中国人にとって、この青銅の輝きは、どれほど眩《まぶ》しかったことだろうか。

30　あの孔子が老子を龍にたとえた

老子《ろうし》のことを、孔子《こうし》が*「龍のような人間だ」と賛嘆している。それは二人が相まみえた後の、孔子の印象である。孔子はまた、「魚なら、泳いでいるところを見れば、魚だと分かる。鳥なら、飛んでいるところを

＊孔子　(紀元前551～前479)、春秋時代の中国の思想家、哲学者、儒教の始祖。ヨーロッパでもラテン語化されたConfucius（孔夫子の音訳）の名で知られている。

見れば、鳥と知れる。ただ龍だけは、泳ぐことができるのに魚ではなく、飛ぶこともできるが鳥ではない。まったくエタイが知れない」とも語っている。

このエピソードは、四世紀の道士・葛洪《かつこう》の『神仙伝』による。漢代の司馬遷《しばせん》の『史記』にも、孔子と老子についてのくだりがある。現代の一部の学者は、孔子と老子が同時代の人間であることを疑っている。さらには、老子の実在そのものを疑う学者もあるが、ここでは、老荘の立場から老子を深く理解した『神仙伝』に従っておこう。

孔子と老子とは、きわめて対照的な思想家である。いまから二千数百年前、戦国の時代に生きたこの二人の哲人は、好一対の考えの持ち主である。

孔子は、魯《ろ》（山東省）の人である。道徳的な行ないを実践して、仁を完成させよう、と呼びかけた。自己を律して（修身）、家庭を整え（斉家《せいか》）、国を治めれば（治国《ちこく》）、天下は平和になる（平天下《へいてんか》）、というのが孔子の理論である。自分から出発して天下へ、明快そのものだ。

そうした孔子の主張は、彼の生前には、各国の支配者から受け入れられることはなかった。無視されつづけたのである。こうした現実に失望し、晩年の孔子は、教育に心血をそそいだ。門弟の数は三千ともいわれた。主だった弟子たちとの対話集が、不滅の名著『論語』である。

一方、楚《そ》（湖南省）の老子は、孔子のいう努力は、必要のない浅知恵だという。人為的な営みを排して、天の定めるままに、自然に生きることを主張する。無為自然《むいしぜん》こそが、老子の思想である。孔子のいう「孝」は家の中が、「忠」は上下の関係が、それぞれ乱れていることの証拠にすぎない、と老子は難詰する。

老子は、ムダな努力を否定する立場にあり、人に教えることはしなかった。西へ旅をする途中、函谷関《かんこくかん》（河

あの孔子が老子を龍にたとえた

南省）の役人にせがまれて、数日間そこに留まった。その折、かねてからの考えを一冊の本にまとめたのが、古今の名著『老子』である。わずか五千字の本であるが、そこには彼の深い思索が凝縮されている。

孔子は、きわめて実直な、いかにも教育者らしい人物だったと思われる。自分の目と耳だけを信じて、それ以外の「怪力乱神」を語らず、とした。

愛弟子の顔回《がんかい》が死ねば、悲しみのあまり、食事ものどを通らないほどだった。その孔子にして、

「龍を潜ませ、用いる勿《なか》れ」「田にて龍を見る」「秋、龍を絳郊《こうこう》に見る」

と龍の存在を認めている。いずれも孔子が編纂《へんさん》に関係した『周易《しゅうえき》』や『左伝』からの引用である。それらは哲学や占い、歴史に関する書物である。孔子が田んぼや郊外で見た龍とは、思うに、自然現象ではなかろうか。例えば、竜巻のような……。龍の実態については、現在の中国でも、ヘビ説、ワニ説、空想説など色いろあり、まさに諸説紛々である。

それにしても、孔子が、思想界の最強のライバルである老子を、龍になぞらえたのは、やはりその実力に敬意を表したからであろうか。

31 憂国の詩人・屈原の作品にみる龍

紀元前四世紀、中国の戦国時代のことである。北方では、秦《しん》の国（いまの陝西省《せんせい》の一帯）が実力をたくわえていた。南方の雄は、何といっても、現在の湖南省を一帯とする楚《そ》の国である。楚の王族に生れた屈原《くつげん》は、博学の政治家であり、憂国の詩人である。

楚の宮中では、北方の秦への対処をめぐり、意見が分かれていた。屈原はつとに、秦の将来的な脅威を感じ取っていた。彼は主戦論を展開した。だが、秦はいかにも強国である。それを相手に戦うことは困難であるとして、恐れをなす者もいた。そうした表面的な和平論者により、屈原は讒言《ざんげん》され、陥《おとし》れられてしまった。彼は流浪の身となったのである。

詩人としての屈原の作品には、楚の国運を心配し、憂国の情を吐露したものが多い。ここでは、そうした詩のなかの「龍」に注目してみたい。

「余が為に飛龍を駕《が》す」「蛟龍《こうりゅう》を麾《さしまね》き、津《しん》の梁《りょう》とさせる」

いずれも長編の詩「離騒」の一節である。

この「離騒」は自伝詩ともいうべき作品である。自らの出生と家系、豊かな徳性と才能、王政を輔《たす》ける情熱、讒言による失脚と流浪、濁世《じょくせ》に処する清高な志、神仙世界への遍遊などを内容としている。

「私のために、龍を車につける」

屈原を祭る屈子廟の入り口（湖南省汨羅）

ことを屈原は要求する。彼は玉《ぎょく》の佩《はい》を腰にぶら下げ、芳しい植物を身につけている。詩人の魂は、仙界へと飛遊しようとしている。美しい玉や象牙で飾った車を引くのが、ほかならぬ龍なのである。

「蛟龍を呼びよせ、渡し場の橋になってもらう」

と詠じる屈原。蛟《みずち》は、もっぱら水の中にいる龍で、角はあるが、空を飛ぶことはないという。その蛟の背を橋として、西の天のかなたの神仙に逢いにいくのである。さらに、

「龍駕して、帝服する」「飛龍に駕して、北に征《い》く」「飛龍は翩翩《へんぺん》たり」

などの句がある。いずれも、屈原の詩「九歌」からの引用である。「九歌」は本来、楚の民間につたわる祭祀《さいし》の歌である。それを流浪の身の屈原が耳にし、詩にしたものである。天帝の服を着て、龍に引かせた車や舟にのり、各地を遊歴する屈原は、詩のなかの人物である。

それは、現実には不本意ながら、流浪の身となった本人の「夢」であったのだろう。

屈原のこれらの詩をまとめて『楚辞《そじ》』と呼ぶことがある。憂国の詩人の屈原が、汨羅《べきら》の淵に身を投げたの

は、紀元前二七七年のころとされる。一身を犠牲にして、楚の朝野の愛国心を喚起しようとしたのだった。楚の人民は、屈原の死を心から悼み、魚が彼をついばまないようにと、粽《ちまき》を水中に投じたという。また、屈原を記念して、小舟を競うようになったのがペーロン（白龍）である。粽づくりも、ペーロンも、五月五日の端午《たんご》の節句に無くてはならないものだ。しかもそれは、つとに日本の民間行事ともなっている。

32　最古の字典『説文解字』にみる龍

中国の文字の歴史は、いかにも古い。いまから約六千年前の仰韶《ぎょうしょう》文化の時代、陶器に描かれた絵文字（陶文）が現われた。いまから三千数百年前の殷《いん》代、すでに甲骨文字が現れている。それが大胆な捨象と抽象をへて金文になったのは、今から三千年も昔のことだった。

伝説によれば、漢字を発明したのは蒼頡《そうきつ》だという。その蒼頡は、龍とも大いに関係のある黄帝《こうてい》の臣下であり、三つの目をもっていたとされる。この三つ目の蒼頡がトリや動物の足跡をヒントにして、漢字を創始したというのである。

文字の創造は大きな文化事業である。それは一人の天才のインスピレーションというよりは、長い歳月にわたる多数の人々の努力の結晶であろう。その証拠には、秦《しん》の始皇帝《しこうてい》による統一までは（前二二一年）、中国の各地にそれぞれの文字があったのである。文字を標準化したのは、秦の宰相の李斯《りし》である。

だが、中国最初の字書である『説文解字《せつもんかいじ》』は、漢代の学者である許慎《きょしん》の独力の作品である。それは漢字の

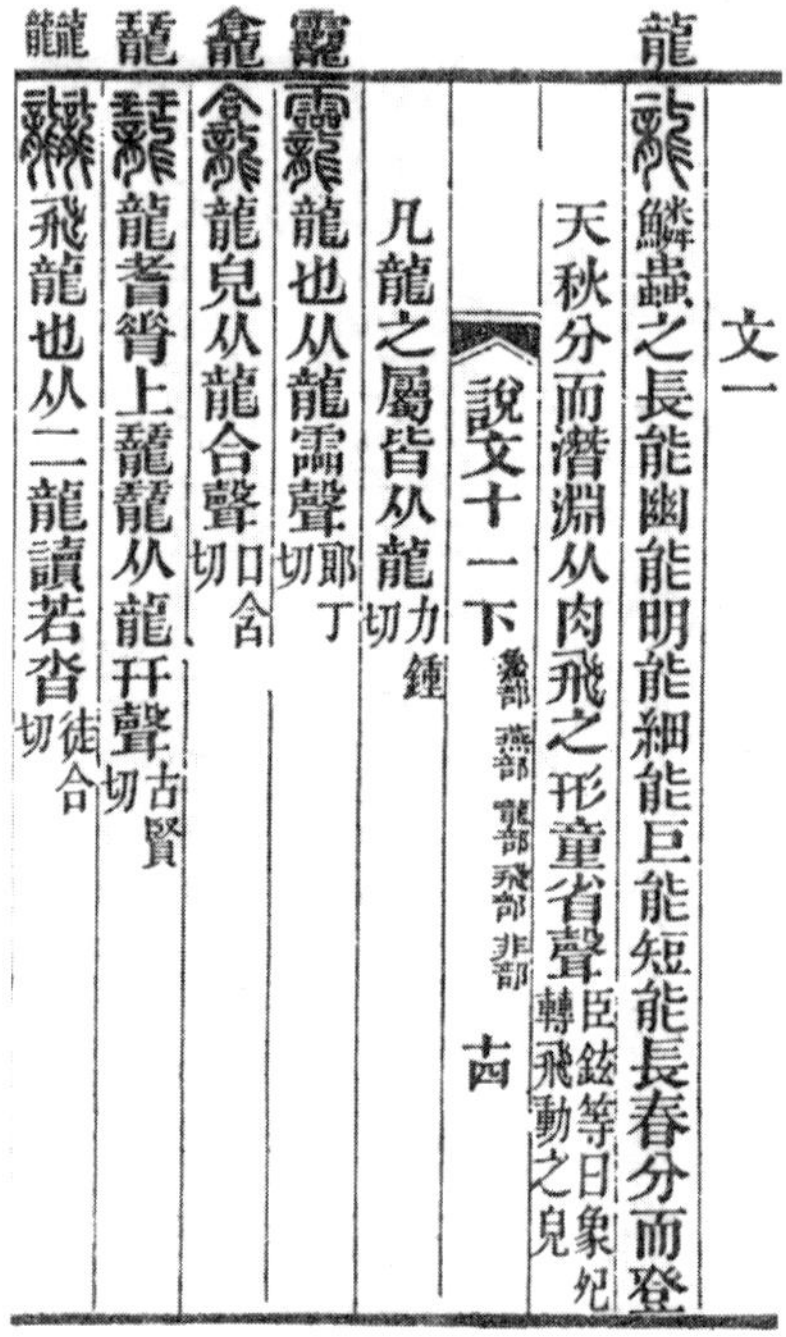
文一
龍 鱗蟲之長能幽能明能細能巨能短能長春分而登天秋分而潛淵从肉飛之形童省聲臣鉉等曰象夗轉飛動之皃 力鍾切
凡龍之屬皆从龍
說文十一下
龗 龍也从龍霝聲 郎丁切
龕 龍皃从龍合聲 口含切
龍耆脊上龍龍从龍幵聲 古賢切
龖 飛龍也从二龍讀若沓 徒合切

中国最古の字典『説文解字』は、1900年前の後漢に成立。図版では龍の特徴を完結に表現している。

歴史を考察し、その変遷を整理して、全十五巻に著したものである。紀元一〇〇年のことだった。

この『説文解字』には約一万の親字があり、現在にいたるまで漢字研究の基本的な文献となっている。龍の字は第十一巻にある。それは以下のようである。

龍は、鱗虫《りんちゅう》の長《おさ》にして、能《よ》く幽《くら》く能く明るく、能く細く能く巨《おお》きく、能く短く能く長く、春分には天に登り、秋分には淵《ふち》に潜む……

龍という字そのものは、甲骨文字の龍と、昇ることを意味する童から構成されている。それは天に登ることのできる霊獣のことである。

それにしても変幻自在な龍であり、天空と地上を自由に往来する。明暗、大小、巨細のいずれも自由自在である。字書の書き出しにもあるように、龍はウロコをもつもの（虫、動物）の王者なのである。

春になれば、天にあって雨を降らせ、秋からは水中に深くひそむという龍である。これは雨を管理するとされる龍の理想的な姿である。ただ往々にして、理想と現実の間には一定の距離があるものだ。

紀元をはさむ前漢と後漢の約四百年間、中国は空前の全盛期をむかえた。武帝《ぶてい》は西域の経営にのりだし、シルクロードの基礎を築いた。漢代は、文化のレベルも高かった。甲骨文字から変化してきた文字が「漢の文字」（漢字）とよばれるのも、故なしとしない。

漢代の龍は、すでに述べたように（15項参照）、きわめて政治的な存在となっている。それは皇帝の権力を絶対化するために利用された一面がある。このことを考えれば、許慎の『説文解字』の龍は、冷静かつ客観的に表現されたものといえる。

ちなみに図版の龍の字体は篆字《てんじ》である。これも秦の李斯がさだめた字体である。秦の統一とそれに続く文字の標準化により、歴史上から姿を消した文字も少なくないのである。

33 黄龍は天下太平のシンボル

黄龍とは、黄色い龍のことである。この色をした龍について、その意味をすこし考えてみたい。巻頭口絵（1頁）の図版が黄龍であり、清朝の第六代の乾隆《けんりゅう》皇帝の袍《ほう》の胸を飾っている。

正面を見すえた龍は、角と歯、それに目が白く、耳と口の中、それに鼻の頭が赤い。それ以外の顔、胴、脚はすべて黄色である。皇帝の衣装のことを龍袍《りゅうほう》というが、乾隆帝の龍袍そのものが、黄色なのである。龍袍の黄色は濃く、龍の黄色はやや淡い。その色のコントラストは大変見事である。

ところで黄色は、高貴な色である。それは大地の色であり、黄河の色でもある。中華の文明のシンボル・カラーは、黄色なのである。中国の歴史は、伝説上の黄帝《こうてい》から始まるとされる。北京《ペキン》にある故宮の屋根は、黄瑠璃瓦《きるりがわら》でふかれている。その瓦の色である黄は皇帝の独占物であり、下じもの者が使用することは絶対に

清朝の乾隆帝（1799年没）の装束の胸を飾る龍のデザイン（口絵1頁上図の細部）

許されなかった。

龍と皇帝の関係はすでに触れたが、要するに、龍は皇権のシンボルなのである。黄色の龍が皇帝の胸を飾るのには、やはり理由がある。龍はもともと麒麟《きりん》などとともに、瑞獣《ずいじゅう》なのである。瑞獣とは、非常に喜ばしいことがある場合、天がそれに感じて、地上にくだす吉祥の霊獣のことである。

例えば、伝説上の黄帝の時代のことである。黄河のなかから一匹の黄龍が現われ、口にしていた河図《かと》を黄帝に授けたという。河図とは、「陰陽の図」のことであり、易《えき》のもとになった貴重な図案である。

やはり伝説上の禹《う》の時代のこと。禹は南方での治水に励んでいたが、大きな河に行く手をはばまれ、すっかり困ってしまった。するとどこからともなく黄龍が舟をひいて現われ、禹を渡してくれた。やがて禹は黄河の治水にも成功し、夏《か》王朝を創始したのだった。

こうした神話や伝説のほかに、伝統的な色と方位の関係がある。それもまた、黄龍に特別の意味をあたえている。中国人の考え方によれば、

東＝青（青いリュウ、青龍ないし蒼龍《そうりゅう》）

南＝赤（赤いトリ、朱雀《すざく》）
西＝白（白いトラ、白虎）
北＝黒（黒いカメ、玄武）

が方位と色の関係である。（　）内は、その方位の守り神である。
こうした四つの方位は、ある中心から見たものである。別のいい方をすれば、四方の神が守ろうとしているのは、一つの中心なのである。この中心と四つの方位を、五行《ごぎょう》*では次のように関係づけている。

東＝木《もく》　南＝火《か》　中央＝土《ど》　西＝金《ごん》　北＝水《すい》

このように整理すれば、一目瞭然である。動物も植物も、「土」を離れては生存できないし、水がなくては育たない。その土《つち》は黄色であり、五行の中心にあって、すべてを統括している。同じ土色（黄色）をしており、水のある所を棲《す》み家《か》とする龍、すなわち黄龍を天下太平のシンボルと位置づけたのである。すなわち黄龍は、もともと瑞祥の霊獣であった。それを一歩進めて、黄龍をさらに理想化したのである。

34　銭龍にはかない夢を托した芸妓

龍は、中国人のたくましい想像力の賜《たまもの》であり、龍は、パワー・シンボルであり、最高の吉祥物である。そんな龍がお金と合体したのが、銭龍《せんりゅう》である。縁起ものの絵や図ばかりを集めた本のなかに、この銭龍を発見して、思わず吹きだしてしまった。

＊五行　中国古代の自然哲学を代表する概念である。万物の構成要素は、木・火・土・金・水であり、その間には相生（そうせい。木は土から生まれる）、相克（そうこく。水は火に克つ）の関係があり、相互に転換し、流転するという。

この上ない吉祥とされた全身お金の「銭龍」

「銅銭をつないで龍の形にしたもので、この上ない吉祥の図柄である。銭龍は四方から財宝をひっぱってくる、とされる。この銭龍は民間の美術ではよく用いられる図案である」

という説明もよかった。

その通りであろう。なにしろ龍は、大自然のパワーであり、人間界に君臨する皇帝の別名なのである。その龍が全身これお金であるとしたら、これ以上お目出たいものはないだろう。日本流にいえば、大判小判がザックザク、というところだろう。

ところで中国では、原始社会からお金が使われてきた。貨幣の貨の字のなかに「貝」があるように、殷《いん》の時代、お金はカイガラだった。現在の中国語でも、宝もののことを宝貝《パオペイ》という。

貝製のお金は美しいけれども、大きさなどにバラツキがあった。もち運びにも不便だった。それが銅製になるのは、前四世紀の戦国時代からである。貨幣は、晋の国では農具のスキの形をしており、斉《せい》の国では刀の形をしていた。国ごとに、形も、大きさも、価値も、それぞれに異なっていたのである。

前二二一年、秦《しん》の始皇帝《しこうてい》は全中国を統一し、その後、文字や度量衡を統一した。そして貨幣も統一したのだった。半両とよばれる銅貨がその代表である。直径が約三～四センチほどの円形で、真んなかに四角い穴があき、半両の二字が刻まれている。

わずか一枚のコインであるが、注目に値する。まず、その形である。円形は天を、四角の穴は地を、それぞれ形象している。古代の中国人の考えでは、円い天があり、四角い地があり、人間はその中間にいる。天・地・人の思想である。この秦朝の半両銭《はんりょうせん》は、それからの二千年以上、中国のコインの規範となった。

銭龍に話をもどそう。お金というものがない時代、人びとは物々交換をしていた。それはきっと、平和で、争いの少ない時代だったろう。貝であれ、銅であれ、お金というものが発明されてこの方、人間社会はセワシクなってしまった。先だつもの、が出来てしまったからだ。

旧中国の花柳界では、三月三日、芸妓が銭龍をつくる習慣があった。先だつものの銭が、一般の社会では考えられないほど、狂気のように流れるのが花柳界である。その世界で華のような顔をした芸妓は、こもごもの夢を托して、銭龍をつくったことだろう。

35　龍は未解明の両生類との説

今日では、恐龍が実在したことを、誰も疑わないだろう。それでは、龍の場合は、どうか？　恐龍が地上に君臨したのは、いまから約三億年も昔のことだ。それにヒトが気づいたのは、十九世紀になってからのこと。龍の「実在」を信じる者は、目下、ほとんどいない。

中国の龍は、二千年前の字典『説文解字《せつもんかいじ》』にはすでに定義があり、現代人がイメージする龍も、すでに漢代には出来あがっていた。ともかく「人物馭龍図《ぎょりゅう》」（戦国時代）など龍を飼う図や、龍を乗りまわす絵が少なくないのである。

だとすれば、まず龍の実在を考えることが、むしろ自然ともいえる。龍を空想上の瑞獣《ずいじゅう》とする説は、しばし保留することにしたい。

『龍《ロン》――一種の未解明の動物』（華夏出版社、一九九五年）は、よく書かれている本だ。著者の馬小星《マーシャオシン》と面識はないが、よく勉強している人のようだ。この本の副題には、なんと「龍は一種の未解明の動物」とあるではないか。

龍の実在説を主張した中国の図書『龍』

『龍』で馬小星は、数多くの古典から、龍についての伝説や神話を引用している。また龍が、かくも神秘や幻想のベールにつつまれる理由についても、著者の見解がのべられている。

しかし、ここでは、その第三章に注目したい。それが全体として龍の「目撃証言」だからである。

龍が目撃されたのは、一九四四年夏、中国の最北部にある黒龍江省でのこと。チチハルの東南にドルボトというモンゴル族自治県がある。そこの漁民である任殿元《レンテンユアン》が、息子に次のように語っている。息子の任青《レンチン》春《チュン》は、地元の博物館に勤務している。

「いつものように父の任佰金《レンパイチン》が中心となり、仲間をさそって、牡丹《ぼたん》江へ船をだした。四、五隻の船で、十人前後、数日から十日かけて漁をするのが常だった」

「陳家村の近くまできた時のこと。いくらも人がいないはずの村なのに、ものすごい人だかりだ。何でも、黒龍江の黒龍が川岸に墜《お》ちてきたという話だ！」

「父も、漁どころではない。行って見ようではないか！　船から陸にあがり、現場まで走った。驚いたの何の、ものすごく巨大な、黒い動物がそこに横たわっているではないか」

「長さは二十数メートルもあり、頭は胴よりもやや細かった。胴回りは大人の腰ほどもあり、約一メートル。頭に、角はない。額には、三十センチほどの一本のノコギリ形の角が生えていた」

「顔は、絵でみる龍とそっくりだ。七〜八本のヒゲがあり、いかにも硬そうで、まだピクピクと動いていた。目は閉じていたが、夏のこととて、ハエがたかる。龍がまぶたを動かすと、ハエがパッと飛びたった」

「生臭いことといったら、鼻が曲がるほどだ。村人たちは総出で、龍にムシロをかけ、それに水をかけていた。その日は、残念なことに一時間ほど見ただけだった。それというのも、翌日また行ってみると、川岸には一本の長いミゾがあるだけで、龍はどこかへ飛びさり、いなくなっていたのだ」

　龍の実在を主張する馬小星の好著『龍』では、龍は、「ヘビやワニとは異なる、実在した、ある種の両生類である」と推論している。

第Ⅲ章

龍と中国の地誌

36 中国文明の母は暴れ巨龍――黄河

龍は、中国の皇帝のシンボルであり、黄色は、その皇帝のシンボル・カラーである。その黄色は、黄河の色を起源としている。中国大陸を東流する黄河は、全長五五〇〇キロ、流域面積は七十五万平方キロという規模だ。ちなみに日本の面積は三十八万平方キロ、鹿児島から稚内《わっかない》までは直線で一八〇〇キロである。

この北方の黄河は、南方の長江（揚子江。全長六三〇〇キロ、流域面積百八十万平方キロ）とともに、中国文明の生みの親である。中国人は黄河を、慈愛にみちた「母なる存在」にたとえる反面、一匹の「暴れ巨龍」にもたとえる。世界の四大文明のひとつである黄河文明は、この母なる流れと密接な関係にある。

例えば、「龍体人面の文様」の彩陶をもつ仰韶《ぎょうしょう》文化（63項）、「とぐろを巻く龍」の黒陶をもつ龍山文化（64項参照）、「玉《ぎょく》製の龍」を愛した婦好《ふこう》の殷《いん》（66項）も、黄河の濁流なくしては存在しなかったろう。

同時に、その黄河は、巨大な、恐るべき暴れ龍でもあったのだ。

毎年、六月から八月にかけて、黄河は上流から中流へ、しだいに水かさを増していく。その中流から下流にかけて生活する民の心には、複雑で、矛盾したものがある。豊かな水と肥沃な土砂を運んでくれる黄河ではあるが、時として、一匹の暴れ龍になりかねないからである。

有史以前、黄河は二十六回にわたって川の流れ下る道筋「河道」を変えている。

その度ごとに、どれほど多くの人命が、その黄色い濁流にのみこまれたことか。現在、渤海《ぼっかい》にそそぐ黄河

黄河の畔にある「母子の像」（甘粛省蘭州）

の河口は、山東省の東営市にある。十九世紀初から二十世紀の中葉までの間でも黄河の河口は、六回も場所を変えている。その跡は、あたかも渤海に向けて、幅約百キロの大きさの扇を広げたかのようである。

ところで中華人民共和国ができたのは、一九四九年十月である。それから今日までの六十年以上もの間、黄河はただの一度も重大な氾濫《はんらん》を起こしたことがない。

禹《う》の伝説にもあるように、中国では「水を治めた者」が天下を治める。父（鯀《こん》）の遺志をついだ禹は、集団を率いた数十年の努力により、治水に成功した。彼はまたヘビ（龍）をトーテムとした血族集団の最高指導者でもあったのだ。

北方の中国を代表する黄河文明は、こうした大自然を相手とした闘争の軌跡ともいえる。黄河は、山西省と陝《せん》西《せい》省との省境を流れくだり、河南省の三門峡あたりから、大河としての風格を持つようになる。河南の省都は鄭《てい》州《しゅう》である。その鄭州の中心地に、黄河展覧館がある。黄河をテーマとした中国での唯一の展覧館である。一度は参観すべき施設である。

源流（青海省）から河口までの標高差は四四八四メートル。その間にある主要なダムだけでも七カ所。一年間で鄭州の揚水ステーションにたまる土砂で、高さと幅を各一メートルの壁を作ると、その長さは地球を二十七周する……。

こうした説明を聞き、手ぎわよく作られた模型やパネルを見ていて、実感することがある。やはり黄河は、中国の文明と人民をはぐくんだ母であると同時に、厳しい試練をも課してくる一匹の黄色い暴れ龍である、と。

37 黄河の激流が流れ下る――龍門

黄河と中国の古代文明の関係は、すでに述べた。黄河は、中国および中国人にとって、優しい「母」であり、揺り籃《かご》であるが、ときに試練を課す「暴れ龍」でもある。これからは、中国の地図に記された「龍門」について語ろう。最初は、黄河の中流域にある龍門《ロンメン》についてである。

ところで、日本の河川は一般に、直線的に流れるものが多い。列島の中央部に山脈があり、四方が海であれば、それは当然のことであろう。くねくねと蛇行して流れるものは、むしろ例外である。

それに比べて黄河は、源流から河口までの五五〇〇キロで、三回、直角に曲がっている。内モンゴルの上流域で二回、陝西《せんせい》・山西《さんせい》・河南《かなん》の省境で一回。それを上空から見れば、北斗七星のヒシヤクの部分に似ているだろう。龍門は、黄河が三回目に曲がる手前、約百キロにある。

そこは東の山西省と西の陝西省との間にあたり、北から流れくだる黄河が省境をなしている。黄河は両岸の黄土をけずるように、激しく流れる。

龍門の北三十キロでは、黄河そのものが一本の滝となっている。その光景が、ちょうど壺《つぼ》のなかに流れこむかのようであり、壺口《ここう》の滝とよばれている。すでに三千キロ以上を流れてきた黄河が、いよいよ河幅を広げ、中流域に達したことの証でもある。

龍門では、黄河の激流が流れ下る

龍門は、黄河が上流から中流に変わる決定的な場所といえる。そこをもし、下流から見たとしよう。龍門までは、方法しだいで、舟などで遡《さかのぼ》ることは可能であろう。しかし、黄河が轟音《ごうおん》をたてて流れくだる龍門ばかりは、そこを越すことなど、絶望的というものだ。

そこはいかにも、「龍のゲート（門）」にふさわしい光景である。

龍門の一部に禹門口《うもんこう》がある。そこでは黄河の流れが極端にせまくなっている。伝説によれば、夏《か》朝の始祖である禹が、巨大な斧《おの》でここをうがち、黄河の水を南へと流したという。龍門をうがつ、という治水の苦労話は、このあたりを舞台としたものであろう。

龍門の東側、山西省に龍門山がある。一帯には黄河の治水にはげんだ禹の伝説があり、山頂には禹の廟《びょう》がある。禹のゆかりの地は多い。各地の禹廟をはじめ、鄭州《ていしゅう》の禹王台、紹興の大禹陵など、数えきれないほどである。

余談になるが、黄河が河南省にはいって間もなく、三門峡《さんもんきょう》にさしかかる。三門とは、神門、人門、鬼門のことである。そこでは、黄河は三筋にわかれた峡谷となっていた。いずれも危険な水域だが、古来、鬼門にだけは絶対に船を進めてはならない、とされた。その三門峡にダムが作られたのは、一九五七年のこと。

最後になったが、「登龍門」の故事は、この黄河の龍門を舞台としている。激しく流れくだる黄河を、あえて登り、この龍門をこえることができれば、鯉もついに龍になる、と。この故事の背景については、次の38項で触れることにする。

38 鯉が登れば龍となる——登龍門

前項でも紹介したように、黄河を流れくだる激流があり、龍門《ロンメン》と呼ばれている。この激流(すなわち門)をあえて登りきれば、川の鯉もついには龍となり、空を飛ぶことができるという。その場所は、陝西《せんせい》と山西《さんせい》の両省の境である。

この登龍門の故事は、中国の人間くさい物語と関係がある。

二世紀、後漢の時代のことである。漢朝は前後あわせて約四百年の歴史がある。唐朝とならんで、中国が政治や経済、文化など、あらゆる分野できわめて繁栄した時代である。

その漢朝にも、さすがに陰りが見えはじめた。皇帝の資質は低下し、それに乗じて宦官《かんがん》が中央の政治を牛耳るようになる。このころの宦官とは、自ら男性のシンボルを断ち、それを代償として政治の中枢へと潜入した男たちである。それは自らの足をたわめて、セクシャルに振る舞う女の纏足《てんそく》と同様、中国の歴史のなかの二つの奇習であり、恥部であろう。

しかし、どんな濁流のなかにも、清らかな志の人はいるものだ。

李膺《りよう》（一六九年没）も、その一人である。声望のある役人で、宦官の一味とことごとに対立した。その彼が、逆に誣告《ぶこく》され、終身の公職追放となる。

霊帝《れいてい》（後漢、第十二代）が即位した後、李膺の才能をおしんで召還した。李膺は自分の政治思想からも、また皇恩に報いるためにも、再び宮廷内に巣くう宦官勢力の一掃をはかろうと試みた。しかし、事前にことが発覚して、今度は殺されてしまった。これが後漢の歴史の汚点ともいうべき「党錮《とうこ》の獄」である。

非業の死をとげた李膺であるが、人びとは彼のことを記憶していた。彼に面会すれば、その人の才能に応じて、必ず評価してもらえた。李膺に会いさえすれば出世できる、とまで言われたほどである。

いわゆる人間関係学、すなわち人と人との関係の調整は、いつの時代でも、なかなか処理が難しいものである。

そこを鯉が登れば龍となる門

いわゆる「発達」「繁栄」「進歩」した国や場所では、人間関係がやっかいである。とかく複雑で、ややもすれば陰湿である。

むしろいわゆる「未開」「後進」「貧困」とされる場所では、思いやりのある、温かな、ストレートな人と人の関係が見うけられる。

中国語では、こうした人間関係学のことを、話し言葉で、拉関係《ラークワンシ》という。それは外国人にとって、目には見えない網であるが、四方八方に張りめぐらされている。この拉関係は、中国との付きあいが深くなると、どうしても無視できなくなる。時にそれを、わずらわしく感じることもある。同時にそれを通じて、中国社会をより鋭く、より深く観察することもまた可能であるように思う。

登龍門の故事はこのように、鯉が試練をうける場所のことから転じて、人間が出世栄達する関門として用いられるようになった。それは日本も中国も同じである。ただ、中国では登龍門のことを、「李膺門」ともいう。また、「李門」「膺門」とだけ表現することもある。『後漢書』には、とくに彼のことを書いた「李膺伝」がある。

余談になるが、五月晴れの青空を、風に向かって泳ぐコイノボリは、日本人による数少ない「発明」の一つであるようだ。*

＊中国で１回だけ、小さな鯉幟（こいのぼり）を見たことがある。汨羅（べきら）の屈原（31 項）を祭る祠に奉納されていた。よく見るとそれは、日本人がそうしたものだった。

39 中国大陸を東西に走る蒼《あお》い巨龍——万里の長城

黄河が、「黄色の龍」であるならば、万里の長城*はさしずめ「蒼《あお》い龍」だろう。中国には、黄河や長城をテーマとした成句がいくつもある。

「黄河に到らざれば、心は死なず」——物事を、とことんまでやらずに放棄してはならない、の意である。

行動の徹底を強調する。

「長城に到らざれば、好漢にあらず」——男子たるもの、高い目標をさだめ、最後まで努力せよ。毛沢東《もうたくとう》は一九三五年十月、一年におよぶ太長征の途上で、詩「六盤山」をよみ、この「長城に到らざれば」を引用している。

長城とはそもそも、ある国と別の国とをへだてる境界線だった。紀元前三世紀、秦《しん》の国の始《し》皇帝《こうてい》の命により、斉《せい》の国の徐福《じょふく》は、不死の霊薬をさがしに、東海へと船出したという。筆者は、この十数年間というもの、中国における徐福の遺跡をたずねて、取材旅行を繰りかえしている。

「蒼い龍」にたとえられる長城（河北省）

＊中華人民共和国国家文物局は、2009 年に長城（明代）の全長を 8,851.8 キロと発表し、2012 年 6 月に秦・漢時代のものも含めた科学的測量の結果を 2 万 1,96.18 キロと発表している。

最北の遼寧省から、河北省、山東省、江蘇《こうそ》省、浙江《せっこう》省まで、その範囲は千数百キロにもおよぶ。

その途上、斉の国の長城の遺跡を見たのは、いまの山東省でのことだった。麦畑のなかにあり、すでに風化している。その土くれの盛りあがりは、徐福が不老の金丹を錬ったとされる丘へと続いていた。二千数百年前の戦国時代、現在の山東省は、斉の国と魯《ろ》の国に分かれていた。長城の遺跡はこの両国のボーダーラインだったのである。

人為的な、境界ラインとしての長城なのである。それを歴史的に観察すると、ほとんどが北方への備えとして作られている。漢代の匈奴《きょうど》、元朝の蒙古《もうこ》族、清朝の満州族などは、いずれも北方の少数民族である。漢族は一般的に農耕を主としており、定住型である。これに対し、北方の少数民族たちは遊牧を主としており、移動型である。

農耕と遊牧という二つの生活方式は、自然の条件によって決定される。大まかにいって、長城の北は遊牧の適地であり、その南は農耕の適地である。この立地条件の識別ラインでもある長城は、往々にして、もう一方の側の者によって侵犯された歴史がある。

紀元前の三世紀、それまで国ごとに作られていた長城を一本化した男が現れた。秦の始皇帝である。黒をシンボルカラーとした秦国軍は、戦国の六つの雄国を次つぎと滅ぼし、中国初の統一王朝をうち建てた。紀元前二二一年のことである。

各国の個別の長城を、「万里」へとつなげる大事業が開始された。そのことの意味を、始皇帝は熟知していたであろう。いくらかの歴史的な変遷もあるが、長城はその支脈もいれれば、明代の全長は六千キロである。中国の華里は〇・五キロにあたるから、まさに「一万里」以上に相当する構造物である。*

＊長城は歴史的に秦・漢・明時代の３本ある。秦のが約6000キロ、漢のが10000キロ、明のが6000キロ。漢のが北、明のが南、秦のがその中間にある。

月から確認できる、地上唯一の歴史的な建造物*という、中国人を喜ばせる伝説のある長城。その万里の長城は、現在でも多様な「顔」をみせている。北京《ペキン》郊外では、山脈の峻険《しゅんけん》な稜線《りょうせん》をはう。それは華北一帯での典型的な景観である。山西や寧夏では、黄河に沿って長城がある。甘粛では、砂漠のただ中を長城が走る。

二十世紀の初頭、ライト兄弟が飛行機を発明したことにより、万里の長城の軍事的な意味は薄れてしまった。だが、中国大陸を東西に走る一匹の蒼い龍――長城が、中国人にとって最大の民族的誇りであることに変りはない。

「万里の長城は、貴重な歴史遺産であり、それを一目見ようと、内外から数えきれない観光客が押しよせます。二十一世紀からの中国が、長城に匹敵する新たな偉業を達成できるかどうか……」

と本音を語ってくれたのは、中国の若いインテリである。

40 蒼い巨龍が東端で海水を呑む――老龍頭

万里の長城が一匹の「蒼《あお》い龍」であるとしたら、その頭と尾の所在が問題になるだろう。そして、どちらも実際に存在を確認できる。長城の頭は、河北省の山海関の東にある老龍頭《ラオロントウ》（口絵6頁）であり、長城の尾は、はるか西のかなたの甘粛《かんしゅく》省の嘉峪関《かよくかん》（口絵6頁）である。

四十年ほど前のことになる。長城の資料を集中的に調べたことがある。地図の上で、長城の東の端に「老龍頭」という名前を発見した。ちょっとした驚きだった。当時は、天津にある南開大学の日本語科で教えて

＊2003年、中国初の有人宇宙船「神舟5号」搭乗の楊利偉飛行士は、長城は目視できなかったと報告。国際宇宙ステーションからも肉眼では見えない。

長城の東端「老龍頭」は渤海の中に（河北省山海関）

いた。家族四人ともども、まる二年間の滞在だった。

中国の新学期は九月からである。二年目の夏休みに、老龍頭を探るべく海水浴にでかけた。一帯は北戴河《ほくたいが》とよばれる高級リゾートで、まさに「白砂青松」という景観だった。不思議なことに、天津から同行した中国人が、相当なもの知りなのだが、老龍頭を知らなかった。

かくなる上は、自力更生あるのみだ。バスの終点から見当をつけ、土地の農民に道を聞きながら、炎天下、ときには畑のなかをドンドン歩いた。子供たちの不平は、古色蒼然《そうぜん》とした断崖《だんがい》のような老龍頭を目のまえにすると、ピタリとやんだ。海岸から二十メートルほど離れた場所に、高さ約十五メートル、断崖絶壁ともいうべき蒼龍の頭——老龍頭があった。その下に立つと、身震いがした。

その後、再び老龍頭を訪れたのは、一九九三年のこと。東北地方から、列車で北京《ペキン》へ帰る途中でのことだった。アッと驚くほどの変化だつた。一帯はすっかり整備され、道路もすぐ近くまで通じているではないか。それよりも何よりも、長城の東端、すなわち老龍頭が、海のなかまで突きだしているではないか。

解説書によれば、老龍頭の本来の姿は、修復された今日のようであったという。前回の、あの断崖絶壁の老龍頭は、荒れるにまかせた「仮の姿」だったのである。現在の、本来の面目をとりもどした老龍頭は、見ようによっては、あたかも一匹の蒼龍が首を渤海《ぼっかい》につっこみ、その水を呑《の》みほさんとしている姿のようでもある。その後も機会をつくっては、老龍頭を見にいっている。

長城の本来の目的は、すでに述べたように、軍事にある。それは要衝にある関所をつないで、六千キロにも延びている長大な軍事ラインである。老龍頭のすぐ西にある山海関は、その重要性から「天下第一関」の異名をもつ。そこは中国の中央部と東北部との間にあり、まさに「要害の地」なのである。

十七世紀の明朝末期、山海関の守備についていたのは明の武将の呉三桂《ごさんけい》である。彼は北方から攻めくだる清軍の優位を見てとると、ただちに降伏したばかりでなく、清軍を北京へと導いたのだった。これを機に、明朝は一気に崩壊した。この呉三桂に対しては、きわめて厳しい歴史的な評価が下されている。

ところで、長城にまつわる話は、それこそ尽きることがないだろう。この老龍頭あたりでは、一番有名なのが、孟姜女《もうきょうじょ》の伝説である。秦《しん》の始皇帝《しこうてい》は、万里の長城を修築するために、大量の労働力を動員した。その陰で、どれほど多くの女たちが涙を流したことか。

江南に住む孟姜女もその一人である。彼女は、夫の帰りを待ちわび、北の方を望みながら、ついには石になったという。それが、望夫石《ぼうふせき》である。また一説では、帰らぬ夫を悲しみ、彼女がはげしく泣くと、長城が壊れ、そこから夫の遺骸《いがい》が現れたともいう。

河北省の老龍頭から北へ約五十キロ、そこは遼寧の綏中《すいちゅう》である。そこの海中にある岩は、地元の伝承では、孟姜女の化身であるという。

41 巨龍の西端の端麗な尾——嘉峪関

長城の西端「嘉峪関」は砂漠のただ中に端麗に（甘粛省）

一匹の「蒼《あお》い龍」である万里の長城には、東の端の「頭」にあたる老龍頭から、西の「尾」にあたる嘉峪《かよく》関《かん》まで、さらにその先まで、いくつもの軍事ポイントとしての関所がある。その代表的なものは、40項で紹介した「天下第一関」の山海関であるが、ほかにも以下のような有名な長城の関所がある。

黄崖関《こうがいかん》——天津の北にあり、峻険《しゅんけん》な山の稜線《りょうせん》を長城が走る。

居庸関《きょようかん》——北京《ペキン》の北にあり、観光客に一番親しまれている長城。

平型関《へいけいかん》——山西省の太行山中にあり、一九三七（昭和十二）年に板垣征四郎の率いる「無敵皇軍」が、ここで林《りん》彪《ぴょう》の率いる八路軍に大敗した。

玉門関《ぎょもんかん》——甘粛省の敦煌《とんこう》の北にあり、唐の王之渙《おうしかん》は「春風わたらず玉門関」と詠んでいる。

陽関《ようかん》——敦煌の南にあり、唐の王維《おうい》は「西のかた陽関を出ずれば故人なからん」と詠む。

これらの要衝の関所をつなぐ軍事ラインが、万里の長城である。ポイントとしての関所やラインとしての長城は、すさまじい風化のなかにある。残念なことに、嘉峪関よりもさらに西にある玉門関や陽関は、明代ではなく、漢代の長城跡であり、すでに高さ数メートルの土盛りにすぎない。

そうした長城の遺跡に立ち、目を細めて、遠くを見やる。かつての日、黒い狼煙《のろし》が碧《あお》い空にたち昇ったことであろう。それは狼煙台を一つまた一つと伝えられて、辺境から街へ、そして都へと、緊急情報をリレーした。現地では守備隊があわただしく動き、一帯は緊張し、都では緊急の軍事会議が開かれたことだろう。

そんな歴史の感傷をふき飛ばすのが、人口二十万の鉄鋼都市の嘉峪関市である。甘粛では、黄河の西側を河西とよぶ。嘉峪関市は、その河西回廊《かせいかいろう》のほぼ中央にある。五〇年代の都市建設からすでに六十年が過ぎさった。オアシスの「鉄都」嘉峪関市を、高いポプラ並木が取りかこみ、そこを「緑の長城」とよぶ人もいる。

閑話休題。

わが嘉峪関に話をもどそう。オアシスの鉄都の西十キロに、軍事ポイントとしての嘉峪関がある。万里の長城の最も西の端に現存する関所であり、別名を「天下第一雄関」という。東の端の山海関の別名にくらべ、こちらは「雄」の一字が多い。それはそれは端麗な正方形の城関であり、高さは約十二メートル。建築は十四世紀の明代である。その後も増築があり、完成したのは、十七世紀になってからだった。

荒涼とした砂漠のただなかに、ポツンとある嘉峪関。その楼上に立つと、東と西に開ける砂漠、北と南からせまる山脈が、ほんとうに手に取るようだ。南側の祁連《きれん》山脈は、八月の炎天下に銀嶺《ぎんれい》をいただいており、まさに壮観だ。その祁連の南は青海省であり、チベット世界が開ける。

この嘉峪関は、やはり長城の尾であることを実感する。シルクロードのかなたの西域は、もう少し西にいけば、そこはもう新疆《しんきょう》ウイグルの世界となる。砂漠のなかに孤立する関所に、どんな軍事的な意味があるだろうか。それは長城を築き、長城を連結しつづけてきた漢族にとって、「有終の美」を意味するものではなかろうか。*

嘉峪関の内部には、魏晋《ぎしん》時代（三〜四世紀）の壁画が展示されていて、一見の価値がある。遊牧、農耕、養蚕など、当時の生活をリアルに描いているからである。

42 龍門から見おろす絶景――昆明

二つ目の龍門《ロンメン》は雲南省、その省都の昆明にあり、足もとに天下の絶景を見おろしている。

雲南省は中国の西南にあり、面積は日本とほぼ同じ。ミャンマー、ラオス、ベトナムと国境を接している。山脈と高原が多く、熱帯から寒帯までの植物が揃い、雲南ゾウなどの貴重な動物がいる。「植物王国」や「動物王国」の別名がある。

昆明は海抜一九〇〇メートルに位置し、年間の平均温度は十六度である。夏や冬がなく、いつも春のような気候であることから、「春城」とも呼ばれている。

その春城の西十五キロの郊外に、きわめて風光明媚《めいび》な湖と山がある。湖は滇池《てんち》で、広さは琵琶《びわ》湖の半分ほど。山は西山《せいざん》で、「眠れる美女の山」ともよばれる。その訳は、昆明の方角から、確かにそう見えるからである。昆明からの高さ約一〇〇〇メートル。

龍門は、その西山の頂上近くにある。山すそから龍門まで石の階段があり、その数は一三三三段。山肌に

＊これは明代の長城のことである。漢代の長城はさらに西まで築かれた。敦煌は嘉峪関の西にあるが、その西には漢代長城の遺跡があり、新疆にもごく一部ではあるが遺構が残る。

刻みつけられたとでも表現したくなる石段である。

この工事は、山頂から鉄のロープで石工を宙づりにして行なわれ、七十余年の歳月を要したという。ものすごい難工事だったと思われる。

その辛苦の階段をのぼる。途中には、道教の三清閣や、仏教の華亭寺などがある。龍門はどうやら、こうした数かずの宗教建築よりも、「さらに上」の存在であるようだ。何しろ龍門といえば、「龍のゲート」なのだから、それも一理あるというもの。

それにしても龍門からの眺望は、美しい。足の下五〇〇メートルに広がる滇池。それは若草色をし、あたかも春の海のようにキラキラと光り輝いている。優美としか言いようがない。昆明は「四季これ春」である。

龍門から眼下の絶景を見おろす（雲南省昆明）

思うに、昆明の龍は、黄河の激流にいる龍や、峻厳《しゅんげん》な崑崙《こんろん》山中にいる龍とは異なり、きわめて温和な性格をしているのではないだろうか。
龍の形象も、やはり環境のなせるわざである。北方の黄河文明の地域では、龍は超自然の存在であり、人知をこえた恐るべき何かであった。
それと比べて、この常春《とこはる》の国である雲南の龍は、むしろ逆の性格を、人びとによって期待されているようだ。これまでの例では、「雨の神の龍」（8項参照）や、「太平の黄龍」（33項参照）などといった龍である。春城にある龍門には、温顔をした龍こそがふさわしいだろう。

余談になるが、日本で客死した中国の天才的な音楽家の聶耳《ニエアル》（一九一二～三五）の墓が、この西山にある。中国の国歌「義勇軍進行曲」の作曲者でもある聶耳は、日本に亡命中、湘南《しょうなん》の鵠沼《くげぬま》海岸で誤って水死した。現場近くの海岸に、彼の記念碑がある。昆明と藤沢の両市には友好関係があり、近年盛んに交流が行なわれている。

43 龍脈は大地の気が流れるルート——昆崙

風水《ふうすい》が静かなブームをよんでいる。風と水は、火とともに、自然のなかの最も基本的な要素である。古代の中国人はそれをよく観察し、同時に深く洞察したようだ。風水は古代中国の地理学である。その考え方の中心には「気」があり、気の地理学と呼ぶこともできる。

気は、そよぐ風や、陽炎《かげろう》、四季のうつろいから発想したものであろう。その背景にあるものは、宇宙のエネルギーである。気の立場からすれば、人の誕生は気が集まることで、人の死は気が散ることである。

大地のなかにも気があり、その流れを龍脈という。火山の爆発や大地震を目のあたりにして、自然のエネルギーの偉大さを思い知らされる。地震のことを中国人は、「龍脈が動いた」と表現することがある。

中国の雲南省から大地震のニュースが伝わってきたのは、一九九六年のことだった。雲南省の省都の昆明には龍門《ロンメン》があり、天下の絶景であることは紹介したばかりだ。

マグニチュード7級の大地震があったのは、昆明のずっと北の麗江《れいこう》のあたりである。そこはナシ族やチベット族などの少数民族がすみ、非常に美しい場所である。万年雪をいただく玉龍雪山があり、ヒマラヤ山系から流れでる金沙江《きんさこう》の急流があった。この流れは、やがて長江（揚子江）に合流する。地震のほぼ一月前から、それが近いことが予測されていたそうだ。それにもかかわらず、多数の犠牲者や負傷者がでたのだった。

いかにも龍脈を思わせる山並み（江西省臨川）

中国で大地震といえば、一九七六年の唐山（河北省）、二〇〇八年の四川省の大地震である。死者の数は前者が十数万後者が二十万超ともされる。北京《ペキン》の東約百五十キロ、石炭や鉄鋼、陶器で有名な工業都市の唐山は、壊滅的な打撃をうけた。四川の現地へは、ちょうど一年後の五月十二日に義捐金をもって訪れたが、その惨状は筆舌に尽くせないほどだった。

ところで、地の気の源は、中国人の考えによれば、崑《こん》崙《ろん》にあるという。チベット高原の北の端にあたる崑崙山脈は、全長二五〇〇キロ。標高五千メートル以上の高山が多く、黄河も長江もここから流れでている。崑崙から発した気は、中国大陸を東へ、東へと移動し、海まで向かうとされる。

この考えは実は、人体のなかの気の理解と共通したものである。人体では、気の流れるコースが経絡《けいらく》であり、それが体の表面に出てきたポイントが経穴《けいけつ》である。阪神淡路の大地震（一九九五年）がそうであったように、われわれ地球にはまだ未知の部分が少なくない。風水のブームの背景には、その神秘的な要素に期待する人がいるからだ。

風水も、それ以外の人類の知的遺産と同様、きわめて貴重な知恵であろう。同時にそれは、万能ではあり得ない。そうした知恵を継承し、発展させる必要があるだろう。

最近の研究によれば、日本の平安京（京都）の建設は、風水の理論を根拠としているという。中国の古代都市や、皇帝たちの陵墓の建設も、当然、そうである。その共通点は、北側の山を背にして、南を向き、川を従えていることである。

44 龍穴とは大地の気がでるところ——崑崙山

地の気の話をつづけよう。宇宙にあまねく気のエネルギーである。それが大地のなかを流れて、龍脈《ちゅうみゃく》というコースとなり、その流れる気が、地面に顔をだしたポイントが龍穴である。

現代の地球物理学では、地震は、プレート（地殻）が変動した結果であるとする。日本をふくむアジア大陸は、ユーラシア・プレートの上にある。インド亜大陸はインド・プレートの上にある。そのインド・プレートは今でも、少しずつ北上している。

ヒマラヤこそは、ユーラシア・プレートとインド・プレートとが、相ぶつかる場所だという。そこでは地殻が隆起し、褶出《しゅうきょく》して、海抜八千メートルという世界の屋根ができたのである。そうした場所には、膨大な量のエネルギーが蓄積される。日本列島の場合には、もっと多くのプレートが関係して、複雑な構造となっているという。まさに地震の巣である。

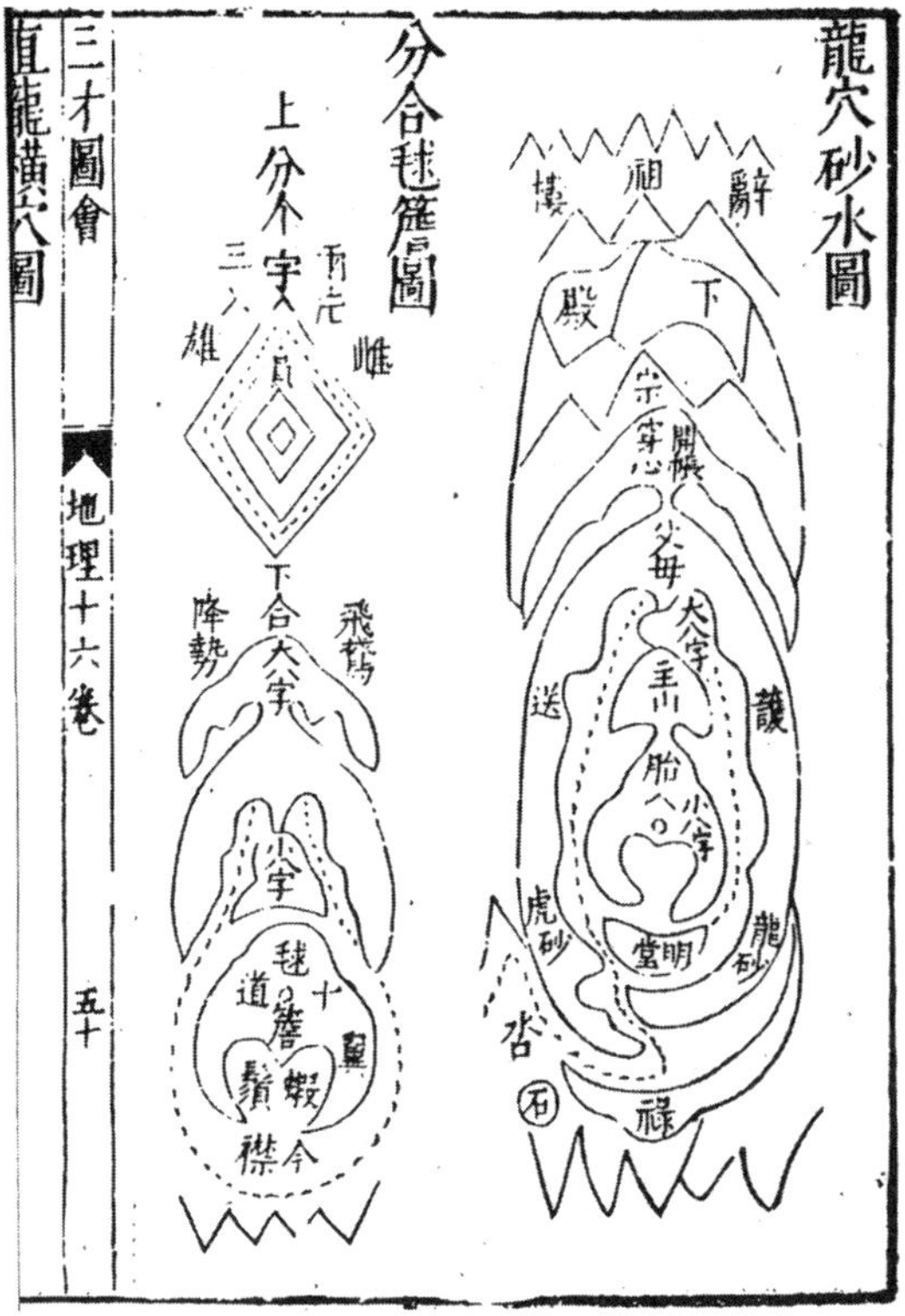

龍穴の構造(『三才図会』)

中国人が龍脈と名づけた現象は、こうした地殻の変動である。その結果として、褶曲した山脈や、複雑な峡谷が形成される。『山海経《せんがいきょう》』（前五世紀）は、中国で最古の地理書であり、旅行の案内書である。その『山海経』に、こんな一節がある。

「山奥ふかくに泰逢神《たいほうしん》がいる。この泰逢神は、人間の顔をし、虎の尾をしている。彼こそは天地の〝気〟を動かすことができる。彼のいる山には、草や木というものがなく、瑶《よう》や碧《へき》があり、川には蒼玉《そうぎょく》がいくらでもある……」

この光景はじつは、筆者が、一九八八年の夏に目撃した崑崙《こんろん》山中の光景そのものである。* 海抜五千メートル以上の山中では、草木がほとんどなく、青い岩石がゴロゴロしていた。それはきっと、瑶や碧など高価な宝石となる原石だったのである。

ところで龍穴があるのは、龍脈が山をくだり、平地にでたあたりだという。それは人間の目には見えない。この龍穴を探しあてるのが風水師《ふうすいし》である。風水師の商売道具は、一般に方形ないし円形をした羅盤《らばん》である。この羅盤上には、五行《ごぎょう》、八卦《はっけ》、干支《えと》などが刻まれている。羅盤を手にした風水師によって、龍穴というポイントが決定される。その龍穴は一般に、北・東・西の三つの方向に山があり、南は開けており、東には川が流れている、という地理条件となっている。そうした場所に、もし家をたてたり、墓をつくったりすれば、家運は隆盛となり、子孫も繁栄する、と古代の中国人は信じたのである。

日本人は『三国志』の大のファンである。なかでも蜀《しょく》の軍師である諸葛孔明《しょかつこうめい》の人気は高い。その孔明が立派な風水師であることに、読者はお気づきだろうか。彼の得意とした七星壇や、奇門遁甲《きもんとんこう》などの方術がある。彼が七星壇を築き、祈りをすれば、龍巻が生じ、ときならぬ風雨がやってくる。摩訶《まか》不思議な奇門遁甲の術では、味方には勝利が、敵軍には敗北が訪れる。それらはどう見ても、風水師の仕事なのである。

古代人はまた、気のポイントである龍穴を、女性の性器に見たてている。龍穴が生気の発生する場所であるとして、生命を誕生させる生殖器になぞらえたのである。それは未知の現象を洞察しようとする試みであったし、不可思議なエネルギーにあやかろうとした発想もである。

＊北京から崑崙山脈を経てチベットのラサに通じる国道109号線がある。1998年の夏から秋、約60日かけて走破した。その三分二は砂利道であり、大変な思いをした。2004年7月、この国道をラサから青海省西寧まで走ると、完全なアスファルト舗装になっていた。崑崙山脈を越えて、西寧とラサを結ぶ青蔵鉄道も2006年に全通した。

45 アジア最大の滝の龍門はさながらジェット噴射——貴州

中国にいったい、龍門《ロンメン》がいくつあるのか定かではないが、あの貴州《きしゅう》の龍門だけは、三つ目の龍門として、どうしても忘れることはできない。

貴州省は、雲南省の東側にある。その面積は日本の五分の二ほどもあるが、残念なことに、日本での知名度はまだまだ低い。そこは雲貴高原の東部にあたり、地勢は西高東低で、全体の平均海抜は約一〇〇〇メートルである。

龍門のジェット噴射（貴州省安順）

「飛ぶ鳥も通わず」とは、かつて貴州への交通の不便さを形容したもの。いまでは飛行機、鉄道、車などといった手段もあるが、それでも貴州への交通はまだ便利とはいえない。それは逆に、貴州の山紫水明の自然が、よく保存されていることを意味している。

省都の貴陽の西南百キロの安順市《あんじゅんし》に、アジア最大の滝、黄果樹瀑布《こうかじゅばくふ》がある。そのスケールは、幅が八十一メートル、落差が七十四メートルというものである。その付近では轟音《ごうおん》のために話ができない。また、滝壺《たきつぼ》から吹きあげる水煙のために、雨ガッパが必需品となる。まさに「山岳を震撼《しんかん》させる」という風格だ。ちなみにナイアガラの滝の幅は合計九百メートルを越すが、落差は、より大きいカナダ側でも五十三メートルである。その黄果樹の滝を望む場所に、徐霞客《じょかかく》（一六四年没）の像があった。*

龍門は、そうした豊かな、大きな水系の一部としてあった。黄果樹瀑布を中心とした観光コースで、どうしても通らなければならない「難所」が、龍門なのである。コースの途中の川に龍門があり、幅十数メートルの川を、四角い石の足場をつたいながら、歩いてわたる。龍門はその右側にあり、あたかもジェット機のエンジンように、水煙をこちらに噴射してくる。

石の足場には、両側に鉄の鎖の手すりがあるから、安全には問題はない。だが人もカメラも、その水煙をもろに浴びてしまうのだ。前をいく中国人の親子が、その先を断念して、スゴスゴと引きかえしてきた。

こちらは、国外からわざわざ取材に来たのである。カメラのキャップを外し、焦点距離を最大にして、左手でレンズをしっかり押さえる。川をわたる途中で、龍門にむけて二回シャッターを切った。もちろんファインダーをのぞく余裕などなく、カンである。

川をわたり終え、メガネやレンズをふく。前後して水煙のなかを通ってきた中国人も、同じように頭や顔をぬぐっている。その表情には、ある種の満足感があった。

さらに川を数十メートルも下った場所に、石碑があり、大きく「龍門飛瀑《フェイプー》」と刻んである。瀑《プー》は、中国語で滝のことで、飛瀑《ひばく》となれば、飛ぶような滝というほどの意味になる。だが、この記念碑のあたりまで来れば、もう水煙も飛んではこない。

*中国史上の行動型インテリとして、漢代の司馬遷とならんで、明代の徐霞客をかねて尊敬している。『徐霞客游記録』は愛読書の一つ。江蘇省の江陰にある彼の墓に詣でたのは、1998年夏。

人びとは記念碑のまえで、写真におさまる。石碑の龍門飛瀑という四つの文字は、赤く、大きい。あの龍門の飛ぶような滝のなかを、鉄の鎖をしっかりと握りながら、無事に通過してきたのである。カメラにむけた顔に、いく分かの勝利感があっても、それは許されるだろう。

中国人には、全体という観念がかなり強い。ある物事を、より大きな全体を構成する一部として考えるのである。この龍門にしても、例外ではなかった。それは実は、龍の全体像のわずかな一部にすぎないのである。その詳細については、次項で述べることになる。

46　龍宮では地底の舟遊び——貴州の水洞

龍門のつぎは、龍宮にしたい。貴州の龍門は龍の全体像の一部である、と書いた。そのことを実感したのは、小舟にのって龍宮に遊んだときのことである。

貴州や雲南は、中国でも、多くの少数民族のいる省として知られる。貴州の龍門がある安順市の一帯には、プイ族が多い。十人乗りの小舟には、舟の前と後に、プイ族の若い船頭さんがついた。いくらかクセのある中国語を話しながら、櫓《ろ》をあやつる。舟着き場では、前日の雨のせいか、水面がいくらか濁っていた。すこし漕《こ》ぎだすと、そこは周囲の山の鬱蒼《うっそう》とした樹木をうつして、美しい緑色となる。

「左が龍門《ロンメン》です」

と船頭さん。そこは洞窟のようであり、下のほうでは「ゴーッ」という大きな音がする。前項で紹介した

鍾乳洞の舟遊びをする龍宮（貴州省）

ジェット噴射のような「龍門飛瀑《ひばく》」であるという。

「龍宮《ロンコン》に入ります」

と船頭さん。前方の山すそが水と接するあたりに、ポッカリと大きな穴があいている。まるで魔物が大きな口をあけ、水を飲んでいるかのようだ。

中国の鍾乳洞《しょうにゅうどう》に入ったことは何度もある。桂林《けいりん》の蘆笛岩《ろてきがん》や、北京《ペキン》の雲水洞などは、中国でも有名な鍾乳洞だ。ただそれらは、いわゆる溶洞《ロントン》であり、内部には、水というものがほとんどない。ところが貴州の場合、鍾乳洞の多くは、水洞《ショエトン》とよばれ、水がたっぷりと流れているのである。すなわち、地下を流れる暗流である。その長さは、数キロから十数キロにまで達するという。

龍宮の空間は、思ったよりも大きかった。入口のあたりでも「頭上注意」の必要はなさそうだ。入ってすぐの内部では、天井の高さが水面から二十メートルはある。ツバメがしきりに飛びかうのは、虫がいるからだろう。

水路がしだいに狭くなり、暗くなる。プイ族の前の船頭さんは、忙しく櫓をあやつり、スピードを殺したり、方向を変えたりする。後にいる船頭さんは、周囲をペンライトで照らしながら、解説をはじめた。「これが羅漢さま」「あれが果物」「むこうは月世界」……と、この薄暗い鍾乳洞のなかに、無いものは無いというのだ。なかなかユーモラスな解説である。

中国人はほんとうに、命名の達人である。鍾乳洞の内部にある石の柱や突起を、その特徴をよくとらえて名前をつける。そこに反映されているのは、神話や故事など、中国の文化そのものである。龍宮らしさを表現した場所も、少なくないのである。

「龍の臥《ふ》す湖」「群龍が客を迎える」「五龍が部屋を護る」「龍女が宮殿に座る」「老龍が宮殿を回る」などのポイントでは、解説がたくみなこともあって、ほんとうに龍を見たような気になる。

この龍宮は、全長五キロの水洞のなかでも、最も精彩のある約八〇〇メートルだという。ツバメが飛んでいた部分は、龍の口であるという。42項の龍門は、なんと、巨大な龍のごく一部であり、水遊びをしている「子龍」だったのである！

ここ貴州では、龍宮も龍門も、カルスト地形のなせる造化の妙である。海洋民族の日本人は、海のなかに龍宮を求めた。高原の貴州の人たちが龍宮を求めたのは、鍾乳洞のなかである。

47 龍宮は神仙の世界——山東省、河北省

中国内陸の奥深く、カルスト地形の貴州省で、豊かな水の流れる鍾乳洞《しょうにゅうどう》のなかには、小舟に乗って遊覧できる龍宮《ロンコン》があった。

龍宮といえば、日本人ならば、まず浦島太郎のことを思いだすだろう。いじめられている亀を救ってやる。

元代に描かれた龍宮の図（朱君璧「龍宮水府図」）

その恩返しにと、海のなかにある龍宮に案内される。そこで、美しい乙姫《おとひめ》さまの歓待を受けることになる……。この甘美なストーリーは、日本の子供たちの心に、しっかりと記憶されているはずだ。

　この浦島のお話の起源は、日本では、最古の本とされる『古事記』や『日本書紀』である。兄の海幸《うみさち》と、弟の山幸《やまさち》のケンカ話をご記憶の方も多いだろう。それは海岸で主に生活する一族と、山地で主に生活する一族との、ある種の交渉ごとを描いている。不利な立場の弟に、決定的な援助をあたえたのは、海のなかの神であった。

　この神話の原型ができたのは、六世紀の大和時代のことである。そこには濃厚な朝鮮や中国の影響があることが、研究者により、早くから指摘されている。

　かなたには早くから、不老の、神仙の世界を描いた文学作品があった。朝鮮には「飲酒歌《いんしゅか》」があり、中国には「遊仙窟《ゆうせんくつ》」などの作品がある。当時の日本には、半島や大陸からきた大量の帰化人がいた。彼らは、文化や技術の面で、圧倒的な優位にたっていたのだ。

中国には古来、龍神の伝説がある。海や大きな池には、神としての「龍」がいると考えられてきた。その龍の一族の住まいが、龍宮なのである。図版の「龍宮水府図」は、元代の有名な画家の朱君璧《しゅくんへき》の作品である。龍王の一族が出迎えているのは、どうやら外界からきた若い人間であり、娘さんに用があるらしい。

中国の龍宮伝説でも、龍王はお金持ちであり、その娘さんはやはり美人である。その美しい娘が、人間界の若い男と相思相愛の関係になり……と展開する。ご多分にもれず、父の龍はそれに反対し、母の龍がこっそりと二人のために協力するストーリーだ。

注意すべきことは、この龍宮では時間が止まっていることであろう。そこでの生活は楽しいことばかりである。時間の経過というものがなく、古代の中国人が理想とした「神仙」の、不老の世界なのである。

この神仙という考えは、人びとの素朴な願望をベースとしている。それは中国の春秋時代（前八～前五世紀）に出来たものである。神仙思想が一番盛んだったのは、渤海《ぼっかい》をのぞむ斉《せい》（いまの山東省）や、燕《えん》（いまの河北省）という場所だった。渤海の沿岸では、古来、シンキロウという不思議な現象が知られている。

秦《しん》の始皇帝《しこうてい》も、漢の武帝《ぶてい》も、この神仙思想には深い関心をしめした。始皇帝のために「不老薬」を求めた徐福《じょふく》のことが、二千年以上もたった現在、中国や韓国、日本でも、またぞろ話題となり、人びとから注目されている。今年は徐福が出航してから二二二二年目にあたるという。

ところで、わが日本の浦島太郎は、乙姫さまの言ったことを忘れてしまう。開けてはならない箱からは、一筋の白い煙がでて……この結末は、童話の世界のことではあるが、なかなかの傑作といえるだろう。

48 邪をかわす照壁に龍が躍動する——山西省大同市

龍には、独特のデザインがある。その形が現在のようになったのは、歴史的には今から二千年前、漢代のこと。当時の著名な学者である王符《おうふ》によれば、龍は、九つの動物などに似ているとした。いわゆる「龍の九《きゅう》似説《じせつ》」である（16項）。

龍のデザインはその後も、時代とともに変化し、より精緻《せいち》なものとなっていく。皇帝による龍の独占も、いよいよ明らかなものとなる。皇帝のみが着る龍袍《りゅうほう》があり、皇帝の専用する龍船があり、皇帝がのぼる龍の階段などがある。

山西省《さんせい》の大同市は人口約四百万で、省内でも第二の都市である。多様な鉱物資源に恵まれているが、とくに四百億トンとも推定される埋蔵量の石炭産業があり、中国でも有数の「石炭の街」である。その北の郊外二十キロには、「蒼龍《そうりゅう》」万里の長城があり、内モンゴルとの境界をなしている。中国の三大石窟のひとつ、雲岡《うんこう》の石窟で知られる大同であるが、ここの九龍壁《きゅうりゅうへき》（口絵2頁）は一見に値いする。

その九龍壁のまえで、しばし立ちつくした。横四十五・五メートル、高さ八メートル、厚さ二メートルの規模である。圧倒的な大きさだ。その大きさもさることながら、そこに躍動する龍たちには、ものすごい力強さがみなぎっている。

壁の色は上から下に、青から緑へと変化する。龍の色は黄色ないしオレンジ色で、青い龍もいる。首をもたげる龍、雲のなかに踊る龍、珠《たま》をくわえる龍……すべて姿態の異なる九匹の龍が、約五十メートルの壁のうえで躍動する。それは龍の芸術として、まさに圧巻である。

こうした壁は、それ自体で独立した構造物である。寺院や廟《びょう》などの入口によく設けてあり、一般に照壁《チャオピー》ないし影壁《インピー》とよばれる。

この照壁（影壁）の役割は、外部からの邪の侵入をふせぐことである。人間にとって都合の悪いものが、すべて邪である。それが内部に侵入しないように、大きくて、頑丈な照壁をこしらえておくのである。

その壮麗さに思わず足をとめてしまう大同の九龍壁（部分）

ところで、龍の数が九であることには、大きな意味がある。中国人は、数字を陰と陽とに分ける。陰の数は二から八までの、四つの偶数。陽の数は一から九までの、五つの奇数である。数は一から出発し、九が最後である。九は一番大きな数であり、至高の存在である。その九という数の龍が飾る照壁は、当然のこと、皇帝に属するものである。

龍のツメの数に注目したい。龍のツメの数には「規定」がある。一般論でいえば、漢代が三本、宋代が四本、元代からは五本である。陶磁器にもよく龍の図柄がある。十三世紀の元以降、五本のツメの龍があれば、それは皇帝の専属の窯の作品である。

なお、北京《ペキン》にも二つの九龍壁がある。故宮と、北海公園のなかであり、いずれも清代の作品である。ここに紹介した大同の九龍壁は、明代のものであり、北京のものより古いだけでなく、さらに大きい。

中国に三つしかない九龍壁のなかで、大同のものが最古、最大である。それはもと大同府のなかにあった。その主人は明の初代皇帝朱元璋《しゅげんしょう》の第十三王子である朱桂代《しゅけいだい》だ。いささか「規格以上」の九龍壁であるが、粗暴な性格の問題児であったとされているこの王子の勢いは、明朝のもつ勢いを反映していたともいえる。

49 九朝の芸術が花開く龍門《ロンメン》——河南省洛陽

四つ目の龍門《ロンメン》は、河南省の洛陽《らくよう》にある。洛陽は北に邙山《ぼうざん》をのぞみ、南に洛河が流れる。すでに三千年の昔、周代の都が置かれていた場所である。その後も、歴代の都となったことから、「九朝の古都」とも呼ばれる。

さて、龍門は洛陽の市街の南十三キロにある。洛河にかかる洛陽橋をわたり、のどかな田園風景のなか、龍門路を南へとむかう。バスにのれば、その終点が龍門である。そこには伊河《いが》が流れ、その清流を挟むようにして、なだらかな東山と西山がのびる。

中国には、仏教芸術の宝庫ともいうべき、三大石窟*がある。莫高窟《ばくこうくつ》は甘粛省の敦煌《とんこう》、雲岡《うんこう》石窟は山西省大同、そしてここ河南省洛陽の龍門石窟である。いずれ劣らぬ芸術である。敦煌は天井や壁の絵画に、雲岡や龍門は石仏に傑作があるといえる。

龍門の石窟の造営が始められたのは、五世紀末（四九四年）のことである。洛陽に遷都した北魏《ほくぎ》の孝文帝《こうぶんてい》は、

＊中国は広くて深い。重慶市の大足にある石窟群を初めて訪れたのは、2011 年夏のこと。その規模と残さている芸術遺跡は、三大石窟に比肩するものだった。

北方系の少数民族であった。彼の政策の特徴は、漢化の一語につきる。自らの民族衣装である胡服《こふく》を着ることを禁じ、漢族との通婚を奨励し、漢人のように改姓することをおし進めたのである。仏教の振興や寺院の造営も、その一環であった。

現在の龍門には、十万以上の石仏と一三〇〇以上の石窟が保存されている。写真は、奉先寺跡の石仏で、高さ十七メートル。龍門でも最大の石仏であり、遊客の足を止めずにはおかないだろう。ちなみに最小の石仏は、岩山に一面に刻まれたもので、わずか三センチにすぎない。

一帯の山腹に、かつては寺院が林立していたという。十万以上の石仏は、今日のように露出していた訳では決してない。屋根があり、柱があって、そこは宗教活動の場所だったのである。

龍門の石窟には十万もの石仏がある（河南省洛陽）

思うに、当時、そこには線香の煙がたちこめ、ローソクには火がともされていたことだろう。無数の老若男女が参拝にきたに違いない。仏像群は、その一番奥まったところ、屋根の下に鎮座していたはずである。

この龍門の石窟の造営は、五世紀の北魏から十世紀の唐末まで、じつに四百年にわたって継続された。それは宗教の霊場としての建設であると同時に、王朝によって引きつがれた文化事業でもあった。そうした文化遺産は、すでに風化したものもあり、十九世紀になって海外に流出した部分もある。現存する龍門の石窟群のなかでは、古陽洞や蓮華洞《れんげどう》などに見るべき石仏がある。

それ以外に、龍門の石窟の特徴としてあげられるのが、書道や医学の方面の作品である。初唐の三大書家のひとり褚遂良《ちょすいりょう》の筆になる碑文などがある。薬方洞はまた、医薬の学関係者から注目されている。その理由は、この洞の壁に、北魏から唐代までの歴代の名医の処方が刻まれているからである。

これら龍門の石に刻まれた芸術や学術は、九朝の古都の精華ともいうべき作品である。いずれも千年以上の風雪に耐えて今日に伝えられたものである。そのより一層の完璧《かんぺき》な保護を願うのは、筆者ひとりではないだろう。

50 孔府には例外の龍の石柱が——山東省曲阜

いまから二千年以上も前、漢代にすでに皇帝のシンボルとなった龍には、その後もずっと、皇帝の一族によって専用されてきた歴史がある。

だが、例外のない規則はない、という。他の者には、龍をもちいることを禁じた皇帝であるがやはり二、三の例外を認めていた。一つは宗教である。「黄帝《こうてい》は龍にのり昇天」（7項）に付した写真は、四川省の青城山にある道観《どうかん》（道教寺院）のものだが、朝の勤行をする道士のうしろの柱には、龍の彫刻があった。

第二の例外は、山東省の曲阜《きょくふ》にある孔子廟《こうしびょう》である。そこはかって孔子を祭った場所であり、現在では国宝となっている。約二十ヘクタールの敷地には、数えきれないほどの建物と門がある。そのなかの大成門と大成殿の柱には、一見に値いする龍の彫刻がある。

孔子（前四七九年没）は、日本でも高い知名度をもつている。日本人のスピーチによく引用される『論語』は、孔子の行動と高弟たちとの会話を孔子の死後に弟子たちが記録したものだ。なかでも「学びて思わざれば、すなわちくらし……」「朋あり、遠方より来たる……」「過ちて改めざるを、これ過ちという……」「四十にして惑わず」などの名文句は人口に膾炙《かいしゃ》している。

龍の彫刻が、孔子を祭る大成殿にあるのは、やはり理由あってのことだ。孔子が生きたのは、春秋時代という、中国史でもまれに見る激動の時代だった。それまでの奴隷制の社会が、ゆるやかに崩壊していく。そして、前二二一年、中国全土を統一し、次なる封建制の社会をスタートさせたのは、秦《しん》の始皇帝《しこうてい》だった。

孔府の龍の柱は例外だ。孔子廟の柱の龍の彫刻（山東省曲阜）

こうした時代に、孔子は、人として守るべき規範としての「仁」を主張し、諸国を遊説したのである。しかし、彼の学説に耳をかたむける国王などいなかった。戦乱の世にあって、孔子のいう説は、あまりにも理想主義的であり、実行は絶望的だったのである。

その孔子の学説（儒学）を、国の教えとして採用したのが、漢の武帝《ぶてい》である（前一三九年）。

その後、一九一一年の辛亥革命によって清朝が打倒されるまで、二千年の長きにわたり、儒学は中国の体制イデオロギー（思想）となったのである。

孔子その人の生涯は、清貧そのものであり、わずか三間の家で死んでいる。だが、儒学が国教化されてからというもの、孔子の直系たちは、権力者により厚遇されるようになる。彼らは、唐では文宣《ぶんせん》公、宋《そう》では衍《えん》聖《せい》公などとよばれ、文官のトップあつかいである。曲阜をおとずれた皇帝も少なくない。孔家はまた、帝室と一定の婚姻関係をもった。

孔子の末裔《まつえい》が住まいとした孔府は、十八ヘクタールの敷地のなかに無数の建物がある。孔家の墓地である孔林《こうりん》は二百ヘクタールという規模である。これらのデータは、過去のものではなく、いずれも現在、二十一世紀のものである。

こうした理由から、龍は、孔子廟では例外である。廟の中心的な存在は大成殿である。東西五十四、奥ゆき三十四、高さ三十二メートルで、建築面積は約二千平方メートルという規模である．龍の彫刻をした石の柱が十本ある。高さ五・七メートル。それは大成殿をささえる二十八本の柱のうちで、南側の正面の柱である。二匹の巨大な龍が舞うように相たいし、雲のなかで珠《たま》をくわえて、それぞれの柱を昇っていく。それはまさに躍動する龍の彫刻の芸術だ。

51 龍井から名水が湧きでる——杭州

伝説と故事につつまれた龍井（杭州風篁嶺）

水と龍との関係には、ただならぬものがある。雨を管理する龍については、すでに触れた（9項）。人間は、雨が降らなければ困るし、雨が降りすぎても困る。そのバランスをとるよう、龍にお願いするのである。

ところで水は、天から雨として降るだけではない。地中から、ときに岩の間からも、水が湧《わ》きでることがある。地上を川が流れるように、地下深くにも水脈がある。それが、ちょっとした気まぐれで、地上に顔をのぞかせることがある。泉だ。

龍井《ロンチン》は、「龍の井戸」である。日本の地名にもよくあるこの龍井を、中国で一つだけあげるのは難題である。しかし敢《あ》えてすれば、それは杭州《こうしゅう》の西郊外の風篁嶺《ふうこうれい》にある龍井だろう。杭州は西湖《せいこ》にいだかれた風光の地である。その美しい自然は古くから、蘇州《そしゅう》とともに、よく天国にたとえられてきた。そこは江南の文化の中心地でもある。越《えつ》（杭州のある浙江《せっこう》）や、呉《ご》（蘇州のある江蘇）は、古代の日本にすくなからぬ影響をあたえた場所でもある。

三国時代の三世紀、龍井はすでに有名だった。その理由は、龍井の水が甘く美味《おい》しいからだけではない。どんな旱魃《かんばつ》の年でも、その湧き水は決して涸《か》れることがなかったのである。それは龍井の底の奥に一匹の龍がすむ、という伝説を裏づけるかのようだった。

道士の葛洪《かっこう》は、四世紀の人である。現在のいい方をすれば、この葛洪の肩書きは哲学者、医学者、文学者、薬学者、化学者……となる。彼の哲学上の先生が、老子《ろうし》であることも、偶然ではなく、まことに興味ぶかい。

医薬学者としての葛洪は、不滅の生命を本気で研究し、実験もした。不死の霊薬（仙丹）を作ろうとしたのである。それに際して、彼の選んだ水が龍井のものだった。葛洪の試みのすべては、彼の著書である『抱《ほう》朴子《ぼくし》』に書かれている。

分水線という現象も、この龍井ならではのものだ。棒ないし手で、力いっぱい泉の水をかきまわす。波だった水面に、一本の線が現われる。ユラユラとしばらく揺れて、やがて消えていく。

この分水線を写真にとるのは難しいが、肉眼ならば、はっきりと見ることができる。この現象は、水の比重が表面と底では異なることによるものだという。それが雨の日に、より明瞭《めいりょう》に見えるあたりも、なにやら龍と関係がありそうだ。

いつもそうなのだが、龍井の一帯は観光客でごったがえしている。西湖の西にあり、動物園や植物園、有名な寺院などがある。市内から直通のバスでくる人もいる。遊覧船で西湖を楽しんでから、こちら側にくる人もいる。

皆さんのお目当ての一つに、お茶がある。江南では緑茶をのむ。その名もズバリ龍井茶《ロンチンチャー》である。二千年もの歴史をもつ井戸の名が、中国を代表する銘茶についている。ウグイスの啼《な》く四月、中国の緑茶を代表する龍井茶を、龍井の名水でいただけば、それこそ「口の福」であり、寿命がのびるというものだ*。

52　龍蚕《ロンツァン》の脱皮とその斑点——蘇州、杭州

「地上の楽園」とされるのは、蘇州《そしゅう》や杭州《こうしゅう》である。その一帯はまた、四川省とならんで、養蚕や絹織物、絹の刺繍《ししゅう》などで有名な土地がらでもある。杭州のある浙江《せっこう》省には、興味ぶかい「龍の蚕《かいこ》」の伝説がある。

伝説の「龍の蚕」のお土産品（杭州）

以下はそのあら筋である。

「昔むかしのこと、大運河のほとりの村に、兄弟がいて、その嫁さんたちがいました。兄の嫁は地元の人で、桑の葉つみや、養蚕はお手のもの。弟のほうは昨年、遠方から嫁にきたばかりで、何も知りません……」

とお話は始まる。弟の嫁も養蚕をならいたい、という。だが兄嫁はすこし意地悪だったので、種紙を熱湯にいれろ、などと教える。そんなことをしたら、紙に産みつけられた蚕の卵が死んでしまう。それでも一匹だけ、小さくて黒いアリのような蚕が孵化《ふか》した。それが「龍の蚕」となる、という展開である。

＊同じ緑茶でも、中国と日本では製法が異なることはあまり知られていない。中国は炒り茶、日本は蒸し茶である。前者は熱湯で、後者はすこし冷ました湯で、それぞれ飲みたいもの。

「七日もすると、弟の家の蚕は大きくなりました。夜も昼も休まずに、桑の葉を食べるのです。葉を入れる籠《かご》は、小さいのでは足りず、大きな籠にしました。不思議に思ったのは兄嫁のほうで、こっそりと弟の家の蚕部屋をのぞいてみました」

「アッ、龍蚕《ロンツァン》だ！」

そこには、丸まると肥えて、真っ白な、お蚕様がいるではないか。欲の皮がつっぱっている兄嫁は、それを盗もうとして失敗する。そして今度もまた、早く上蔟《じょうぞく》＊させるには、ヒ素が有効だ、などと弟の嫁にウソを教える。ヒ素はいわずと知れた猛毒だ。

だがしかし、さすがに「龍の蚕」である。ヒ素のために三日ほど仮死状態だったが、やがて脱皮すると、前よりも成長がさらに早くなったではないか！　ある夜、仕事にくたびれた弟の嫁さんが、ぐっすりと寝いってからのことである。

くだんの兄嫁は、ついに最後の実力行使にでた。三本の大きなクギを手に、弟の家にしのびこんだ。嫉妬に狂った形相で、「龍の蚕」の頭に一本、尾に一本、大きなクギを打ちこんだ。手にした最後のクギで、蚕の体中をめった刺しにしたのである。

「翌朝、兄嫁は桑の葉を手に、自分の家の蚕部屋にはいって、腰をぬかしてしまいました。昨晩はたしかに、お蚕さんたちは上蔟し、蔟《まぶし》に納まったのです。ところが今日は、影も形もないのです。蔟はモヌケの空だったのです……」

意外や意外、兄嫁の家の蚕たちは、全部が全部、弟の家に行ってしまったのである。その理由が、浙江の伝説では、ふるっているではないか。

＊上蔟　（じょうぞく）、桑を食べるのをやめて吐糸する状態になった蚕を、蔟（まぶし＝蚕が繭を造るのに都合よく作られた、仕切られた小部屋のような蚕具）に移す作業のこと。

「龍の蚕は、蚕の王様なのです。兄嫁の家の小さな蚕たちは、お葬式のために、弟の家に集まりました。たくさんの糸をはいて、龍の蚕をしっかりと包みました。その後、また糸をはいて自分をくくって死にました。蚕がいまでも、眠ってから脱皮するのは、あのヒ素のせいです。蚕の体に黒い斑点《はんてん》があるのは、あのクギで刺された痕《あと》なのです」と。

「龍の蚕」はトウガンほどの大きな繭《まゆ》になったという。この伝説はたぶん、人間の欲望を深く戒《いまし》めたものであろう。図版の「龍の蚕」は、杭州の西湖の南にできた「シルク博物館」の売店で、偶然に手にいれたものである。竹をまるく切り、中心部をくり貫《ぬ》いてある。周囲の竹の部分には、龍の頭があり、龍の尾があり、体には龍紋が彫られている。その中心に純白の繭がおさまり、まさに「龍の蚕」である。

53　シルクロードに龍の女神がいる――新疆

絹の道……シルクロードといえば、日本人の夢とロマンをかきたてる。二千年の昔、中国の絹がラクダの背にゆられ、砂漠のオアシス都市を経由して、ローマまで運ばれたという。ローマでは、絹と金とは、同じ重さで取引きされたことさえあったのだ。

その絹は日本では、万葉集にも詠まれている。和歌山の新宮や東京の八丈島では、養蚕《ようさん》を教えたのは、中国の徐福《じょふく》だとする伝説がある。山梨の富士吉田では、徐福が機織《はたお》りの神様となっている。

秦《しん》の徐福は、始皇帝《しこうてい》の命令により、不老長寿の薬草を探すために、東の海へと船出したという。

シルクロード風の女媧と伏羲の表情

漢は、秦のつぎの王朝であり、第七代の武帝《ぶてい》は、母親が龍を感じて生れたとされる。この武帝により、シルクロードが開拓されることになる。

武帝の目的は、いつも北の方から攻めてくる匈奴《きょうど》に対抗することだった。そのために、はるか西にある勢力をもつ国と、軍事同盟ができないだろうか、と考えたのだった。いわゆる遠交近攻《えんこうきんこう》である。こうして、現地の調査をすることになった。

軍人の張騫《ちょうけん》を派遣して、現在の新疆《しんきょう》の一帯、当時の地図では「空白」となっていた西域を調べさせた。張騫はじつに十三年をかけて、いまのロシア南部やアフガニスタンあたりまで、自分の足であるいて調査してきた。ところで、

女媧《じょか》が黄色の土をいじくっていた
まるめて無知で愚かな人を作った……

と詠んでいるのは、唐の詩仙とされた李白《りはく》である。天才肌の彼からみれば、他人はどうせ「無知で、愚かなヤツ」だったのだろう。

その李白は、青い目をした西域の人だった、とする説がある。唐の都の長安には、日本からの遣唐使だけ

でなく、数千人の外国人がいたという。八～九世紀の唐の長安は、バクダッドとともに、世界のなかでも最も栄えた場所だった。

女媧については、すでに紹介した（6項）。男の神の伏羲《ふっき》が天地を開闢《かいびゃく》し、女の神の女媧が土から人間を作った、と中国の神話にはある。図版は、シルクロードの新疆トルファンから出土した絹絵である。唐代の芸術的な作品である。

その女媧も伏羲も、西域の顔であることに注目したい。漢族の顔ではない。どちらも目が大きく、男にはヒゲがある。さしずめ今のウイグル族というところだ。人種的には、イランやトルコなどの中東系であろう。そして、二人の下半身は、やはり龍である。漢代の学者の王符《おうふ》は、龍は「胴はミズチに、脚はトラに」似るとしている。龍の九似説《きゅうじせつ》である。漢代にほぼ完成したとされる龍のイメージが、唐代には、遥か遠くの西域にまで伝わっていたのである。

ウイグル族の友人から、興味ぶかい話を聞いた。新疆では、龍をとくに話題にすることはないという。漢族の伝統的な考えとは逆で、龍はどこか恐ろしい、むしろ不吉なものと考えられている。龍はその形からして、どこか怪物のようであり、何か災難や具合の悪いことを、もたらすのでは……と。

54　千仏洞の壁画には白い龍——新疆キジル

シルクロードといえば、日本人はまず、敦煌《とんこう》を連想するだろう。それほど敦煌は有名である。しかし、敦

龍を食べる迦楼羅（新疆キジル千仏洞）

煌や新疆のトルファン（吐魯番）はじつは、西域への入口にすぎない。その先にほんとうの「悠遠の世界」が広がっているのである。

大まかな地理でいえば、新疆《しんきょう》には、北側に天山山脈が東西に走り、その南にタクラマカン砂漠がある。いわゆるシルクロードは、次の三本である。天山の北をいくのが天山北路。天山の南、砂漠の北をいくのが、天山南路。砂漠の南をいくのが、西域商道である。

天山南路にあるキジルを最初に訪れたのは、一九九五年八月六日、夜八時すぎのことだった。車でまる一日、砂漠のなかの道を三百キロ以上も走った後、緑のオアシスにたどりついた。このときの感動と安堵《あんど》感は、ちょっと表現できない。

夜八時とはいえ、まだとても明るい。気温は三十二度もある。これくらいの温度は、乾燥地帯ではあたりまえだ。ここが有名なキジル千仏洞の遺跡である。こちらの胸も高まる。それに何日かぶりで、熱いシャワーにありつけそうだ。ホテルはどこかモスク風であり、入り口に大きな鳩摩羅什《クマラジュウ》の座像があった。

千仏洞とは、あまたの仏のおわす場所のこと。今でこそ、砂漠のなかの小さな仏教遺跡にすぎないが、かつては繁栄した仏教の聖地だった。二世紀の漢から、八世紀の唐まで、キジルには無数の寺院が建ちならび、善男善女が集まる場所だった。

仏教はシルクロードをとおり、西から東へと伝わっていった。キジルは中国でも最古の仏教遺跡であり、敦煌などの先輩格である。そのキジルの第三十八窟の壁には、黄金の迦楼羅《カルラ》と、純白の龍が画《えが》かれていた（図版）。背景はまっ青の空である。千数百年の歳月をへてなお、画像は鮮明であり、色あせていないことに、心底から驚いてしまう。

迦楼羅の別名は、金翅鳥《こんじちょう》である。仏教の説話では、迦楼羅がその金色の羽根をひろげると三百六十万里にもなるという。よく口から火をはく。迦楼羅が一日に食べるのは、大きな龍一匹と、小さな龍五百匹である。壁画に画かれている白い龍は、さしずめ小さなものだ。

ところが、と仏教説話はつづく。龍のなかには毒をもつものもいる。龍を常食としている迦楼羅は、とう毒にあたり死んでしまう。仏はそれを憐《あわ》れんで、迦楼羅を弟子にとる。仏の慈悲心に感動した迦楼羅は、仏教をまもる護法神となった……という。

インドの仏教のなかの龍（ナーガ）は、このように中国の龍とは大ちがいである。何しろ、龍を一日に数百匹も食べてしまう怪鳥が登場する。その背景と意味については、第Ⅳ章にゆずる。

ちなみに、日本の伎楽《ぎがく》では、迦楼羅のお面をもちいる。じつは迦楼羅の語源は、サンスクリット語のガルダである。ちなみに、インドネシアを代表するガルーダ・インドネシア航空会社の「ガルーダ」は、仏教とともに伝わったガルダ（迦楼羅）が、そこで現地音となったものにちなむ。

55　龍は怒る、欲張り男の目玉の要求――山東省

山や河など自然の目じるしにより、地名をつけることがある。中国では太行山脈《たいこう》を境として、その西を山西省《さんせい》、その東を山東省《さんとう》という。泰山がそびえ、黄河が流れ、孔子《こうし》を生みだした山東省には、龍にまつわる民話がある。

昔むかし、ある大きな山のふもとに崔黒子《ツォエヘイツ》という独身の男が住んでいた。崔は土地をもたず、茶碗《ちゃわん》など割れ物の修理をすることを生業《なりわい》としていた。わずかな仕事道具をもち、村から村へとわたり歩いた。

ある日のこと、崔は道ばたで一匹の龍の子を見つけた。珍しくもあり、可愛い龍の子だった。彼はそれを箱にいれ、毎日エサもやり育てた。やがて龍は大きくなり、箱はおろか、崔の小さな家ではとても収容できなくなった。

「龍よ、しがない修理屋のオレには、こんなに大きくなったお前を、もう育てることはできない。仕方がないが、お前を北の山の洞窟《どうくつ》へ連れていくことにする」

龍はコックリとうなずいた。一年もすると龍のいる洞窟の入口に、人参《にんじん》が生えてきた。たいへんに価値のある薬草だが、龍が番人をしていては、誰だって手がだせない。この不思議な話はやがて皇帝の耳にはいった。さあ、大変だ。

「崔よ、お前は龍のもとの飼い主だというではないか。すぐに行って、あの人参を取ってまいれ。さもなく

ば、お前は打ち首だ」

　との命令である。山のふもとからも、大きな龍の姿が見えるではないか。崔は懐かしいやら、恐いやらだったが、勇気をだしてこう言った。

「龍よ、オレはお前を育ててやった。皇帝の命令にそむけば、打ち首だ。今度はお前がオレを助けてくれ。人参をもらっていくぞ」と。

育ての親でも両眼までの要求は……

　龍はコックリとうなずいた。それは、皇帝がこれまでに見たこともない大きな人参だった。崔がほうびに金銀をもらったのは当然である。

　皇后が目の病気にかかった。宮中の名医たちも手におえない。ある者がこう進言したものだ。

「龍の目玉こそが、目の病気の特効薬です」と。

　大きな龍となれば、皇帝の軍隊が出ても、なかなか退治できない相手だった。またしても、皇帝の命令が崔黒子のもとにとどいた。

「龍の目玉を取ってきたら、大臣にしてやる。失敗したら打ち首だ」と。

　意外なことに、龍は今度もまた、育ての親の崔の言うことをきき、左の目玉をくれた。まことにそれは特効薬であり、皇后のひどい眼病を、一こすりで治してしまった。

約束どおり大臣となった崔である。かつての純朴で、やさしい彼の性格がガラリと変わってしまった。珍しいものがあれば、まるで皇帝のように、何でも自分のものにしたがった。天下の宝をあらかた手にいれたら、あの龍の目玉のことを思い出してしまった。崔は家来にかつがせた籠《かご》にのり、龍の山にやってきた。

「龍よ、この育ての親様が、お前の目玉を欲しがっているゾ」

というと、右の目玉を取りにかかった。龍の意見もきかずに、である。龍は大きな口をあけると、パックリと崔を飲みこんでしまった、とさ。

56 水を盗んで殺された龍――北京郊外西山

龍にまつわる民話を、もう一つ。

北京《ペキン》の西の郊外に西山《せいざん》がある。華北の広びろとした平原にある北京では、西北のかなたに山なみがある。燕山《えんざん》山脈である。西山はこの燕山の一部である。春の新緑から秋の紅葉まで、北京市民が一日コースで足をのばす範囲でもある。

その西山に「投げ龍岩」とよばれる大きな岩がある。岩には一面に溝があり、まるで名工の手になる龍の彫刻のようだ。だが、それは実際には自然の石である。

昔むかしのこと、このあたりに人の住む村があった頃のこと。わらぶき小屋に、母親と息子が住んでいた。

息子の名前は牛坊《うしぼう》という。この親子は貧しいながらも、山で柴をかり、野ウサギをおって、楽しい日々を送っていた。

牛坊は背がたかく、体はガッチリしていた。十歳をすぎると、もう大人のようだった。その牛坊には大の仲良しがいた。龍坊《たつぼう》である。二人は、年も背丈もほぼ同じで、龍坊が牛坊の家で食事をしたり、泊まることもよくあった。

不思議なことに、龍坊の家がどこにあるかは、誰も知らなかったという。別に、それほど気にもかけなかったのである。ただ、西山の西北に黒い雲がたちのぼると、間もなく龍坊がやってくるのだった。

龍坊には奇妙なクセがあった。食事はあまりとらないのに、水だけはよく飲むのだ。牛坊や母親がいないと、龍坊はこっそりと谷川へ下りていく。そして一口で、谷川の水をそっくり飲みほしてしまうのだった。

水を盗み飲んで殺された龍もいた

この龍坊のクセを知る者は、村にはいなかった。

問題は、村人たちの飲み水である。谷川の水はこれまで豊かに流れており、涸《か》れることはなかった。四季をつうじて村人が飲み水に困ることはなかった。ところがである。最近はどうしたことか、時どき谷川の底まで干あがることがある。

間もなく、牛坊や村人たちは龍坊のクセに気づいた。今度ばかりは、牛坊も友だちを許すことができなかった。久しぶりにやってきた龍坊を、太いなわでグルグル巻きにしたのだった。

「兄ちゃん、何をするんだ、いきなり！」

驚いたのは龍坊だ。

「水を返してくれ。お前が谷川の水を飲み干すものだから、村の人たちはカンカンだ」

ようやく龍坊にも、牛坊が怒っている理由がわかった。だが、龍坊にも、水を飲むことを止められない事情があった。それは龍の性《さが》だったからである。

「兄ちゃんの家の水だけは、ちゃんと残しておいたのに……」

「村の者、皆のことなんだよ、龍坊。水を飲まずに、村に返しておくれ！」

「返すものか！」

と龍坊は言うやいなや、一匹の黒い龍に姿をかえた。そして、空に舞いあがろうとした。

牛坊は龍の首と尾をつかんだ。龍も牛坊にかみつく。牛坊は傷つきながらも、大きな岩めがけて、黒い龍をたたきつけた。さしもの龍もそこで息たえ、岩になってしまったという。谷川の水も、その後は昔からのように、流れつづけるようになった。

57　水しぶきを浴びてペーロンを競う——長江

長江（揚子江）を、ドラと太鼓の鳴り物いりで、水しぶきをあげて、細長い舟が進む……そんな光景を目にして、「これがペーロンだ」と納得した。一九九九年の六月には、四川省の東部から湖北省の西北部を、ゆっくり取材した。

この一帯は、長江の中流域にあたる。三峡くだり、三峡ダム、それに一九九八年の洪水など、日本人にもある程度は、地理的な印象があるだろう。そこはまた、「野人《やじん》」の風説がある神農架《しんのうか》（海抜三一〇五メートル、華中の最高峰）がそびえ、楚《そ》の愛国詩人・屈原《くつげん》や、中国の四大美人のひとり王昭君《おうしょうくん》（漢代）の郷里でもある。

屈原の故事にちなむペーロン競争は、中国各地や香港、日本でも盛んだ

端午の節句の近いことが実感できた。街かどで、チマキ売りをよく見かけるようになった。新聞にも、競艇のことが取りあげられる。宜昌《ぎしょう》市は、三峡ダムのわずか下流にあり、この間の開発で活気づいている。そこで発行されている新聞に、『三峡晩報』がある。六月十八日の一面トップの見出しは「屈原故里今日龍舟競渡」である。屈原の故郷では、本日ペーロン競争が開催、というほどの意味だ。

いまの中国でも、西暦すなわち太陽暦が採用されている。だが、端午や春節（正月）がそうであるように、実際の生活面では、農暦すなわち太陰暦がしっかり生きている。『三峡晩報』の日付にしても、西暦の下には「農暦己卯五月初五」と印刷されている。西暦よりも約四十日おそい農暦のほうが、季節感をより正確に反映しているからである。

ペーロンに話をもどす。漢字で書けば、「飛龍」「白龍」「劃龍」などとなる。「飛《フェイ》」は、飛ぶように、「白《パイ》」は、水しぶきをあげ、「劃《ホア》」は、漕ぐこと、である。ただ、それらを中国の南方音でいえば、ほぼ「ペーロン」となる。日本でも、六月から七月にかけて、長崎などで「ペーロン大会」が開かれる。

『三峡晩報』では、「世界的文化名人」という形容詞を、屈原に冠していた。それは誇張とは言えないだろう。なぜなら、ペーロンも、チマキも、彼を記念したものだからだ。約二千三百年も前の屈原が、いまなお中国人や日本人の生活の一部となっている。

すでに31項でも触れたように、屈原は、憂国ないし愛国の気持ちから、汨羅《べきら》の淵《ふち》に身を投じたのだった。問題は、その後である。屈原の故郷の秭帰《しき》は、長江の北岸であり、いまの湖北省にある。ところが汨羅は、いまの湖南省であり、長江のかなり南である。ここでいう「湖」とは、洞庭湖（広さは琵琶《びわ》湖の六倍以上）のことを指す。

屈原の時代、いまの洞庭湖は、雲夢沢《うんぼうたく》とよばれていた。それは現在の洞庭湖よりさらに広く、いまの湖南と湖北の二つの省にまたがっていた。秭帰の民は、屈原の訃報《ふほう》に接するや、小舟を矢のように走らせ、その遺体を収めたという。これがペーロンの起源とされ、スピードを競うことの意味は、じつに大きいのだ。

チマキは本来、まき餌だったという。雲夢沢の魚たちが、屈原の遺体をついばまないように、との楚の民たちの配慮である。それを包むササの葉は、屈原の「高潔」な人格を表わしている。チマキにいれるナツメの赤い実は、屈原の「赤い真心」を示している……と彼の故郷の民話にある。チマキといい、ペーロンといい、日本と中国の交流は、悠久としか言いようがない。

58 羊飼いになった龍の娘と男の約束——洞庭湖

中国は地大物博である。湖南省の洞庭湖は日本の琵琶《びわ》湖の六倍もあるが、今回は、その洞庭湖と龍の関係であり、やはり実在した人物が登場する。唐の文人の柳毅《りゅうき》である。さて、その柳毅と龍の娘との関係や、いかに。

科挙の試験に合格すれば、きっと出世できる。柳毅もそう信じて、人なみ以上の勉強もした。だが、結果は期待に反しての不合格だった。失意のうちに、南の郷里へと帰る柳毅だった。

「月落ち烏ないて霜《しも》天に満ち……夜半の鐘声、客船にいたる」（唐・張継《ちょうけい》）

蘇州《そしゅう》にある寒山寺は、この一篇の詩により有名になったという。作者の張継もまた、科挙に失敗して、帰郷の途中にあった。その失意の心境を、詩に托したのだった。

さて、柳毅は湖南の人である。洞庭湖の南にあるのが湖南《こなん》省、北にあるのが湖北省だ。かつて雲夢沢《うんぼうたく》ともよばれたこの湖は、長江（揚子江）の「自然のダム」でもある。

全長が六三〇〇キロの長江は、季節によって流れる水の量が大きく変化する。増水すれば、洞庭湖はそれを吸収する。渇水すれば、湖は貯水をはきだすのである。一九九八年は、五十年に一回とかの大増水で、ようやく惨事となるところだった。例年、増水期の湖面は約六千平方キロとなる。長野県の約半分である。

その洞庭湖に浮かぶ島の君山《くんざん》は、伝説にことかかない島である。神話時代の舜《しゅん》の妻が祭られている。その廟《びょう》を焼きはらったのは、例の秦《しん》の始皇帝《しこうてい》だ。漢の武帝《ぶてい》は、ここで龍を射たという……。

失意の柳毅が郷里へもどる途中でのこと。道ばたに、目をまっ赤に泣きはらした羊飼いの女がいるではないか。貧しい身なりをしているが、なかなかの美人である。

彼女の口から、柳毅も耳を疑うような話がでてきた。

何でも、彼女はもともと洞庭湖の龍王の娘であり、縁あって人間の男に嫁いだという。ところが夫が暴力をふるい、それに耐えられずに、家を飛びだしたのだ。彼女は一通の手紙をもっており、柳毅に、父の龍王まで届けてほしい、というのである。

湖南にある洞庭湖は、柳毅の郷里のすぐ近くである。羊飼い女の身のうえ話も、失意の彼には、いたく同情できるものだった。彼女に言われたように、柳毅は、君山の井戸から「下界」におり、龍王にあって手紙を手わたした。

ほんとうに、龍王の一族は龍宮に住んでおり、「人間」界では信じられないほど豪華な暮らしぶりだった。その龍宮で、王の娘が不幸な境遇にあるとの情報に、大きな悲嘆の声があがった。王の弟はただちに一匹の赤い龍となり、人間界へと飛び去っていった。

ほどなく赤い龍は、龍王の娘をつれ帰り、龍宮では大宴会が開かれた。乱暴者の夫は龍にくい殺されたという。宴会の席上、龍の王は柳毅に、娘の夫となるよう勧めた。いったんは辞退した柳毅だったが、二、三の曲折があり、やがて二人は結ばれる。

龍王の娘の「お礼」は、柳毅の一万年という寿命だった。二人はやがて人間界をはなれ、洞庭湖で住むようになった。例の井戸にも、柳毅の名前がつけられた。柳毅は、道教でいう不死の神として、人びとから崇《あが》められるようになったのである。*

59 ミャオ族が龍を迎え龍を引く——湖南省、貴州省

中国は多民族の国である。多数派の漢族とは別に、五十五の少数民族がいる。各民族はそれぞれの歴史をもち、それぞれの特徴をもつ。

龍はミャオ族の吉祥物である

ミャオ族は、湖南省や貴州省に住んでいる。

彼らは独立心が強く、情熱的な性格で知られる。

現在、人口が八百九十万余のミャオ族は、農業を主な生業《なりわい》としている。男は勇敢であり、女は刺繍《ししゅう》や、ろうけつ染めが得意である。龍は、その民芸品のデザインによく用いられる。

龍を愛することにおいて、ミャオ族

＊浦島太郎の龍宮（101項）と比べて興味ぶかい。主人公は、中国では「不老の神」となり、日本では「玉手箱」を開けてしまい、白いひげの爺さんとなる。

は、たぶん人後に落ちないだろう。なぜなら、ミャオ族は根っからの稲作農民であり、龍王が雨を管理していると信じてきたからだ。それはある意味で、当然のことだろう。

そのミャオ族に、「龍を迎える」という興味ぶかい習慣がある。

龍は、ミャオ族にとって、吉祥物、すなわちお目出たい、幸運のシンボルである。その年が大豊作だったり、大規模な土木工事をしたり、家で祝言があるなどの場合、ミャオ族はどうしても「龍」を迎えなければならない。

このような行事は一般に、収穫のあとの十月か、春耕のまえの二月に行なわれる。まず村の古老に、黄道《こうどう》の吉日を選んでもらう。その吉日に合わせて、一人の「龍師《ロンシー》」にお願いし、以下のような指導と儀式をやってもらう。

この龍師は、ある種のシャーマンといえる。彼はミャオ族の歴史や習慣をすべて知っているから、村きってのインテリである。彼はまた、古代からのミャオ族の文化を伝える文化人であり、芸人でもある。

さて、家の主人が準備すべきことは多い。黒い子ブタ、白い子ブタ、大きな白いオンドリを各一ずつ用意する。モチ米のちまき、アワのちまきを作り、五色の紙、白い布、それに酒なども忘れずに準備しなくてはならない。

当日の三日前には、家中の大そうじをして、すっかり清潔にする。一日前、約束しておいた龍師に家まで来てもらう。彼の指示により、まず祭壇を設《もう》けなければならない。それを龍座という。

龍座のつくり方は、こうだ。家の中央にある部屋に、稲わらを積みあげる。この時、稲わらで龍の頭や胴、尾などを形づくる。龍ができたら、その前に小さなテーブルを置く。テーブルの上には米一升、酒五碗《わん》、ちまき五山を供える。それに線香も必要だ。

当日の朝、早めに朝食をすませて、親戚や友人、近所の人たちが、次つぎとやってくる。男も女も、子供らも着飾っている。それは「龍」にたいし敬意を表するためである。くだんの龍師も、いかめしく着飾り、すでに龍座の後に坐っている。

龍師が太鼓やドラを鳴らし、儀式を始める。つづいて鈴をふりながら、呪文《じゅもん》を唱える。呪文の内容は、東から青龍、南から赤龍、西から白龍、北から黒龍、中央から黄龍を、それぞれ呼びだす、というものだ。

「龍のお出ましだ！　この家の者は、いかに！」

と大声で聞いたのは龍師である。

「お迎えします！」

と家の主人が、大声で龍を歓迎する旨の宣言をする。ミャオの人たちは、稲わら製の龍座に、ほんとうに五色の龍がいる、と実感するという。それは思うに、龍の姿をしてはいるが、勇猛なことで知られたミャオ族の祖先たちであろう。

「火は赤あかと、この部屋のなか」

「火は赤あかとして、龍王を待つ」

「五色の龍王が、おわすぞ、ここに……」

龍師は祝詞《のりと》を唱えつづける。やがて右手で白米をつかむと、東西南北、そして中央にまき散らす。これで「龍を敬う」儀式は終わる。その次が「龍を引く」儀式である。

ミャオ族は、歴史的な背景もあり、一般的には山がちの環境で暮らしている。そこは必ずしも農業に適した場所ではない。水源も、村はずれの山にあることが多い。

この「龍を迎え」「龍を敬い」「龍を引く」日には、山の井戸に人垣ができる。そこはふだん人気のない、静かな場所である。龍の家のご主人夫婦は、ミャオ族の衣装で正装をしている。ご主人が龍公となり、奥さんが龍母を演じることになる。

これが龍の夫婦というわけだ。着飾った親戚や近所の人たちも、その場で晴れがましい顔をしている。これから龍を「引く」のだから、皆さんに協力してもらう。吹奏楽器の笙《しょう》、打楽器の太鼓やドラを手にした楽隊の出番である。色とりどりの旗をもった子どもたちもいる。

まず龍師が、水源になっている井戸のまえで呪文を唱える。龍の夫婦に扮《ふん》した人間たちが、用意してきた素焼きの器で、井戸から水をくむ。その瞬間、九発の銃声が鳴りひびき、楽隊が一気に奏楽をはじめる。子どもたちも負けじと、わめきだす。にぎやかなこと、この上ない。

その後は、龍師を先頭にしての行列だ。お祭りムードの雑踏のなかを、龍のご夫婦は例の器をかかえて歩く。それは井戸からくんできた「龍水」である。一行が家にもどれば、いよいよ楽しい宴会だ。黒い子ブタは儀式のまえに、白い子ブタは儀式のあとに、それぞれ屠《ほふ》られる。このブタをとくに「龍豚」とよぶ。

ミャオ族はじつに歌がうまい。それに酒がはいれば、宴もたけなわとなる。今晩はどこまでも「龍の歌」のアンコールがつづく。宴会が果てるのは、きまって深夜のことになる。

龍の家には、最後の仕事がある。「龍の位」(場所)をつくることだ。昼間のうちに、庭に深さ三十センチほどの穴を掘っておく。その穴のなかに、あらかじめ準備された陶磁器の龍をいれ、山の井戸からくんできた「龍水」をかける。少量の酒やお金、朱砂をいれる場合もある。土をもどして龍をうめ、その上に平たい石をかぶせる。これで「龍の位」は安定したものとなり、全部の行事が終了したことになる。

60 龍踊りのにぎやかなお祭りムード――四川省灌県

龍と暦、それに生活の関係をつづける。日常の生活の背景には、思わぬ発想や知恵が伏せられていることがある。中国の伝統的な日常生活のなかから、龍を拾ってみる。

一月十五日――龍灯（ロントン）
二月二日――龍抬頭（ロンタイトウ）
五月二十日――分龍節（フェンロンチエ）

と、中国語で読んでみた。少なくとも一年に三回、人びとは生活のなかで、「龍と遭遇」することになる。いずれも農暦（旧暦）であり、現在の新暦よりも約一カ月おそい。現在の中国では、旧暦と新暦がうまく共存している。新暦の一月一日の元旦は、これといった特別なことはない。日本ならば、元旦をはさみ、ご用納めから松の内まで、数日の連休となる。

中国でそれに相当するのが、旧暦の一月一日の春節である。新暦では、だいたい一月下旬から二月の中旬にかけてであるが、ネズミ年では二月末となるようだ。この前後には、数日から十日ほど、企業や役所、学校もお休みとなる。

この春節の到来をつげるのは、天地をゆるがす爆竹の轟音《ごうおん》である。初めて春節の爆竹を体験する人は、戦

正月 15 日の「龍踊り」に農民魂を感じる（四川省灌県）

争でも起こったのでは、と錯覚するだろう。最近では、失火の危険があるという理由から、北京《ペキン》や上海《シャンハイ》などの大都会では禁止される傾向にある。いささか寂しい感じもする。

さて、龍灯《ロントン》、すなわち龍踊りは、旧正月の十五日後にやってくる。* 一月十五日は、暦のうえでは元宵節《げんしょうせつ》である。それを演出するのが、一匹の長い龍である。布や紙、割り竹などで張り子を作る。その中に灯火をともすこともできる。日本語では、龍灯というよりも、「龍踊り」のほうが分りやすいだろう。長崎では「蛇踊り」ともいい、106項でくわしく触れる。それは十四世紀の足利時代に、中国大陸から伝来したとされ、無形文化財となっている。

また、龍踊りが登場するのは、元宵だけではない。春節や秋の収穫祭など、お祭りムードを盛りあげる場合、龍踊りはやはり不可欠なものである。数人から十人ほどの男たちが、竹の棒の先に連なる張り子の龍を、上下、左右に踊らせながら、走る。ドラや太鼓の音が、その激しい動きをさらに鼓舞する。それを演じる者も、それを見る者も、まさに手に汗にぎる。

＊今年（2012）の旧正月に、北京・山西省・黒龍江省でそれぞれ「龍の取材」をした。首都は期待はずれ、太原（山西）には濃厚な民族感情、ハルピン（黒龍江）の氷でできた龍に仰天、というところだった。

踊る龍の頭がめざすのは、別の男がもつ棒の先にある龍珠《りゅうじゅ》（宝珠）である。それは一般に、深紅ないし極彩色の丸いボールである。珠《たま》をめざして激しく踊る龍は、実は水にたわむれる龍を象徴したものであるという。それが図案化されると、二匹以上の龍が、中央の珠（宝）を争うものになる。「龍が珠に戯れる」「双龍が珠を搶《あらそ》う」などである。

四川省の灌県《かんけん》でみた龍踊りは、どれにも増して印象ぶかいものだった。灌県は省都の成都《せいと》の西北六十キロにあり、二千年の昔からの灌漑《かんがい》施設で有名である。広大な成都平原は、その大小の水利施設によって潤されている。西南地方とはいえ、元宵のころはまだ寒さが残る。ひんやりとした空気のなかを、赤い布を腰にまき、素朴ないでたちの農民たちが、きわめて力強く龍をあやつる。それは実に印象的な龍踊りだった。

思うに、北京《ペキン》などの街場で演じられる龍踊りは、やはり上品であり、ショー化されている。それに比べ、灌県での龍踊りには、大地の底から湧きでたようなエネルギーが感じられた。

二月の龍抬頭《ロンタイトウ》と五月の分龍節《フェンロンチエ》については、すこし後で紹介する（80項）。

第Ⅳ章　龍と中国の文物

61 四川省の自貢は中国の恐龍の郷

中国では旧暦で正月を祝う。春節《しゅんせつ》という。元旦の爆竹と餃子《ぎょうざ》、十五日の灯会《トンホエ》はやはり正月の目玉である。灯会とは、提灯《ちょうちん》祭りのこと。

四川省の自貢市《じこうし》は、昔からの「千年塩都」の別名どおり、塩の産地として有名だが、最近では「恐龍の郷」として、「恐龍の灯会《トンホエ》」によって人気が高い。正月の夜、光の演出をする大小の提灯ができる。その主人公が恐龍なのである。毎年、二百万もの人が見物にくる。

自貢が「恐龍の郷」とよばれるのには、それなりの理由がある。カナダの恐龍学者で、『恐龍ルネサンス』(小畠郁生訳、講談社現代新書、一九九四年)の著者でもあるフィリップ・カリー(一九四九〜)は、次のように述べている。

「自貢の恐龍博物館は、世界でたぶん最大の、最もすばらしい恐龍展示だろう。この非常に近代的に見えるビルは、厖大《ぼうだい》なボーンヘッド(骨格)のうえに建てられている。それは北京《ペキン》の古脊椎《こせきつい》動物古人類研究所の董《トン》枝明《チーミン》などにより研究されたものだ。ボーンヘッド(化石の発掘現場)はほぼ水平に広がり、四メートルもの厚さがある。約千四百平方メートルが部分的に発掘された。訪問客は長いバルコニーから、その場所を見おろすことができる」

引用が長くなったのは、自貢の恐龍が、世界的な規模のものであることを証明するためである。中国では二十世紀初めから、恐龍の化石が相ついで発見された。北の黒龍江、東の山東、西北の新疆《しんきょう》、西南の四川など。その多くは外国人の研究者によるものだった。

だが、自貢のケースは別であり、量質ともに前代未聞の「恐龍の墓場」だった。一九七九年、天然ガスを採掘するために、そこに車両の整備場を作ろうとした。そうしたら、恐龍の化石が山ほども出てきたのである。その後のことは、フィリップ・カリーの証言どおりである。

この自貢の恐龍発掘の場所は、西安の秦《しん》の兵馬俑坑《へいばようこう》と同様、現場にすっぽりドームがかけられた。三千平方メートルという広さであり、現在もなお発掘がつづけられている。すでにジュラ紀の恐龍たちが二十種以上、完全な骨格が百体以上も発掘された。

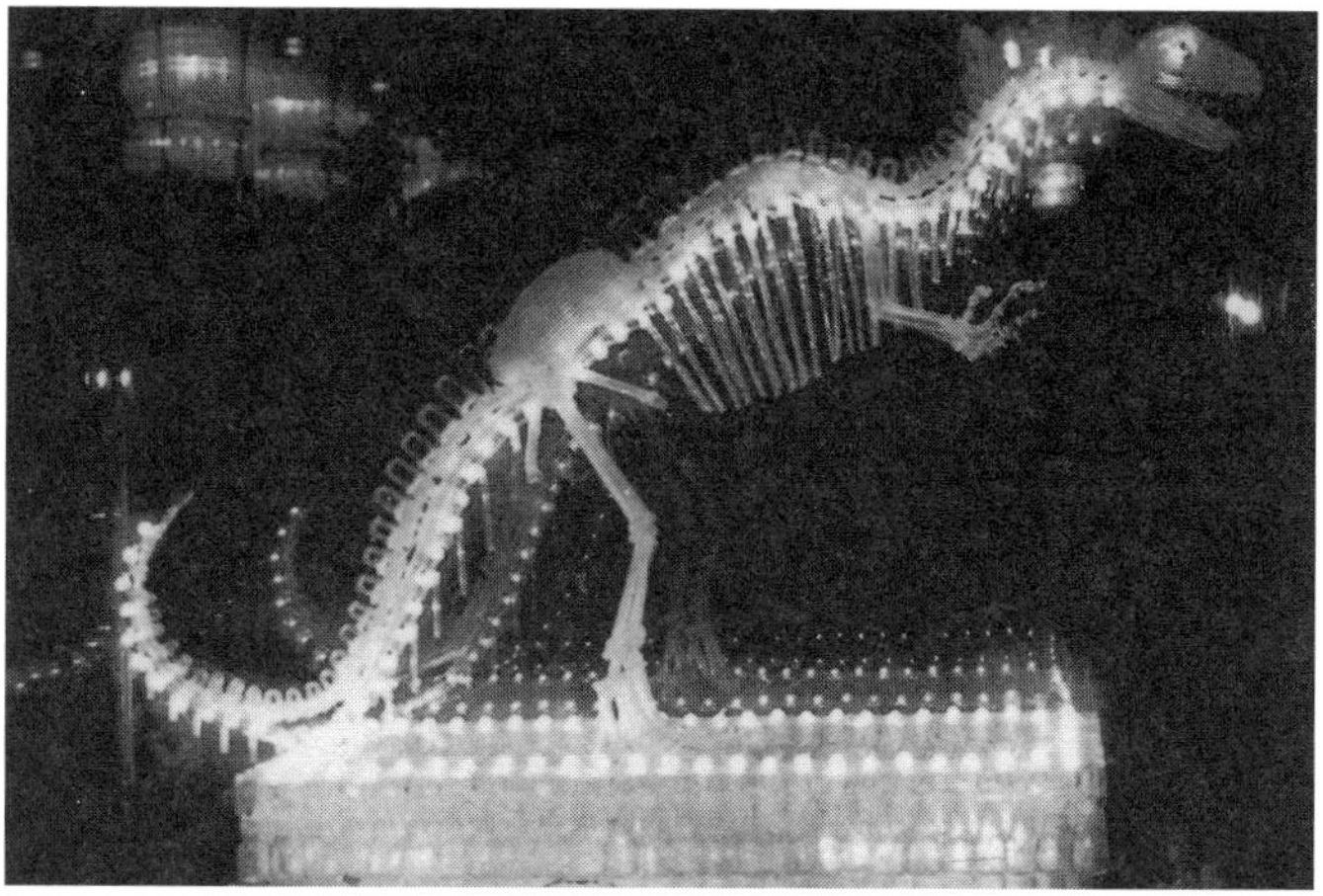

「恐龍の郷」では「恐龍の灯会」が開かれる（四川省自貢）

代表的な恐龍を二、三あげてみよう。四川省の古い呼び名は蜀《しょく》である。それを冠したシュー（蜀）サウルスは体長十二メートルだ。蜀の名山である蛾眉山《がびさん》になぞらえたオーメイ（蛾眉）サウルスは長い首をもち、体長が二十メートルもある。また、超国宝級とされるステゴサウルスの骨格があり、その中国名は「剣龍《チェンロン》」である。

その恐龍と龍骨とは、どのような関係にあるのだろうか。

世界で最初に、恐龍の化石を「発見」したのは、イギリスの医師マンテル*の夫人とされる。毎日のように散歩をしている彼女が、道ばたに積まれている石材の山から、恐龍の歯の化石を発見したのだった。一八二二年、ロンドンの南にある小さな街ウェレスでのことだ。

英国であれ、中国であれ、この恐龍とよばれる大型動物がノッシノッシとあるいていた時代は、いまから約三億年前のことだ。中国人のいう龍骨は、その文様を手がかりにして殷墟《いんきょ》の「発見」があったように、せいぜい三千数百年前のことにすぎない。

薬としての龍骨は、漢代の専門書『神農本草経《しんのうほんぞうきょう》』にも書かれている。最近の『中薬大辞典』では、その「産地」を中国のほぼ全域とし、その「基原」は「ゾウ、サイ、ウマなど古代の哺乳《ほにゅう》動物の骨の化石」としている。恐龍は含まれていない。

ただ、自貢の場合がそうであるように、恐龍の化石は浅い地層からも出土している。洪水などでそれが流出し、人目にふれた可能性は否定できない。それはきっと「龍骨」として扱われただろう。清代の『述異記《じゅついき》』によれば、「数十丈もある龍骨」が出土したという。このサイズからすれば、ウシやサイなどではなく、恐龍の可能性が大きい。

結論的にいえば、龍骨と恐龍の関係はまだ不明である。どちらもカルシウムが主成分であり、外見は似たりよったりだ。将来、出土した骨や歯の化石の種類と時代が、その地層の年代測定や、遺伝子の研究により、さらに正確になることを期待したい。

*ギデオン・アルジャーノン・マンテル（Gideon Algernon Mantell, 1790 ～ 1852）。19 世紀前半にイグアノドンの歯の化石を発見して同定。恐竜の最初の発見者となった医師にして古生物学のパイオニア的人物。

62 六千年前、新石器時代の玉製の龍

モンゴル草原にある小さな村から、次頁略図のような高さ二十六センチ、アルファベットのCの形をした玉《ぎょく》で作られた龍（口絵4頁）が発見されたのは、一九七一年のことである。

そこは中国内モンゴル自治区の東部、シリンホト高原にあるオンニュド旗《き》である。旗はもともと、八つあった蒙古正規軍のことだが、いまでは行政区画となっている。日本でいう郡に、ほぼ相当する。モンゴルの高原は「天は蒼々《あおあお》とし、野は茫々《ぼうぼう》として、風が吹いて草が低くなれば牛や羊がみえる」という場所である。

約六千年前の新石器時代の後期、現在でいう内モンゴルの東部から河北、遼寧《りょうねい》にかけては、紅山《ホンシャン》文化が栄えたのだった。オンニュド旗からは一九八七年にも、ほぼ同じ形の玉の龍が発見され、ともに現地の博物館に収蔵され、展示されている。*

この玉の龍は、二十六センチという大きさもさることながら、その素朴で、力強い造形美には、われわれ現代人も敬服するばかりである。

頭部には、シンプルな稜線《りょうせん》をもちいて彫りだした二つの目がある。口の部分はやや上につきだし、二つの鼻孔はきっちりと彫られている。口のまわりと額には、細かいメッシュ状の紋があり、龍の顔全体

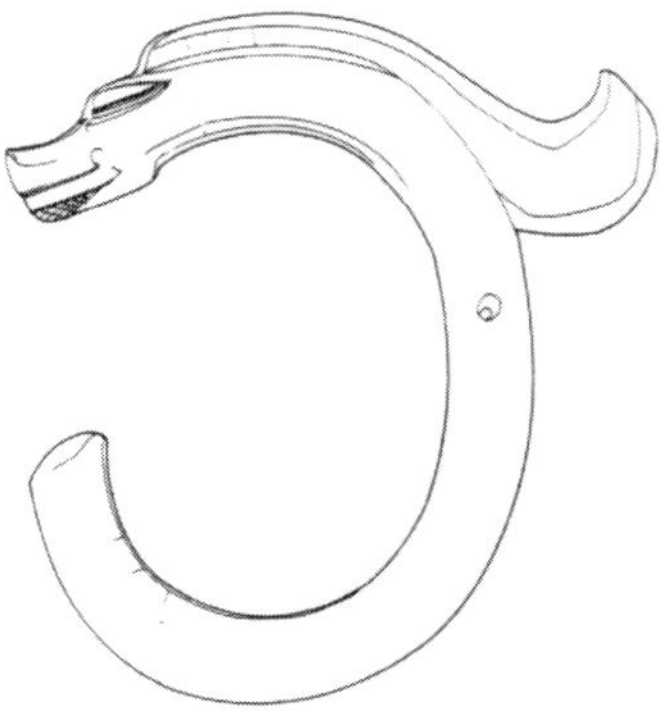

六千年前の玉製の龍の模写図

＊この特徴ある形の玉龍は、最古の龍のシンボルとして精巧なレプリカが作られ、北京国家博物館や各地の代表的な博物館に展示されている。ちなみに中国の多くの博物館は昨年（2011年）あたりから、入場無料となった。

をいかめしいものにしている。

首の部分からのびたヒゲは背中までいき、そこで大きく跳ねあがっている。これを鬣《りょう》という。その先端はきわめて鋭くなっており、C形に丸まった龍の体とは対照的であり、全体の構成にインパクトをあたえている。龍の体には紋はなく、かなり光沢がある。

その体のほぼ中央に小さな穴があけられている。ここに細いひもを通して、龍をぶらさげる実験をした人がいる。驚くべきことに、龍の頭と尾とはピッタリと水平の状態になったという。この穴の位置の決定には、厳密な力学的な計算がなされていたのである。

ところで玉とは、乳白色や緑、青などの美しい石のことである。科学的にいえば、硬度が五〜六ほどの軟玉と、硬度が七ほどの硬玉に分けられる。ちなみに、硬度十はダイヤモンドだけである。

オンニュド旗の龍は、軟玉で作られている。純白の軟玉のことを、羊脂玉《ようしぎょく》ともよび、きわめて高価なものであって、黄金の比ではない。その羊脂玉という高貴な名前は、六千年前のモンゴル草原から出土した玉の龍にいかにも似つかわしいといえよう。

ところで干支《えと》は、中国発祥であるが、中国と日本で、そのよび名にいくらか違いがある。例えば「亥《い》」は、日本ではイノシシだが、中国ではブタ年という。上海《シャンハイ》の豫園《よえん》は、東京でいえば浅草のような繁華街である。中国では元旦ではなく、春節を盛大に祝う。数年前のブタ年の春節のこと、豫園には、高さが五メートルもある張り子のブタが飾られていた。

一部の学者は、オンニュド旗から出土した龍の顔がブタに似ていると指摘する。言われてみれば、そんな気もしてくる。しかも中国では古代から現在まで、ブタは豊かさを代表する動物である。「ブタが門に入れば百福が至る」と印刷された年賀状をもらったことがあった。

新石器時代のモンゴル高原の住人たちは、ヒツジの放牧と、ブタに代表される農業とを両立させていたのかも知れない。

63 仰韶《ぎょうしょう》文化の彩陶に龍体人面の文様

J・G・アンダーソン（一八七四〜一九六〇）は、スウェーデンの地質学者、考古学者である。彼の名前は、中国の歴史に永遠にとどめられるであろう。

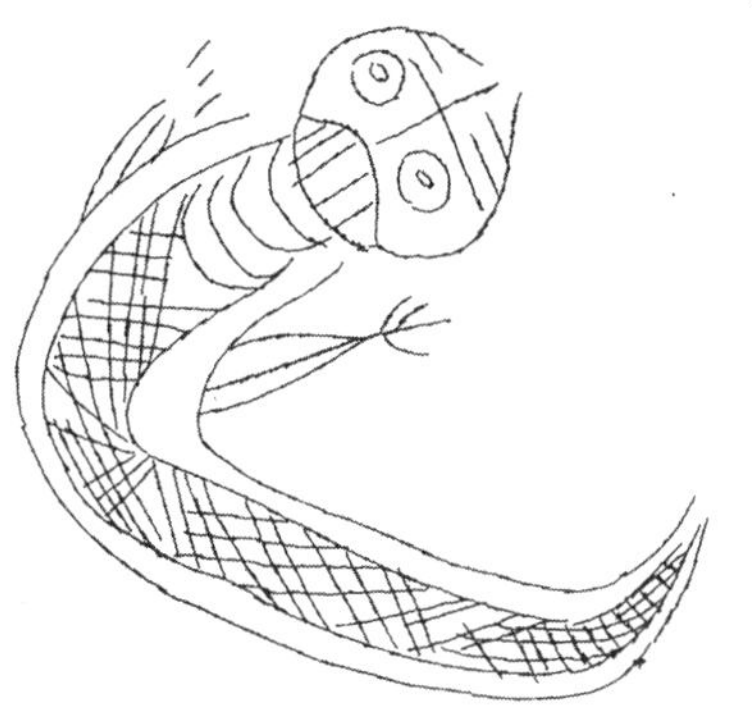
六千年前の彩陶を飾る龍の模写図

それというのもアンダーソンは、北京《ペキン》原人の骨が世界最古の原始人類の一つであることを指摘しただけでなく、河南から甘粛まで黄河の中流域に彩陶をもつ農耕文化があったことを証明したからである。この中国最古の農耕文化は、彼が彩陶を発見した仰韶《ヤンシャオ》（ぎょうしょう）村にちなんで、仰韶文化とよばれるようになった。今から約六千年前、新石器時代の後期のものである。
甘粛省は細長いヒョウタンの形をしている。その東部の武山から出土した彩陶は、仰韶文化の典型的な彩陶（口絵4頁）である。それは淡い赤色の陶土に、黒や赤、白などの文様をほどこしている。焼成温度は約千度で、鉢や碗《わん》、徳利の形をしたものが多い。

略図で示した彩陶の文様は、大きな二つの丸い目、歯をむきだした口、額から顔全体にひろがる十文字と、いかにも印象的である。だが、ともかくヒトのようではある。

しかし体のほうは、どう見ても龍ではないか。陶器を半周以上している体からは、一対の手（あるいは脚）がでている。その先端は四本に分かれている。

中国のある学者は、この彩陶の絵はサンショウウオであると主張する。絵柄はもともと素朴なものであり、龍にも、魚にも見たてることができる。しかし、彩陶は当時の中国、いや世界にあって、最先端のハイテク技術の作品である。その彩陶を飾るものとしては、実在するサンショウウオでは、やはり役不足というものだ。このように考えれば、彩陶の文様はやはり、空想上の動物でなければならないだろう。

ここでは敢《あ》えて、人の顔をし、龍の体をしたある種の神としておこう。それは同時に、萌芽《ほうが》した龍の形象がしだいに発展していく過程を、われわれに示している。

約六千年前の仰韶文化の時代に、人びとはすでにアワやキビを栽培し、ブタやイヌを飼っていた。彼らの住居は竪穴《たてあな》式であり、小さいながらも集落を形成していた。龍の絵つけをした彩陶を焼き、磨いてつくった石斧《せきふ》を使いこなしていたのである。

数年前、黄河の中流域を取材したことがあった。その途中の河南省で、三門峡市から洛陽《らくよう》まで、思いきってタクシーを飛ばしたことがあった。約百五十キロのこの間には、いくつかの取材すべきポイントがあったが、その最大のものは仰韶村である。

「道がいいでしょう。仰韶が近いですよ」

と運転手が笑う。ここを訪れる観光客が多くなり、舗装には幹線の国道よりも、金をかけているのだという。中国には、摩訶《まか》不思議なことが少なくない。アスファルト道路の終点は、なんと「仰韶遺跡」の広場だった。その吸引力の大きさに驚く。

仰韶遺跡の広場は、高さ二メートルほどの壁で囲まれており、壁ぎわにはアザミが目のさめるような紫の花をつけていた。遺跡の記念碑は、唐三彩を思わせるタイルをふんだんに用いて、いかにも個性的である。その一帯はムギ作を主としており、典型的な華北の農村である。昼さがりの仰韶村では、物音ひとつしなかった。

64　龍山文化の黒陶にとぐろを巻く龍

黄河の中流域および下流域、すなわち山東、河南、山西の一帯に龍山《ロンシャン》（りゅうざん）文化が栄えたのは、いまから約四千年前のことである。

龍山文化は、彩陶を特徴とする仰韶《ぎょうしょう》文化から発達したもので、黒陶文化ともよばれる。その理由は、黒ないし褐色をした薄手の陶器をもつからである。

山西省は黄河の中流域にある。厚く堆積した黄土層が、黄河やその支流に浸食されて、河岸段丘という独特の景観をしている。

その山西省の西南部、黄河に面して龍門があるが、その東七十キロの襄汾《じょうふん》から、ひとつの黒陶が出土した。

四千年前の黒陶の盆に、とぐろを巻く龍（模写図）

お盆のような形をした陶器で、茶褐色をしており、その内側には一匹の龍がいた（口絵4頁）。

朱と黒をもちいて、とぐろを巻いた龍が躍動感をもって画《えが》かれている（模写図）。

口から吐きだすように、細く長い舌があり、その先は何本にも分かれている。歯ならびはノコギリを思わせて、迫力十分である。舌は蛇の舌を、歯は鰐《わに》の歯を、それぞれヒントにしているようだ。だが、陶工はこの舌や歯に、もっと超自然的な創意をこめていたのではないか。

体には二列の大きなウロコがあり、尾までつづく。この部分は龍の胴体の片側にあたるのだが、二列にならぶウロコは効果的である。胴体がいかにも太いことを感じさせる。

お盆の底をひとまわりした体は、尾が首のあたりで小さくなり、かすれてしまう。それは胴体の長さを、巧まずして表現している。こうした構成力や表現力から判断して、龍山文化のレベルの高さが知れるというものだ。

龍山文化の農具や農業技術は、仰韶文化よりもずっと発達し、すでに牛や馬が飼われていた。住居は竪穴《たてあな》式のままだが、集落の規模は大きくなり、後の中国の邑《むら》の原型となっている。

＊口絵４頁の写真は、太原にある山西博物院で、筆者が撮影したもの。前述（62項、脚注）のように、入場は無料であり、撮影もフラッシュなしならＯＫである。

また、占いは龍山文化のもう一つの特徴である。大自然はときに豊穣な恵みをあたえてくれるが、ときに容赦なく猛威をふるうこともあった。当時の人たちは、自然のなかで必死に生きると同時に、「天の意」を知りたいと願ったのだった。

その手段として考案されたのが、動物の骨に文様を刻み、それを火にかざすことだった。その割れ具合により、わずかに「天意」を推しはかることが可能だ、と考えたのである。

実際に天の意志が推しはかれたのか否かは、ここでは論じない。ただ、この龍山文化の風習が殷《いん》に引きつがれ、やがて甲骨文字の創始へと展開しようとは、誰が予想したであろうか。それはまさに人類の歴史上、望外の収穫となったのである。

龍がとぐろを巻くお盆に、もし水をはれば、底にわだかまっていた龍は、きっと浮きだしてくるだろう。黒陶が実用品の一面をもっていたことは否定できない。

思うに、龍山文化の黒陶には、祈りという別の一面があったのではなかろうか。黒陶の盆の水にたゆとう龍にむかって、当時の人が何かを祈っていたとしても、それは不自然なことではないだろう。

65　龍骨の模様から殷墟の大発見

龍は、35項でみたように、実在説もあるが、今のところは中国人の豊かな想像力が作りあげた産物としておこう。それは神話の世界とも共通点をもち、ときには自然界の巨大な動物からイメージを借りたこともあ

殷墟の甲骨文字をアレンジした碑林(河南省安陽)

った。雷や雲、竜巻などの自然現象に、「超常」の力を感じたこともあった。

その龍は、中国の歴史とともにあった。逆もまた真なり、という。その龍の骨が、歴史をさかのぼらせたケースがある。「龍の骨」を手がかりとして、あの世紀の大発見とされる殷墟《いんきょ》が発掘されたからである。

十九世紀の清代、全国的に有名な学者の王《おう》懿栄《いえい》がいた。祭酒という彼のポストは、現在の日本でいえば、東大の総長に相当するだろう。彼はいつものように、持病のリウマチを治すために、薬屋で一かけらの龍の骨を買った。それはれっきとした漢方薬であり、龍骨《りゅうこつ》と名づけられている。

それを自宅へ持ちかえり、各種の薬材とともに煎《せん》じようとした時のことだ。彼の目は、龍の骨のうえの模様に注がれた。それが何か文字のようにも見えたからである。そして各方面からの研究の結果、一八九九年にそれが古代の文字であると判明したのである。

当時は、周代の青銅器に刻まれた文字、すなわち金文《きんぶん》が最古の文字とされていた。

ところで龍骨はじつは、ウシやサイなど、大型の動物の骨が化石となったものである。それが古色蒼然《そうぜん》とした形状で、土のなかから現われてくるため、「龍の骨」と考えられて、漢方薬にも使われてきた。あらゆる物体から、薬としての効果を発見するのは、中国人の特技である。

その龍骨には、不思議なことに「産地」があった。河南省の安陽《あんよう》である。黄河の下流域にあたり、現在でも典型的な華北の農村地帯である。

昔からそこは殷墟《いんきょ》、すなわち「殷朝の廃墟」と言い伝えられてきた。しかし、それを信じる者はほとんどなかった。少なくとも学者では、皆無だった。殷朝は伝説のなかの王朝であり、実在しないとされた。歴史的には、周が最古の王朝とされていたからである。

しかし、龍骨のナゾの模様（文字？）を契機に、殷墟の本格的な発掘が始められたのである。発掘は一九二八年から行われ、そこから殷の王宮跡や陵墓が相ついで発見され、あの神話がなんと史実であると確認されたのだった。

かくして、中国の古代史は一気に約五百年もさかのぼることになった。周朝は紀元前十一世紀あたりからである。殷朝はそれよりも確実に数百年は古いのである。

殷墟からは、大量の玉器をはじめ、文字を刻んだ動物の肩甲骨やカメの甲羅が発見された。それは当時の公文書であり、いまから数千年前の中国人の思考と行動を知ることができる超一級の考古資料である。

この最古の文字は、甲骨文字《こうこつもじ》と名づけられた。現在の漢字の直接の祖先にあたる。

殷墟は現在、史跡公園となっている。大規模な発掘のあとも埋めもどされ、区画整理されて、石だたみの散歩道がある。甲骨に刻まれた文字を拡大して、石碑にしたてた「甲骨碑林」はアイディア賞ものだ。

一番奥まったところに、殷の王宮を模した建物があり、記念館となっている。平屋のカヤぶきで、赤い柱が印象的だ。甲骨をたっぷりと展示してあり、そこを訪れた人は、殷の時代へとタイム・スリップしてしまいそうだ。

66　殷の女傑・婦好が愛した玉製の龍

中国の歴史年表をみると、王朝は夏《か》から始まっている。夏は、三皇のひとり禹《う》が創始したとされ、中国最古の王朝である。約四百年つづいた夏は、十七代目に桀《けつ》という暴君がでた。このため民心を失ってしまい、殷《いん》にとって替わられてしまう。歴史は繰りかえす、という。その殷もまた、紂《ちゅう》という暗愚な王がでたために、武王《ぶおう》の周にとって替わられてしまうのである。

ただ、中国の一部の歴史学者は、夏の実在にまだ疑問をもっている。それを完全に実証するだけの考古学的、歴史学的な史料が十分ではないからである。だがしかし、殷墟《いんきょ》すなわち殷の都の跡が発見されたのは、十九世紀末、一片の龍骨を手がかりとしてのことだった。中国の考古学は、今後とも、どんな大発見があっても不思議はない。

殷代（前十六〜十一世紀）の龍の造形に注目しよう。やはり玉《ぎょく》製品や青銅器のなかに、数かずの龍を見いだすことができる。なかでも最も目をひくものが、婦好《ふこう》の墓から出土した玉製の龍である。

この黄褐色の龍は、大きな頭から丸まった尾まで、極めて力強い形象をしている。

開かれた口からは、太い歯が露出する。頭の後部には角が突起する。胴体は大きな頭をうけて太く、一回転したところで急に細くなり、さらに一回転する。この曲線は胴がいかにも長いという印象である。

胴全体には、鱗《うろこ》を思わせる方形の文様がつらなる。背中にはノコギリ状の鰭《ひれ》がつづく。この鱗と鰭は、龍がいかにも強暴という印象をあたえる。二本の前脚があり、それぞれ四本の趾《ゆび》に分かれている。

この婦好の龍を、これまでの龍と比べてみよう。頭や背中の細工は、「新石器時代の玉製の龍」（62項）の龍に似ているようだ。時間的には約三千年の差があり、モンゴル草原と黄河中流の距離は約千キロである。また、胴の文様や尾の丸まり方は、前項の「黒陶にとぐろを巻く龍」（64項）に似ている。時間的には約千年の差があり、黄河の上流と中流という関係である。

殷代の「女将軍」婦好が愛した玉製の龍

いずれにせよ、このように龍の形象は、それぞれの時代や場所を反映したものである。それは動物や魚類などの特徴を取りこみ、同時に空想的な要素を加えながら、しだいに変化してきたし、発展してきたことがわかる。

最後に、婦好について一言したい。殷王朝の約六百年という長い歴史には、山があり、谷がある。邑《むら》の盟主として、黄河の中流域に大きな勢力をもつ殷ではあったが、周囲には敵も少なくなかった。殷の支配に甘んじない外敵が、思わぬ方角から攻めこんでくることもあった。

そんな時、自ら陣頭に立ち、外敵を撃退したのが婦好である。彼女の知謀と勇猛は、味方をふるい立たせるだけでなく、敵を震えあがらせるものだった。そんな婦好には「中華最初の女将軍」という勇ましい名前が献じられている。

安陽（河南省）の殷墟には、白い大理石の婦好の像が立っている。その凛々《りり》しく、若い美人像こそが、いささか強暴な印象をあたえる玉製の龍を愛した人であり、それが出土した墓の主なのである。

67 春秋時代、青銅器を飾る四匹の龍

青銅は、すでに述べたように、銅と錫《すず》との合金である。青銅器そのものは殷《いん》代からあるが、周代（前十一世紀〜）において圧倒的に作られている。その青銅器の形態はまさに千差万別であり、その種類は非常に多い。周が「青銅（器）時代」とよばれる理由である。

数千年の歳月をへた青銅器は、それを見る者を圧倒してしまう。この多彩きわまる青銅器には、当時、鼎《てい》、尊《そん》、盤《ばん》などという難しそうな名前がつけられていた。それをすこし現代風に、やや大胆に用途ごとに分類すれば、以下のようである。

①食器――食物を煮炊きしたり、盛りつけたもの。鼎、敦《たい》など。
②酒器――酒やスープを保存したり、温めるもの。壺《こ》、角など。
③水器――水をいれたり、手を洗うもの。洗、鑑《かん》など。
④楽器――音楽を演奏するもの。鐘、鈴、鼓など。
⑤雑器――上記以外の生活の道具。灯、熨斗《うつと》、鏡など。
⑥兵器――戦争に用いたもの。戈《か》、戟《げき》、刀など。

⑦農工具——生産に用いたもの。斧《ふ》、斤、鋸《きょ》など。
⑧車馬具——車や馬に用いたもの。轄《かつ》、轅《えん》、軛《やく》など。
⑨度量器——計るために用いたもの。度、尺、権《けん》など。
⑩銭幣——すでに貨幣として用いられていた！

春秋時代の青銅の「龍耳方壺」を守る四匹の龍

さて、殷から周にかけて作られた青銅器であるが、ここでは龍耳方壺に注目したい。これは周の後期、いまから二千数百年まえの春秋時代の作品である。出土したのは一九七八年、河南省でのことだった。現在は、省都の鄭州《ていしゅう》にある省博物館に所蔵されている。高さ七十九センチ、幅三十六～四十三センチ、重さ二十五・二キロである。

青銅器にはトン単位の大作もあり、この龍耳方壺は決して大きいものではない。しかし、その技術レベルは精緻《せいち》そのものである。その全体像もさることながら、龍の造形に着目したい。

龍が耳に二匹、足に二匹いて、合計四匹である。それぞれの龍には、四本の脚がある。

耳の一対の龍は、壺の頸《くび》にしっかりと止まり、顔を上に向けている。

目は大きく丸く、上の龍は口を開け、下の龍は口を閉じている。

尾はタツノオトシゴを思わせる。

全体的には、愛嬌《あいきょう》さえ感じさせるのである。角《つの》は大きく、「雲のなかの龍」を意図しているかのようだ。

足の二匹の龍は、合計八本の脚で、この二十五キロの壺をしっかりと支えている。龍は肩と腰をもちあげ、腹をへこませていて、壺の重量感をよく表現している。丸まった尾や角の様子は耳の龍と同じだが、顔はさすがに笑っておらず、壺の重さに耐えているかのようである。

ちなみに、この龍耳方壺は酒を保存するための器である。今から二千数百年前、孔子《こうし》と同時代の人たちが飲んだ酒は、どのような酒だったろうか。米や雑穀などから作り、すこし酸味のある酒で、いまの濁酒《どぶろく》のようだったとされる。

68　戦国時代に龍のアクセサリーが流行

孔子《こうし》は、周王朝が古代中国の理想社会だと絶賛した。その周（西周）も前七七〇年には外敵のために遷都し、周（東周）は名ばかりの王朝となる。時代は春秋、戦国となり、中国人の思考も行動もにわかに活発となる。

百家争鳴、群雄割拠、弱肉強食……どんなに言葉をつらねても、この春秋戦国の数百年を形容するには不足であろう。

そんな時代に、龍のことを考えていた者などいただろうか。

答えは「イエス」である。玉《ぎょく》製品にも、青銅器にも、どっこい龍の形象を発見することができる。それも新発見があることに、読者は驚かれるだろう。まずは美しい玉製の龍から。

戦国時代に流行した「龍のアクセサリー」

前五～三世紀の戦国時代、なんと龍のアクセサリーが登場している。白玉龍形佩《はい》である。長さ十・四センチ、高さ四・七センチの龍は、厚さがわずか四ミリである。白玉ではあるが、いくらか肌色をしており、黒ずんだ部分もある。

頭はさほど大きくなく、口をあけ下顎《したあご》をひいている様子は、なかなか貫禄がある。目も細い線でしっかりと表現している。胴体はS字形にくね曲がり、全体に特徴的な円い文様がある。それは鱗《うろこ》を表現したものであり、蚕紋《さんもん》とよばれる。カイコが丸まった姿をデザイン化したものである。

龍と蚕に、いったい何の関係があるか、といぶかる人もいるだろう。中国人は数千年の昔から、カイコの繭《まゆ》から糸が取れることを知っていた。この絹糸という、思いもかけない財宝をもたらす虫を、一般の虫と区別したのは当然である。

しかも、蚕のなかには突然変異的に巨大なものが現われるという。それは特大の繭をつくることから龍《ロン》蚕《ツァン》とよばれ、珍重された歴史がある。（52項）。

話を「龍の形をした佩」にもどそう。背中の中央あたりに、わずかに鰭《ひれ》が出ている。胴はそこから大きく上にそりあがり、頭よりも高くなっている。その後は、しだいに細くなり尾までつづく。全体としては、空中を飛ぶ龍が、ふと後をふり返ったとでもいう造形である。この精緻《せいち》な細工は、両面とも同じである。最も注目すべきことは、この玉製の龍が「佩」とよばれるアクセサリーであることだ。その証拠は、龍の胴のほぼ中央と尾の部分にある小さな穴である。この二つの穴に細いひもを通し、腰からぶら下げたのである。佩玉《はいぎょく》という。中国最古の文学である『詩経《しきょう》』＊「秦風《しんぷう》」に、

玉を佩《お》びて将々たり

とある。腰につけた玉が触れあいサラサラと上品な音をたてている、と描写している。

「秦風」とは、秦の国の詩のことである。小国だった秦は第三十一代の王の政《せい》（始皇帝《しこうてい》）の時、戦国の群雄を滅ぼして、全中国を統一する（前二二一年）。そんな当時、佩玉は音響効果をもつ超高級なアクセサリーだった。この白玉の龍を身につけたのは、戦国時代のどの国の王だったのだろうか。

＊『詩経』　周代から伝わる多くの詩歌を、孔子が約一割を選んで編さんして一本にしたという。「詩三百（篇）、思い邪（よこしま）なし」とは、孔子の総評である。

69 漢の最古の吉祥図に現われた黄龍

中国人は、太古の昔から、天を気にしていたようだ。ヒトの生存は、霞《かすみ》を食べる仙人は別として、モノを食べることが前提である。ヒトは長い間、狩猟や漁労、採集の生活をしていた。要するに、自然のなかから、受動的に、食糧を頂戴《ちょうだい》していたのである。

浙江省《せっこうしょう》に河姆渡《かぼと》遺跡がある。いまから約七千年前、そこでは稲が栽培されていた。種モミをまき、自然に働きかけるという、能動的な農耕が、すでに行われていたのである。ちなみに日本の農耕は、中国に遅れること数千年である。

中国の神話にでてくる神農《しんのう》（炎帝《えんてい》）は、黄帝《こうてい》などとともに、中国の伝説のなかのスーパー・ヒーローである。民に農耕を教えた神農は、農業の神である。民に薬草と毒草の区別を教えた神農は、医薬の神でもある。その神農は、思うに、中国の社会が狩猟から農耕へと転換した時期、きわめて有力な、人望ある指導者だったのだろう。

問題は、天の気（天気）である。採集であれ、農耕であれ、四季のうつろいが順調でなければ、適度な雨が降らなければ、ヒトの食物が不足してしまう。この人知を越えた天の動きと、ヒトの営みを関係づけて考えたのが、中国人である。そのシステムは、次のようである。

為政者、すなわち政治の指導者が、徳が高く、よい政治をすれば、天がそれを嘉《よみ》して、ある種の、きわめ

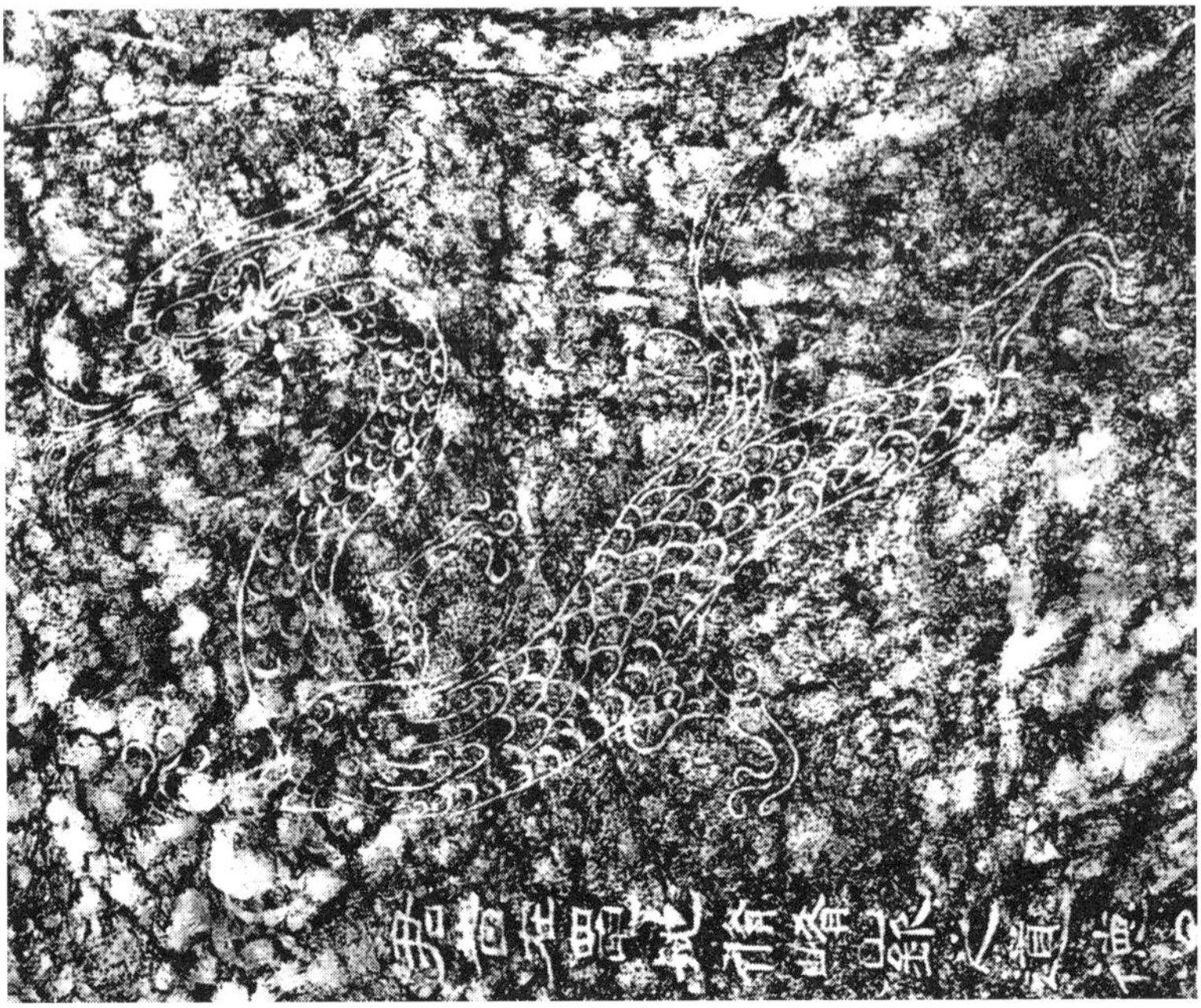

中国最古とされる黄龍の拓本（漢代、東京国立博物館蔵）

て珍しい品を、地上に現わすというのである。それが瑞応《ずいおう》であり、その品を瑞祥《ずいしょう》ないし吉祥《きっしょう》という。中国では、政治にたいする期待がかくも大きい。その意味で、中国はいまも昔も、「政治大国」である。

黄色い龍——黄龍は、そうした瑞応の中の最たるものである。黄色が「高貴な色」であることは、「母なる黄河」（36項）、「龍袍を着た天子」（19項）、「黄龍は天下太平のシンボル」（33項）などで紹介した。いまから約二千年前の漢代、こんな伝説がある。

漢の霊帝《れいてい》の世のことである。武都太守であった李翕《りきゅう》が、いまの河南省の澠池《べんち》で在任しており、険しい山道を修復して、民から非常に喜ばれた。すると、天はこれを嘉して、瑞応として、この世に一匹の黄龍を現わした……。

要するに、ひとりの地方長官が政治をよくやり、道路工事もよくやったので、瑞祥があったというのだ。それは長官の手柄であると同時に、その世の天子の「徳の高さ」を証明するものなのである。図版は、それを記念した碑の拓本「五瑞図」の一部で黄龍の部分である。

全体では絵柄および文字で、五種類の「瑞祥」が表現されている。瑞獣とされる黄龍、白い鹿、天下太平のときに降るとされる甘露《かんろ》、一本のくきに数多くの穂がついた嘉禾《かか》、枝のつながった木連理《もくれんり》である。これは目下、中国最古の吉祥図として高く評価されており、東京国立博物館に所蔵されている。漢代の李翕と瑞応の関係はともかく、彼の道路建設については、やはり納得できる。

それというのも、河南のその一帯は、西北の黄土高原から、いわゆる中原に変わる地形であり、交通の要衝であり歴史上多くの戦いが行なわれ、さまざまな故事の生れた函谷関《かんこくかん》は、澠池のすぐ西にあるのである。そこはまた、黄河の中流域にあたり、「龍体人面の文様」（63項）をもつ仰韶《ぎょうしょう》文化の故地でもある。だとすれば、瑞応としての黄龍には、まことに格好の舞台であるかも知れない。

70　唐代の青銅の鏡に躍動する龍

貴人の装飾品として、古来、龍の形象がもちいられてきた。その歴史はふるい。「婦好《ふこう》の玉《ぎょく》製の龍」（66項）、「戦国時代のアクセサリー」（68項）などはその代表である。

ところで、貴人ならずとも、アクセサリーを身につけた者は、その自分の姿を見たいと思うだろう。歴史のほとんどの長い間、ふつうの人びとが自分を映したのは、水面だったのである。ギリシア神話によれば、美男で知られたナルキッソスは、水面に映る自分の姿に見いって悦《えつ》に入り、ついには水仙（英語でナーシサス）

青銅の鏡に躍動する龍（唐代）

になったという。ナルシストの元祖は彼だ。

ガラス製のミラーが一般のものとなったのはじつに二十世紀になってからのことだ。

鏡という字は、金偏《かねへん》である。人類が金属をあつかうようになって、まだ数千年である。漢代の中国人は、殷《いん》代に始まる青銅をへて、すでに鉄までマスターしていた。鉄は鋭利であり武器を作った。青銅は銅と錫《すず》を溶かしてまぜる合金であり、いわば第二の金属である。その青銅には柔軟性があり、加工しやすさを生かして、鏡にも造られている。

鏡は、青銅などの金属の表面をみがいて平らにしモノを映すことに成功したものである。これは大発明といえる。ただ残念なことに、金属の表面はさびやすく、像の映りも悪くなってしまう。この青銅の鏡は当時、自分を映すための美装のためというよりは、祭儀のために用いられた可能性がある。

唐が全盛をむかえた八世紀、皇帝の玄宗《げんそう》は自分の誕生日を祝うことにした。千秋節である。その引出物として賜わったのが、青銅製の鏡である。玄宗の詩には、
鋳《い》て得る千秋の鏡、光は生ず百錬の金、分けて群臣に賜う……

とある。青銅の鏡を群臣に賜わるときの、玄宗の得意げな顔が、目に浮かぶようである。楊貴妃《ようきひ》とのラブ・

ロマンスでも有名な玄宗である。

唐代、どうやら青銅製の鏡は非常に流行していたようだ。詩人たちの作品のなかに、その証拠をひろうことができる。例えば、玄宗と楊貴妃の悲恋を描いた名作「長恨歌《ちょうごんか》」の作者の白居易《はくきょい》に、「百錬鏡」がある。「背には九五の飛天龍、人よんで天子鏡なり……」と。

このように、鏡の表面もさることながら、彼らの期待と関心は、鏡のうら面に集まっていたのだ。そこには皇帝の独占するところの龍があるからだ。

図版は、唐代の「青銅盤龍鏡《せいどうばんりゅうきょう》」である。直径は十二・二センチ、重さ四五〇グラム。輪郭はアオイの花の形をしており、一匹の龍がダイナミックに躍動している。龍は雲のうえにおり、脚のツメは三本である。

龍は、右の脚と手を高くあげると同時に、頭を思いきり後に振りむけている。口を大きくあけ、鏡の中心にある「珠《たま》」をねらう。珠とたわむれている。頭のうえにあるヒゲは、まっすぐ上をむき、雲にとどきそうである。この造形の力強さと上品さは、盛唐ならではのものである。

71　西安の碑林では龍が螭首《ちしゅ》を飾る

石や骨、陶片に刻むことを、中国人は好むようだ。刻むものは絵であり、文字であり、文章である。ただ、「文字など自分の名前が書ければ、それで十分だ」といった英雄がいる。同時に、「文章は国家の大事である」といった皇帝もいる。

西安の碑林には螭首（ちしゅ）をはじめいたる所に龍がいる

碑とは、もともと石の柱であり、時をはかるために立てたものである。また貴人を埋葬する場合、縄で棺をつるし、埋葬するが、その縄をゆわえた石のことである。やがて、その石に死者の徳を書いて刻むようになったという。

そうした碑をたくさん集め、管理するのが碑林《ひりん》である。そこには、あたかも「林」のように多数の碑があるからだ。そこには中国文化が凝縮している。

西安や桂林《けいりん》の碑林はつとに有名であるし、安陽には甲骨碑林がある。安陽の場合、龍骨を手がかりに発見された殷《いん》墟《きょ》にちなんだものだ。甲骨に似せた大きな岩に、表には甲骨文字が刻まれ、裏には同じ文が現代中国の簡体字で刻まれている（65項）。

「こんなに龍がいたのか」と改めて驚いたのは、西安の碑林でのことだった。この西安には歴史上、十一もの王朝が都をおいている。もっとも繁栄したのは唐代であり、そこが長安とよばれた時代だったろう。当時、数千人もの外国人がそこに住んでいたという。日本からは阿倍《あべ》仲麻呂や空海らがやってきて、学べるだけのことを学んだのである。

もう十数回は訪れている碑林である。かつての文廟《ぶんびょう》、すなわち孔子廟《こうしびょう》である。そこは聖人の孔子を祭るところであり、学問の府であり、科挙の試験がおこなわれた場所でもある。ここに碑が集まりだしたのは、十一世紀からのことだ。現在では、超有名なものだけで千点を下らない。

例えば、漢字を創始したとされる蒼頡《そうきつ》の廟碑（後漢）、唐代の僧懐仁《かいじん》の筆になる三蔵聖教序碑、顔真卿《がんしんけい》の筆になる顔勤礼碑、ネストリウス派キリスト教の伝来をしるした大秦景教《だいしんけいきょう》流行中国碑など……。いくらかでも書に関心のある者にとっては、まさに垂涎《すいぜん》の的というものである。

これまでは、碑に刻まれている文章のほうに関心がいっていた。最近では、その碑を飾っている龍のことが気がかりだ。碑の上部を螭首《ちしゅ》という。そこには何匹かの龍がわだかまり、碑を邪悪なものから防衛している。そんな訳で、ほとんど全部の碑には龍がいることになる。図版は唐代の碑で、螭首には六匹の龍がわだかまる。その彫刻はじつに見事である。

螭《ち》はもと、ミズチのことで、雨龍《あまりょう》ともいう。黄色をしているが、一般には角《つの》がない。ある本では、螭はメスの龍であるとする。宮殿にあがる階段などに刻まれているのは、だいたいこの螭である。碑の場合、上部に螭を刻んで飾りとすることから、その部分を螭首とよぶようになったのであろう。

図版には映っていないが、碑のしたのささえの部分を贔屓《ひいき》という。龍の九匹の子のうちの一匹であり、重いものを負うことを好み、形はカメに似た動物である。こうして仔細に観察すると、中国の石碑は、上から下まで、まさに龍、龍……である。

72 宋代の黄玉の杯に戯れる龍

宋代《そう》（十～十二世紀）の「黄玉経火龍把杯《おうぎょくけいかりゅうははい》」は、味わいぶかい作品である。唐の滅亡（九〇七）から宋の建国（九六〇）までの半世紀に、五つもの王朝が交替している。そのうちの三つがトルコ系の将軍が帝位についたものである。

その後も、満州族系の渤海《ぼっかい》国や、モンゴル系の契丹《きったん》（遼）、チベット系の西夏《せいか》などの強敵が、たえず宋朝をおびやかした。宋の三代皇帝の真宗《しんそう》はついに遼《りょう》と和議をむすび、毎年、銀十万両、絹二十万匹《ひつ》（匹は布の長さの単位）を贈ることにした。

宋は、「武低文高」の時代だった。第八代の徽宗《きそう》は在位すること二十六年、一度は宿敵の遼を破った。しかし、遼にかわったツングース系の金《きん》の捕虜となり、北辺で客死した。彼は天才的な芸術家だった。徽宗が絵筆をとれば、宮廷画家たちは肝を冷やし、その墨書は後世にまで喧伝《けんでん》される名品である。

ところで、黄玉とは、黄色ないし無色の宝石であり、トパーズのことである。アルミとフッ素をふくみ、ケイ酸塩の鉱物である。玉とは、硬度が五から八あたりの美しい石の総称である。ドイツ人のモース*の硬度計によれば、硬度一は滑石であり、硬度十はダイヤモンドである。中国では、硬度五あたりを軟玉といい、硬度七あたりを硬玉という。

水晶やヒスイは、硬度が七である。前五世紀の春秋時代、そうした石材は、中国人の手にかかって、美し

＊フリードリヒ・モース　(Friedrich Mohs,1773 ～ 1839)。ドイツの地質学者、鉱物学者。1812 年に「モースの硬度計」を考案。この場合の硬度は「あるもので引っかいたときの傷のつきにくさ」を示すもので、衝撃に対する粘り強さとは別の尺度である。

い装飾品となっていた。鄭《てい》（いまの河南省）の人たちは、玉の加工を得意とした。指南という磁石をもち、山奥深くはいり、美玉をさがしだしたとされる。

黄玉は硬度八であり、かなり硬い材料である。そのせいであろうか、黄玉の作品には「経火」の二字がよくつく。それは加工技術の一種であり、文字どおり、火のなかを経《く》らせることである。そうすることにより、深い色合いと、加工しやすさが得られるという。

さて、宋代の「黄玉経火龍把杯」であるが、人の手のひらにのるほどの大きさである。横十三、奥ゆき九・六、高さ七センチだ。龍を、把手《とって》に用いた大胆なデザインである。まるで、龍がどこからか飛んできて、黄玉の杯に抱きついたようだ。その尾は杯を一まわりして、正面まできている。

黄玉経火龍把杯（宋代）

杯そのものは、七弁の花の形をしている。杯の外側では、龍と植物とが交錯している。その葉からだけでは判然としないが、龍とともにある植物とは、いったい何であろうか。龍のちかくによく描かれるのは、一般に植物ではなく、雲である。

ところで、問題は杯の中身ではなかろうか。龍が、それをねらうからには、ただの水ではないだろう。美酒であろうか、はたまた、不老不死の仙薬であろうか。また、この黄玉の龍の杯の持ち主は、いったい誰だったのだろうか。それらはすべて、現在まで結論はなく、読者のご想像におまかせすることになる。

それにしても、全体の構成といい、龍の口にふくませた小さな珠《たま》といい、心にくいばかりの傑作である。

73　白龍が飛翔する元代の青い盤

現在の中国憲法では、自国のことを「統一された多民族国家である」と規定している。日本人は民族というものに、あまり敏感ではない。それは周囲を海にかこまれた地理的な環境や、歴史的な背景とも関係があるだろう。

ヨーロッパでは、一本の小川が国と国をわけ、小さな丘が民族をへだてている。多民族国家の中国には、全人口の九十四パーセントをしめる漢族と、五十五の少数民族がいる。少数民族は全部たしても、人口の六パーセントにすぎない。

中国の悠久の歴史のなかで、二回だけ、少数民族の王朝が成立している。モンゴル族の元《げん》と、満州族の清《しん》である。蒼《あお》いオオカミの伝説をもつジンギス汗と、その子孫たちが現われたのは、十三世紀のことである。彼らは、東は日本から、西はポーランドまで、騎馬軍団の蹄《ひづめ》の音をひびかせ、転戦の跡をのこした。

口絵（5頁）の瑠璃釉《るりゆう》白龍紋盤は元代の作品である。瑠璃を思わせる青紫色の地に、純白の龍が舞っている。この鮮明な色の対比と、龍の奔放なデザインは、それをみる人の眼を、盤上にくぎづけにするに違いない。

ところで、釉《ゆう》とは、釉薬つまり上薬《うわぐすり》のことである。焼き物の表面をまもり、それを飾るために用いる。上薬のおもな成分はケイ酸化合物であるが、そこに含まれる微量の金属によって、焼きあがった後、それぞれの色を呈する。この金属と色の関係がきちんと理解されたのは、それほど昔のことではない。例えば、コバルトは青系を、カドミウムは黄色系を、銅は赤系を、それぞれ呈する。それは、いまでは常識になってしまった。だが江戸の名工の柿右衛門《かきえもん》が、柿の色を出すために苦労した話がある。それは釉薬をめぐる人間のあくなき努力の歴史の一部といえよう。

白い龍の躍動感は、「いっちん」とよばれる特殊な技法によるものである。釉薬をほどこした盤に、長石《ちょうせき》の白い泥を、龍の形に盛りあげる。細かい顔の部分や鱗《うろこ》、四肢などには、彫りこみをいれる。その後、窯にいれて焼きあげる。磁器の焼成《しょうせい》温度は千二百度以上である。

元代からすでに数百年がへており、こうした瑠璃地に白い龍をあしらった盤は、きわめて少なくなっている。パリのギメ美術館や、日本では大阪の東洋陶磁美術館、東京の出光美術館などに蔵品がある。珍品のなかの珍品である。

盤《ばん》とか、盆《ぼん》は、平たく大きな器のことである。中国語で洗臉盆《シーリエンペン》といえば、それは洗面器のことである。盤は一般に、皿よりも大きな器のことである。口絵図版の盤は直径が約十六センチでそれほど大きくない。

しかし、その盤のうえの意匠は清新そのものであり、元代の陶磁器の特徴をよく表わしている。あくまでも碧《あお》い空ないし海がある。そこで自由に舞う白い龍に、陶工たちが意図したのは、いったい何だったのだろうか。元代といえば、すでに五本のツメをもった龍が現われていた。だが、この白い龍のツメは三本である。

この龍の盤に水をたたえ、それを揺らして遊んでみたい。そんな思いにかられてしまうのは、筆者ひとりではあるまい。

74　景徳鎮の逸品、青花龍文壺

中国の焼き物の歴史は、舜《しゅん》とともにある。舜や堯《ぎょう》が黄河の治水に励んだことは、伝説ではあるが、なにがしかの史実を反映したものであろう。その舜が黄河のある山東省の土で焼き物をつくると、すこしも歪《ゆが》まない作品ができたという。

中国の支配者は、龍を独占したように、焼き物をも独占してきた。帝王の専用の窯《かま》の歴史があるからだ。それを官窯《かんよう》という。青磁を焼いた窯としては、越州窯《えつしゅうよう》（浙江省）や、汝官窯《じょかんよう》（河南省）が有名である。

中国の焼き物にすこしでも関心のある方なら、景徳鎮市という地名を知らないはずがない。景徳鎮は江西省の東部にあり、最近の人口は約百五十万である。その地名はときに、最高級の陶磁器の代名詞として使用されることがある。唐代から現在まで中国を代表する窯業の街「磁都」は、官窯のなかの最たるものだ。

口絵（5頁左下）の図版は、明代（十五世紀）の景徳鎮で焼かれた青花龍文壺《せいかりゅうもんこ》である。景徳鎮の白磁は十二世紀の宋《そう》代に全盛をほこる。それ以外の地にあった窯の追随を許さなかったのである。明代になると、その白磁を基礎として、藍《あい》の絵がらをあしらった青花が誕生する。

この藍色系の絵がらは釉《ゆう》（うわぐすり）にコバルトを用いたものだ。藍色の龍が浮きたつのは、白磁の地がしっかりと受けとめているからである。壺は高さが約五十センチ、口が大きく、胴は張りだしていて、いかにも堂々としている。

その胴の部分を、龍が一匹グルリと取りまいている。目玉が大きく、口ヒゲやたてがみをなびかせた龍は、いかにもダイナミックだ。角は水平にのびる。全身の鱗《うろこ》や、虚空をつかむ三本のツメなども、じつによく画《えが》かれている。龍は、九種類の動物などの特徴をもつとされる（九似説）。それを表現するには、この壺の胴の大きなふくらみは格好の空間であるようだ。

すその部分には蓮《はす》の花びらを配してある。蓮は地上に清らかに、美しく咲く花であり、青い龍のあそぶ空域の高さを演出しているだろう。

口の部分や胴には、霊芝《れいし》の雲が配されている。霊芝はマンネンタケ科のキノコである。全体にウルシでもぬったような光沢があり、堅い。赤褐色か黒褐色で、傘の形もよく、日本では縁起物として床の間に置かれる。中国では古来、高貴な漢方薬である。最近では、その抗ガン作用に注目が集まっている。

肩の部分には、四方に鬼の顔（鬼面文）を配してある。それらの文様が、一匹の龍を中心として、ひじょうに有機的に構成され、配置されている。明代の龍は、官窯の景徳鎮の陶工のレベルを反映して、これまでになく格調の高い芸術品となっている。

日本では東京の出光美術館に、またアメリカのメトロポリタン美術館に、同様の構図をもつ蔵品がある。

景徳鎮

75　明代のすかし紙に躍る金線の龍

「文房四宝《ぶんぼうしほう》」の一つは紙である。現代人の生活にとって紙は不可欠であり、あたかも空気のような存在だ。朝の新聞から、一日の仕事まで、紙の世話になりっぱなしだ。原稿書きといい、コピー用紙といい、われらの生活は、紙をぬきにしては成りたたない。

龍と紙のあいだに、何らかの関係がないだろうか。それを探しはじめたころ、正直いって不安があった。だが、その答えはイエスだった。金線の龍が躍動する極上の紙を発見したからだ。明代（十六世紀）にすかれた巻紙で、「雲龍紋箋紙《せんし》」とよばれる。

箋紙というからには、手紙を書くための紙である。タテは三十一センチで、横はどこまでも長い。ややクリーム色がかった白い紙のうえに、金色に線描された雲龍が連続して躍動している。

それは雲間ないし波間に遊ぶ金龍の連続した模様である。あまりにも見事な絵柄であり、印刷のようにも思える。だが、それが極上品の箋紙であることから判断すれば、金線の龍は手書きの可能性がつよい。

ところで紙は、文房四宝のなかでは、どうやら新顔のようだ。

文字は、殷《いん》代ではカメの甲羅やウシの肩甲骨に刻まれた。周代の記録は青銅器に刻まれた。秦《しん》の始皇帝《しこうてい》が、一日に目をとおす公文書を百二十斤《きん》（六十キロ）と目方《めかた》で制限したのは有名だ。当時、まだ紙はなかった。公文書も、竹ないし木の簡に書かれていた。始皇帝は毎日山のように積まれる竹簡にうんざりして、重量制限をしたのだった。

紙の発明者は、後漢の蔡倫《さいりん》（一二一年没）である。そのころは竹簡や木簡とともに、絹や麻の布（帛《はく》）も用いられていた。だが、それらは重くかさばり、あるいはあまりにも高価なものだった。

蔡倫はまず、ボロ布や魚をとる網を材料として、試行錯誤をくり返した。やがて麻など植物の繊維を材料として一〇五年に「紙」を発明した。紙という字は糸偏であり、原材料の起源を示している。この製法の紙は安価であり、大量の生産が可能となったのである。『後漢書』によれば、蔡倫は死の直前、和帝《わてい》に、自分の発明した最高の紙を献上している。

雲龍紋箋紙（明代の紙巻）

中国の文化は紙とともにある、といっても過言ではない。六朝の王羲之《おうぎし》などの書家たちの作品、唐代に白居易《はくきょい》や杜牧《とぼく》などと、ピンク色の便箋で詩文を交換した薛濤《せっとう》＊などの作品は、紙あってのこと。農家の新年の窓をかざる剪紙《きりがみ》や、葬儀などで焼かれる紙銭《しせん》など、まさに枚挙にいとまがない。

中国の製紙の技術はまず朝鮮や日本につたわった。その後、唐軍とイスラムのアッバース朝軍が激しく戦ったタラス河畔（現在のキルギス共和国）をへて、アラビア世界へ、そしてヨーロッパに知られるようになる。それは古代エジプトのパピルスとは比較にならないほど、近代的な製紙法だった。

＊薛濤　（せつとう、８～９世紀）中唐の女流詩人で、成都に赴任した父とともに四川へ。幼少から文学的才能を発揮、広く認められる。成都の望江楼公園には、彼女がよく使ったとされる井戸がある。

墨と同様、紙もまた宣紙《せんし》など安徽《あんき》産が有名である。

76 金の龍が映える清代の黒い墨

紙とくれば、次は墨である。口絵（5頁右上）の図版は八本の墨がセットになった清代の「八宝奇珍図」の一部である。中央には、つり鐘の形をした墨がある。それには「左氏珍蔵」とあり、いわゆる御物ではない。左氏は湘陰《しょういん》（現在の湖南省）の有力者だったという。

左の墨には、一匹の龍が、いかにも自由に画《えが》かれている。龍のしたにある雲が、龍のいる位置の高さを表現している。

右の墨では、一対の龍が、珠《たま》を奪いあうようにして遊んでいる。よくあるデザインだ。どちらの墨も、墨の黒と金の龍の対比が鮮明である。

八本の墨はすべて形と模様が異なり、どれも使われた形跡はない。清末の光緒《こうしょ》年間（一八七五〜一九〇八）、名墨の産地である徽州《きしゅう》に特別に注文した「奇珍の品」であろう。左家の人びとが実際に使うのを惜しんだとしても、それは理解できることだ。

墨は松の枝や根、また油を燃やしてでるススから作る。松のススを松煙《しょうえん》といい、油のススを油煙《ゆえん》という。それに膠《にかわ》や香料、薬材をくわえて固めるのである。膠は動物や魚の皮・骨を煮て、それを固めたもの。松のススから作ったものが、上等な墨とされる。

数千年まえの新石器時代、中国人はすでに陶器のうえに、赤や黒の龍をふくむ模様を画いていた。それの絵の具の材料がいったい何であったか、よく問題とされるところだ。黒い部分は、ススやすりつぶした石炭などに漆をまぜたものだという。

中国人が、いまのような墨を作りはじめたのは、今から二千年の昔、前漢のことである。目下、出土している最古の墨は、湖北省江陵の漢代の墓からでたもので、筆や硯とともにあった。魏晋《ぎしん》や唐代、墨はどんどん普及し、易県《えきけん》（河北）が製墨業の中心となった。宋《そう》代には安徽《あんき》省の歙州《きゅうしゅう》が墨の産地となり、今日にいたっている。奈良の正倉院には、開元四年（七一六）と銘うたれた船型の大きな墨がある。

龍のことに話をもどそう。清代の墨には金色の龍が画かれているが、これは御物ではない。徽州にある墨の製造元が顧客の求めに応じて、銘と模様をいれたものである。皇帝の占有物であった「龍」が、民間でも愛用されはじめたことが分かる。龍は、皇帝ならずとも、上から下までやはり人気があったのだ。

墨には、ある種の独特のにおいがある。西安の碑林を最初に訪れたのは、四十年も昔のことだった。パンパーンという拓本をとる音がして、墨のにおいが鼻をついた。その墨のにおいで、一瞬、書道教室にかよっていた少年時代のことを思いだした。習字《しゅうじ》といっていた。字を習うこともさることながら、先生の上品なたたずまいに接し、時におやつでいただくイチジクなどが、あるいは楽しみだったのかも知れない。

墨のにおいには、人の心を落ちつかせる作用があるようだ。硯で墨をすれば、スッスッという軽やかな音がする。墨をする音と墨のにおいとは、心を落ちつかせる相乗効果をかもしだす。

77　明・清の九龍紋の硯と金龍の筆と

「ペンは剣よりも強し」というのは、英語のことわざだ。中国の文学者の魯迅《ろじん》も、よく「金不換《チンプーホアン》」といった。筆で表現しようとすることを、金銭の力や権力で、曲げることはできない、というほどの意味である。

生活のなかでは、焼き物と同様に、文房具も身近かな存在であろう。少なくとも、かつてはそうだった。硯《すずり》、筆、墨、紙のことを、中国では、「文房四宝」という。文字を書いたり、文章で表現するために、不可欠の四つだからである。

ここでは、紙（75項）、墨（76項）につづけて文具の龍を調べてみたい。やや予想外のことだが、龍がやはりいた。口絵（6頁右上）の図版は、明代の筆と、清代の硯である。明は十四世紀から十七世紀まで、約三百年の王朝である。日本でいえば、室町から江戸の時代に相当する。

明代の中期（十六世紀）に、宮中で用いられた皇帝の専用の筆に龍がいた。御筆である。長さ約二十五センチ、軸の直径は約二センチであり、キャップの部分は約十センチある。筆の毛にはヒツジとテンが用いられている。

注目したいのは、直径二センチの筆に、黒の漆の地に、金の雲龍が巧みに画《えが》かれていることだ。龍の胴の輪郭や、雲の一部には朱色を配し、いかにも瑞祥《ずいしょう》感をだしている。龍はキャップに一匹、軸の部分に一匹で、一本の筆に二匹画かれているのも面白い。

さて、硯であるが、これも皇帝の専用であり、言うまでもなく端渓《たんけい》（広東省）の産である。たて二十三センチ、よこ十七センチで、あまり大きいものではない。皇帝ならば、もう少し大きな硯を……などと思ってしまうのは、庶民の心情だろうか。

だが、紫がかった青黒い石の周囲に彫られた龍をよく見れば、納得がいくというものだ。雲のなかを泳ぐように飛ぶ龍がいる。それを注意ぶかく数えると、ちゃんと九匹いる。古代の中国人の考えでは、前にも書いたように九という数は、至高の数なのである。

海《うみ》と呼ばれる墨がたまる部分に、珠《たま》が一つ彫られている。これは想像にすぎないが、皇帝はこの珠のあたりで筆に墨《ぼく》をたっぷりとつけ、龍の顔のあたりで筆先を整えたのではなかろうか。歴代の皇帝には、宋《そう》の徽《き》宗《そう》は特例としても、名筆家は少なくない。

清朝の皇帝のなかでも、乾隆《けんりゅう》帝や康熙《こうき》帝は、よく筆を揮《ふる》ったことで知られる。本拠地の北京《ペキン》は当然であるが、皇帝たちが巡幸した杭州《こうしゅう》、蘇州《そしゅう》など各地の楼閣や寺院には、「宸筆《しんぴつ》」がいまも残されている。それは「帝王の筆跡」であるというだけでなく、やはり「名筆家の作品」として高く評価されている。

78　皇帝は普段着でも龍とともに

「文房四宝」の紙や墨には龍がいた。文房四宝は中国の文化を代表するものである。文房とは文人の書斎だが、そこで用いる道具類をさすようになった。中国ではとても大切にされてきた。少なくとも歴史的には、そうだった。

ここでは特別に、文房四宝とともにある、普段《ふだん》着姿の皇帝に登場してもらおう。口絵6頁（左上）の図版は「康熙《こうき》皇帝便衣写字像」である。康熙帝は八歳で即位し、帝位にあること六十一年間、内政にも外政にも際だった業績をあげた。清朝は十七世紀から全盛期をむかえる。それはこの康熙帝の存在と大いに関係があることだ。

この絵も十七世紀の後半のものと思われる。画家の名前は不明で、いわゆる佚名《いつめい》の作品である。おそらく名のある宮廷画家の筆になるものだろう。康熙帝が手に太い筆をもち、ふと顔をあげて、一息いれた構図になっている。

便衣とは、ふだん着のことである。

威儀をただしたときの皇帝の服装である龍袍《りゅうほう》は、胸に大きくデザインされた龍をはじめ、全体、これ龍であった。だが、さすがの皇帝も便衣には龍がいない。絶対的な支配者としてではなく、ふつうの人にもどったその顔がいい。

しかし、こと調度品となると、話は別である。筆と硯《すずり》、墨、紙などの龍は、いわば当然である。それに加えて、背後の屏風にも、足のしたの絨毯《じゅうたん》にも、龍たちが飛翔し、跳躍している。

この絵には、口絵（6頁）にあるように、赤と黒の強烈なコントラストがある。赤は皇帝の帽子と絨毯の色。黒は龍である。黒を基調とした龍は、まさに雲間を天翔《あまがけ》ている。雷をよび、雨をふらせる龍である。天子としての皇帝のバックには、格好の絵柄といえる。

この龍のタッチは、陳容《ちんよう》の筆になる「黒龍図」に似ているかも知れない。陳容は南宋《なんそう》（十三世紀）の人。

生没年などは不明であるが、科挙の試験に合格した後、地方豪族のブレインとなっている。文人画家として知られ、その号を所翁《しょおう》といった。「黒龍図」をはじめ数多くの墨絵の龍の作品があり、「所翁の龍」として有名である。

欧米には、中国や日本などアジアの美術品がかなりある。ロンドンの大英博物館やパリのギメ美術館などである。その美術品の多くは、欧米列強によるアジア侵略という歴史的な背景のなかで、かの地にわたったものだ。十数年前、横浜で開催された「ボストン美術館の至宝」展のなかにも陳容の「九龍図」があった。

79　清朝の赤絵の白磁瓶に龍が遊ぶ

焼き物の「龍」の話をもう一つ。宋《そう》代の「黄玉《おうぎょく》の龍」、元代の「青い盤の白龍」、明代の「青花の龍」と、約千年にわたり、焼き物のうえに表現された龍を見てきて、感じることがある。龍そのものが、また焼き物が、一目瞭然《りょうぜん》、芸術的レベルを上げてきているのだ。

英語で。china（普通名詞）といえば、それは焼き物のことだ。歴史的にみれば、焼き物は中国の専売特許だったのだ。ちなみにjapanといえば、それは漆器のことだ。

清《しん》は満州族のうち建てた王朝である。十七世紀の中葉から二十世紀の初頭まで、二百五十年の歴史がある。日本でいえば、江戸から大正までに相当する。平安時代の日本に、わざわざ友好の使節をよこした渤海国《ぼっかい》＊は、満州族の祖先にあたるという。

＊渤海国　7～10世紀、中国の東北、朝鮮北部、ロシア沿岸に栄えたツングース系諸族の国。海上交通にも熟知し、日本にきた使節は34回、日本からも15回の使節を送った。

満州族はもともと、いまの東北地方（旧満州）にいたツングース系の少数民族である。農耕と牧畜を生業《なりわい》としていた。現在の満州族の人口は五百万ほどで、中国全体のわずか〇・五パーセントにすぎない。モンゴル族の元朝と同様に、清朝はごく少数の民族が、あの広大な中国全土を統治した時代だった。

口絵（5頁左上）の白磁の龍は、清朝の初期、康熙《こうき》年間（一六六二〜一七二二）のものである。高さ四十二センチの白磁の瓶に、赤絵（紅彩）の龍が画《えが》かれている。ヒゲを長くのばし、口をあけた龍が、左側にある珠《たま》で遊んでいる。顔も、胴体も、鱗《うろこ》も、赤い。白磁のうえに画かれた赤い龍は、鮮明そのものだ。点々と空にうかぶ雲もまた赤い。

金色が配されているのは、龍のツメの部分と雲の輪郭である。赤と金のかもしだす豪華なムードは、当時の清朝の繁栄ぶりを反映したものであろう。

中国で最後の封建王朝となった清である。約四百年前モンゴル族の元朝は、まさに疾風怒濤《しっぷうどとう》のような統治をした。それとは対照的に、清朝は「軟着陸」の統治に努めたようだ。漢族の崇敬の的である孔子廟《こうしびょう》をよく修理した。それは故あってのことだ。

征服王朝として漢民族にも弁髪を強要した清朝であるが、同時に国家的な学術や文化の事業があったことも忘れてはならない。勅命による『康熙字典《こうきじてん》』は四十二巻からなり、四万七千もの漢字を収録している。三百人の学者が十年がかりで、肉筆で書きあげた『四庫全書《しこぜんしょ》』があるが、それは三百万ページという規模のもので、中国史上で最大の叢書《そうしょ》である。

この赤絵の龍（口絵5頁）に一カ所だけ黒をもちいた部分がある。目玉である。赤と金のなかに、ただ一カ所、黒い目玉があり、そこには生気がただよう。見事な配色である。画龍点睛《がりょうてんせい》（18項）という言葉がまさにピッタリの龍といえる。

龍の形象は、これまでも繰りかえしてきたように、それぞれの時代を反映し、同時にまた作者の意匠を反映している。芸術のなかの龍は、まさに変幻自在である。

第V章

龍と中国の食と薬

80　農暦二月二日には龍が頭をもたげる

農暦の二月二日は、「龍抬頭《ロンタイトウ》」、すなわち「龍が頭を抬《もた》げる日」で、季節の変化と、それに対応する労働を内容とする日になっている。

二月二日は、陰陽という中国の伝統的な考えに立てば、陰と陽とが相和《あい》する日である。冬は言うまでもなく、陰の気が支配する季節だ。だが、その冬のなかでも、陽の気はかすかに動き、大きくなっている。春に向けて少しずつ、陽は大きくなり、陰は小さくなっていく。その両方が拮抗《きっこう》するのが二月二日である。古くは中和節とよんだ。

龍は、「春分に天に登り」「秋分に淵《ふち》に潜む」という行動のパターンをもつという（32項参照）。ひと冬の潜伏をへて、春にむけてウォーミングアップを開始した龍は、人間にとって、やはり非常に気がかりな存在なのだ。

二〇〇〇年が、二十世紀の最後の年か、二十一世紀の最初の年か、議論のあるところだ。いずれにせよ、二〇〇〇年は辰《タツ》年であった。この年の暦でいえば、春分は三月二十一日（農暦二月十四日）、それに先立つ農暦の二月二日（新暦三月九日）こそが、「龍が頭をもたげる日」だった。

図版は、山東省につたわる版画であり、その題は「二月二、龍抬頭」である。

この版画の構図は上下に分かれている。上の部分は天上界であり、車や馬に乗った神々が、何やら忙しそうである。版画の下の部分に注目したい。そこは人間界であり、春耕《しゅんこう》の真っ最中である。スキを引く牛、それを監督する者、野良まで食事をとどけにきた者……。要するに、二月二日の「龍」は、春の農作業のスタートを意味しており、ネコの手も借りたいほどである。

家庭のなかにも、二月二日ならではの習慣がある。龍鱗餅《ロンリンピン》である。餅《ピン》は、日本の餅《もち》とは異なり、小麦粉をこねて、平たく、円形にのばし、鉄板（銅）で焼いたものだ。クレープである。その形から、龍の鱗《うろこ》に見たてたのである。この日はとくに念いりにつくり、その名も龍鱗餅という。このクレープを中国の北方では常食にし、天津ではなぜか？　餜子《クォーツ》という。

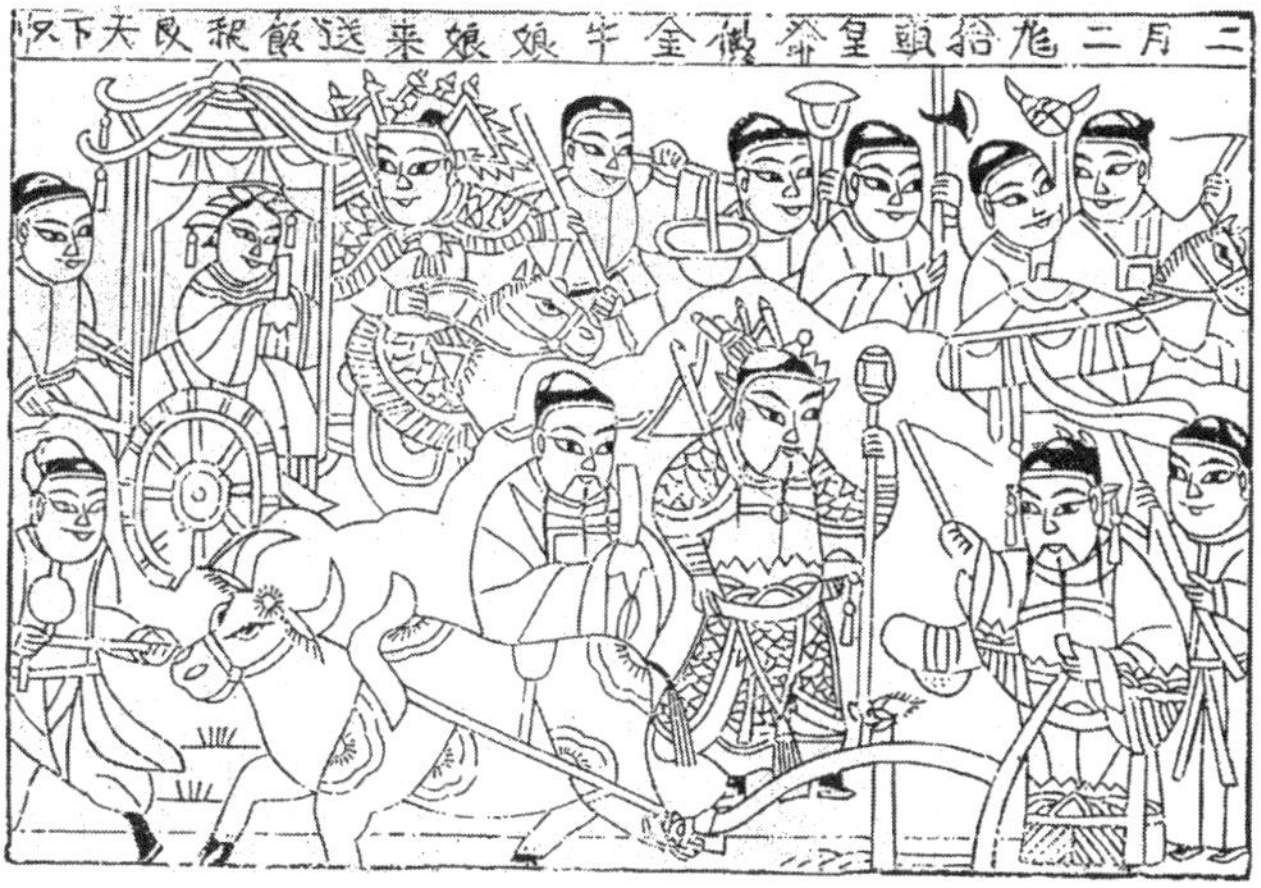

2月2日は「龍抬頭」、賑やかに農作業を開始する日

二月二日に麺を食べるとすれば、特別に細くつくり、龍鬚《ロンシュー》麺《ミエン》とよぶ。日本流にいえば、手のべ素麺《そうめん》といったところだ。北《ペ》京《キン》の食品売場で麺類を調べたことがあった。乾麺のなかの一番細い麺には、やはり「龍鬚麺」と名づけられていた。

針仕事を休むことも、二月二日の忘れてはならない習慣である。その理由は、誤って龍の目を傷つけないためとされる。龍の大きな目玉が、一本の細い針などで傷つくかどうかは別にして、来たるべき春耕への気づかい、と考えるべきだろう。

ちなみに、これまでの十数年の天気を調べてみた。農暦の二月二日、すなわち新暦の三月上旬は、東京地区の天気は「晴れ、のち曇り、一時雨」といった具合である。春先の典型的なお天気ともいえる。中国でも、この日はとかく雨がちで、しかも雷雨が多いとされる。

その理由は、民間の伝承によれば、やはり龍と関係があるという。二月二日は、東海に住む龍王のひとり娘の誕生日なのである。彼女は父に無断で人間界に行き、そこで好きになった男のために雨を降らせたし、心配性の母親はこの日になると、海中から出てくるから……という。

五月二十日（農暦）は「分龍節《フェンロンチェ》」である。それは長江（揚子江）の南の漢族のいい方であり、それによれば、五月の中旬に雨が多いのは理由があるという。幼かった龍も、この頃ともなれば、そろそろ親ばなれをし、自分の担当する場所へと行かなければならない。親子の龍はそれを悲しみ、雨が降るのだという。

福建省の少数民族シェー族の「分龍節」はにぎやかだ。龍王を祭り、豊作を祈願すると同時に、盛大なバザールが開かれ、若者たちが恋を語らう日でもあるという。

81 蓬萊の島に「清蒸龍王《チンチョンロンワン》」があった

ここでは、さらに「龍のロマン」を求めてということで、「龍」と名のつく食材や料理などから、代表的なものを調べてみよう。

飛龍《フェイロン》は、中国北方の食材である（83項）。では、南の海に「龍の食材」を探してみよう。上海《シャンハイ》から東南の海上、約百キロ、そこはすでに浙江省《せっこう》であり、中国でも有名な漁業の基地・舟山群島である。大小の島がつづいていて、船の上からも見あきることがない。

そこの岱山《タイシャン》（たいざん）は、半農半漁の大きな島だった。すこし道草をしよう。じつは徐福《じょふく》の取材で五回訪れたことがある。中国の沿岸の各地には、少なからぬ徐福伝説がある。

また、日本の徐福伝説も相当なものだ。南は九州の佐賀や鹿児島にある「上陸地」や神社から、和歌山の新宮にある「墓」や「祠《ほこら》」、山梨の富士吉田にある「祠」や「古文書」、青森の小さな「徐福像」やねぶた祭りまで、まさに話題にこと欠かない。北海道の旭川まで、徐福を遠祖とする家系図をもつ秦家を訪ねたのは、二〇一〇年五月のことだった。

しかし、中国でも日本でも、長い間、学者は徐福を研究のテーマとしなかった。それは民間の伝承にすぎない、とされてきたのである。しかし、一九八二年に江蘇省《こうそしょう》で徐福の故郷が「発見」されて、徐福研究は本格化した。同時に、徐福ゆかりの各地でも、話題の掘りおこしが活発になっている。

拙著『徐福』（原書房、二〇〇七年）は、これまでの調査や、中国・韓国・日本で行なわれた学術シンポジユームの内容を総合体にまとめた作品である。

「蓬萊《ほうらい》の仙島」が、岱山の別名である。この島の伝説では、日本に出発する前、徐福がここを中継基地にしたという。島には徐福を祭った廟《びょう》がある。徐福の末裔《まつえい》の医者が住んだとされる丘があった。そこに徐福を記念する浮彫《レリーフ》がつくられたのは、二十五年前のことである。*

その後（一九九九年冬）、その岱山に、高さ十メートルの徐福像が完成した。中国で最大の石像であり、東を向いている。その除幕式に出席して祝辞をのべてきた。徐福を祭る公祠を作る計画も、しだいに現実のものとなりつつある。

*それは素朴な作品であるが、農民や漁民など庶民たちがカンパして建てたものだった。徐福がもつ根づよい人気の「根っこ」をみた思いがした。

ウナギを丸ごと「清蒸龍王」（浙江省岱山）

南の海はさすがに豊穣だった。新鮮で、美味《おい》しい魚や貝類の毎日だった。ある日の夕食に、珍しい料理がでてきた。うれしいことに、その名も、

清蒸龍王（チンチョン・ロンワン）

という。直径が六十センチもある大皿に、トグロをまく魚が一匹。頭の部分が約十センチほど立ちあがっている。その口には、赤いサクランボを一つ、くわえているではないか。

龍が珠《たま》遊びを好むことについては、すでに何回か紹介した。今日の一品は、赤い珠をくわえた龍が、南の海から姿をあらわした……という印象だった。その正体は、なんとウナギだった。日本語にすれば、

「大ウナギの蒸し煮」

というところだ。新鮮な魚や、高級なトリ類を調理する方法である。材料をきれいに洗い、酒や調味料をかける。皿などにいれ、大きな鍋などをもちいて蒸す。中国語では「清蒸《チンチョン》」という。素材の美味しさを楽しむには、この調理法に限る。日本料理では「しんじょう」となる。

コックさんのセンスに感心しながら、味わってみる。南海の大ウナギだけあり、身がたっぷりとある。それでいて大味ではない。油気は強いが、五十度の酒とはきわめて相性がいいのだ。

ちなみに徐福は、和歌山や青森などで「漁業の神」として祭られている。たぶん、クジラ捕りなどの集団

漁法を教えたからであろう。縄文から弥生《やよい》にかけて、日本は、中国や朝鮮から多くのことを学んだ。稲作や冶金《やきん》、製糸や紡織などである。大ウナギをつつき、そんなことを思いだしていた。連想が連想をよび、つい杯をかさねるうちに、いつしか、すっかり酔ってしまった。

82　龍鍋《ロンクオ》で庶民の味・餃子を格上げする

餃子《ぎょうざ》ほど、日本人に親しまれている中国食品はないだろう。日本各地の地名を冠した餃子がいくつもある。その第一の理由は、栄養バランスの良さにあると思われる。皮は小麦であり、なかには肉など動物タンパク、それに野菜がある。ほぼ満点の食品といえるだろう。

北京《ペキン》の人は餃子を「チァオツ」と発音する。それが標準語でもある。それを「ギョウザ」と発音するのは、山東省である。どうやら、餃子を最初に日本人に教えたのは、山東省の人のようだ。天津丼《てんしんどん》は天津になく、天津甘栗《あまぐり》は、同様のものはあるが、天津人はそう呼ばない。

ところで、日本人が好んで食べるのは、焼き餃子だ。中国では一般に、水餃子《すい》である。ゆでたての餃子に、黒酢と辛油《ラーユー》をつけ、北方人であれば、生のニンニクをかじりながら食べることが多いはずだ。

中国では、餃子は主食である。しかも、最も庶民的な主食だ。だから日本のような「餃子ライス」などは、あり得ない。成人男子であれば、ひとり二十〜三十個が平均だ。中国人はあまり細かい計算をしないが、餃子一個につき、ブタ肉六グラム、野菜ほぼ同量、小麦粉十グラムが主な材料である。

「龍鍋」で餃子を賞味する（遼寧省瀋陽）

餃子を好んで食べるのは、中国の北方である。黄河の一帯とその北側は、「餃子文化圏」といえそうだ。長江（揚子江）の南では、あまり餃子を食べない。黄河と長江の間では、その中間である。

これまでの体験では、二か所の餃子が印象にのこっている。東北の瀋陽《しんよう》と、西北の西安である。東北はもとより餃子の本場である。老若男女、誰でも餃子づくりがうまい。六十度の白酒《バイチュウ》に餃子があれば、それで満足、という庶民は少なくないようだ。ただ、これから紹介するように、じつは餃子のフル・コースもある。

西安の餃子は、とくに外国からの観光客にとっては、宴会料理である。庶民の、ありふれた家庭の味を、宴席にまで格あげした知恵と熱意には、やはり敬意を表わしたい。

それは餃子宴《チャオツイエン》という。餃子のオン・パレードだ。加熱法は、蒸す、焼く、ゆでる等。

餃子のなかの具は、ブタやヒツジなどの肉、エビやカニなどの魚介、シイタケやキニラなどの野菜と、まさに千変万化である。

餃子の形がまたふるっている。一般的な形をした餃子だけでなく、動物や鳥、食べるのがおしくなるような宝石などがある。ただし、その餃子は人数分だけしかなく、二つ目が食べられないのが残念である。それが「宴会」というものだろう。

龍鍋《ロンクオ》の餃子は、そうしたフル・コースの最後を飾る。瀋陽でも、西安でも、そうだった。龍をあしらった鍋がでてくる。燃料に点火すると、鍋全体が火につつまれる。うす味のスープがはられ、マメつぶほどの真珠餃子が踊っている。

小さな碗《わん》に、服務員（ウエートレス）がそれを入れるとき、その口上がふるっている。餃子の数が、

二つであれば、目出たいことが重なります……

四つであれば、四方八方がうまくいきます……

零であれば、良くないことは丸でなし……と。

要するに、餃子の数がいくつであっても、すべて「吉祥」なのである。皇帝のシンボルである龍を鍋にして、庶民の味である餃子を、面白おかしく賞味する。これぞまさしく、中華の食文化の極致といえないだろうか。

83　東北地方の飛龍のスープは献上料理

飛龍《フェイロン》は、熊掌《ゆうしょう》とならんで、中国の北方を代表する超高級な食材の一つである。その肉はしまり、白味をおび、この上なく美味《おい》しい。とりわけ飛龍のスープは、調理しても濁ることがなく、歴代の皇帝のお好みだったという。

この飛龍の正体はじつは、ライチョウ（雷鳥）の仲間である。キジ科のライチョウは地球の北半球にだけ

中国北方の献上品だった「飛龍」

分布する。ユーラシアやアメリカの北部に、日本では立山（富山県）など中部の山岳地帯にすみ、国の特別天然記念物である。

ライチョウにとっては、迷惑このうえない話なのだが、「猟鳥の王」という名前がある。

また、ライチョウの英語名を「グラウス」といい、国や地域により名前が異なっていて面白い。ヨーロッパでは一般にブラック・グラウス、英国ではレッド・グラウス、米国ではラフド・グラウスとよばれている。

このように、ハンターの絶好の標的とされるライチョウは、それだけ種類（仲間）が多いということだ。

ライチョウはさらに、よく鳴くことでも有名だ。朝と晩に、「ジジジー」と特徴的な声で鳴く。英語ではブツブツ不平をいう人のことを、ライチョウには失礼なのだが、グラウスという。

中国人のハンターは特製の笛をもっている。その笛の音は「ジジジー」であり、ライチョウの鳴き声にそっくりだ。それでライチョウを呼びよせ、しとめてしまう。

飛龍とよばれるライチョウであるが、じつは飛ぶことが苦手である。留鳥《りゅうちょう》の一種であり、体長は約四十センチほどで、丸い体つきである。季節によって羽根の色が変わることも知られている。夏は褐色で、冬は白色となる。首や胸、尾などに黒い斑《はん》があり、美しい。

中国では東北地方の吉林省《きつりんしょう》にある長白山《ちょうはくさん》が一番有名だ。ライチョウが生息する場所は海抜一千メートル以上である。一帯では、カバノキ科の落葉樹ハシバミ（榛）がよく茂る。このことから中国では、飛龍のことを榛鶏《チェンチー》ともよぶ。長白山中では、一時間の山歩きをすれば、一～二羽の飛龍にお目にかかるという。

中国のラスト・エンペラーは、東北出身の少数民族である満州族だった。彼らは中央を制覇した後も、故郷の味覚が忘れられなかったようだ。ライチョウは清朝での「歳貢品」だったのである。毎年かならず献上しなければならない、鳥だったのだ。

飛龍という名前は、そうした皇帝の趣味とも関係があるだろう。中国の歴史から皇帝が消えたのは、一九一一年の辛亥革命である。「人民」中国が成立したのが、一九四九年である。こうした歴史的な流れの中で、飛龍は、庶民の口にも入るようになった。

民は、食をもって天とする、という中国である。略して、「食以天《しょくいてん》」ともいう。食事至上主義とでもいおうか、中国人はともかく食べることを大切にする。映画やテレビでも、円卓をかこんでの宴会シーンの多いこと。ただ、「口の福」を満たすと同時に、飛龍をはじめとする自然の資源を保護しなければならない。これは人類が直面する課題である。

84 龍眼とは甘美なフルーツだった

「これが龍眼《ロンイエン》（りゅうがん）か！」と、思わず声をあげた。

四十年以上も昔、一九六七年夏のことだった。当時、日本と中国の間には国交がなかった。しかもその中国には、「プロレタリア文化大革命」という嵐がふき荒れていた。そんな「赤い」中国へいくことなどは、当時の日本では、「非常識」であり、「危険」きわまりないとされた。

中国南方のフルーツ「龍眼」

そんな時代に、日本の百二十人もの大学生が、ドイツのルフトハンザ機をチャーター。それが香港《ホンコン》を経由して、三週間の中国旅行を敢行したのだった。それ自体が、日本ではちょっとしたニュースだったし、筆者にとっては、最初の中国旅行だった。

いまは「特別行政区」の香港は、当時はイギリスの支配下にあった。その香港（九龍）から広州までは、特別列車で入った。その途中、どこかの小さな駅で停車したときのことだった。農民たちが手に手に、丸い実のついた枝をもち、ホームまで売りにきたものだった。それが龍眼《りゅうがん》の実だった。値段はとっくに忘れてしまった。だが、その黄色がかった皮をむくと、野性的で、独特な甘味のある白い果肉があり、黒い大きな種のあったことは、いまも記憶に新しい。

その後に調べて、分かったことだ。リュウガン（龍眼）といえば、りっぱな果樹であり、薬木である。ムクロジ科の常緑樹で、高さが十メートル以上になり、中国の南部に自生する。*春には、黄色がかった白い小さな花をつけ、甘い、芳香がする。夏には、それが円形の、黄色がかった褐色の実となる。果肉は白く透きとおり、独特の甘味がある……。

リュウガンの実を干したものを、やはり龍眼という。ビー玉ほどの大きさであり、桂円《クェイエン》ともいう。中国でその後、この龍眼にお目にかかるのは、不思議と西北地方でのことが多かった。青海省《せいかいしょう》などで龍眼が採れる

*華南や台湾の公園に、このリュウガンの木はよく植えられている。熟した実を、竹ざおでたたき落とす姿には、こちらが唖然としたものだ。

はずがなく、南方からの「輸入品」である。

お茶として、龍眼を用いるのには、驚いた。

龍眼を、クルミ、ナツメ、クコ、それに人参《にんじん》や茶の葉、氷砂糖とともに、茶碗《ちゃわん》にいれる。この茶碗は北方でよくみる柄《え》つきの大きな茶碗ではない。小さく、ふた付きで、台となる皿もある。日本人の感覚なら、茶碗蒸しの器として使いたくなるサイズだ。

それに熱湯をそそぐ。龍眼をはじめとする中身は、すべて滋養に富んだ食材であり、薬剤である。それらは熱湯のなかで軟らかくなり、それぞれの味と香りを出してくる。茶碗のなかは、美《おい》しさのハーモニーとなる。三泡茶《サンパオ》とか八宝茶《パーパオ》などの名前でよばれている。

中国の西北の地方では、空気がものすごく乾燥している。年間の降雨量もわずかで、新疆《しんきょう》のトルファンでは、たったの六十ミリにすぎない。ちなみに東京では、一四〇〇ミリだ。そうした乾燥地帯で暮らす人たちにとって、お茶は、必需品である。緑茶もいいし、ジャスミンいりの花茶もいいし、ヒツジなどの乳でつくった奶茶《ナイチャー》も、またいいものだ。

だが、滋養に富み、ほどよい甘さの龍眼のお茶はもっと歓迎される。それは、のどの渇きをいやすだけでなく、元気を回復させてくれるからだ。龍眼はなにしろ、実から根まで、すべて薬用となる。脳の疲れをとり、腎《じん》を養い、皮膚病を治すという。

85 秘法の龍菜《ロンツァイ》は、皇帝専用の強壮剤

古代のインド人は、生老病死《しょうろうびょうし》を、一つのセットとして、人間の一生として概括している。生まれてくるのと同様、しだいに老い、ときに病となり、いずれ死ぬのも、また当然だと考えた。この考えは仏教の世界観の背景ともなっている。

ところで、生物がなぜ老いるか（エージング）は、いまだに解明できない問題である。未解決の宿題なのである。現代の科学の方面では、遺伝子の記憶説や、活性酸素の活動説などがある。だが、どれもまだ定説ではない。

この老いをめぐり、中国人とインド人の考え方は対照的だ。インドでは、生から死にいたる過程を、直線ではなく、螺旋《らせん》的に考える。それが輪廻《りんね》である。人間であるという幸福の輪から外れないために、徳を積み、善を積め、と仏教は教える。

中国の古代では、医学は、老化を驚くほど冷静にとらえている。女は七年を基数として、男は五年を基数として、確実に老化していく、と。しかし、その古代医学と接点をもつ宗教の道教は、死の対極にある「不老長寿」をあえて主張する。人間はいつまでも、若く、元気でいることができる、というのである。

この主張には、さしもの皇帝から庶民にいたるまで、誰もが強い関心をしめした。

その最たるものが、中国の歴史上、最初に全国を統一した秦《しん》の始皇帝《しこうてい》だろう。道士の徐福《じょふく》の「不老薬さが

し」という進言を、無条件で聞きいれたからである。徐福は「不老の霊薬」をさがすために、東の海へと出発した。数千ともいわれる童男童女と、百工《ひゃっこう》とよばれる多数の専門家たちを率いて、五穀の種や金銀財宝を携え、数百艘《そう》もの船を連ねての旅だったという。

それは司馬遷《しばせん》の『史記』にも書かれており、紀元前の三世紀にあった歴史的な事実である。当時の日本は、縄文から弥生への転換期にあたる。徐福たちの船の定員は五十〜百人だったという。この人数は、じつに縄文期の一つの集落の人口にあたる。

徐福がほんとうに「青い鳥」の不老薬をさがしあてたか否かは、ここでは触れない。ただ、筆者は十数年前、北京《ペキン》のある薬屋で「皇帝専用の強壮剤」をさがしあてた。その名も龍菜《ロンツァイ》であり、効能書きには、以下のようにある。

「龍菜は、清朝の太医《たいい》（侍医）が、皇帝のために配合した秘薬である。それは腎《じん》を補い、陽を壮《つよ》め、脳を健《すこや》かにする効能をもつ」

龍　菜

「朝晩に一回ずつ服用すれば、数日後には全身が爽快《そうかい》になる。二十日後には、龍体《りゅうたい》（皇帝の身体）は輝き、言いようもない感覚となることから、龍菜という……」

「原材料は、すべて深山にある汚染と無縁な野生の動植物である。それらを厳密に定められた時期に採集し、陰陽の属性により、また五行《ごぎょう》の原理により配合した」

中国医学の用語はいささか難解である。そのポイントは、この龍菜が、男性機能をふくめて、身体や頭脳の機能を向上させることが期待できる、というものであろう。

原材料で具体的に名前のあがっているのは、野生の人参《にんじん》、ある種の蛾《が》のオス、野生のクルミ、野生の花の花粉などである。それらをハチ蜜《みつ》で練りあげてある龍菜は、甘く、苦く、ドロドロした液体である。

86 小さなタツノオトシゴも強精薬

海のなかに目を転じてみたい。龍が水の管理者であり、海中には龍宮という神仙世界があるという（46・58項）。だとすれば、海のなかにも龍を探さなければならない。

タツノオトシゴ（龍落子）がいた。ヨウジウオ科の海水魚である。体長は十〜三十センチほどで、全身が骨板でおおわれている。内海などの藻に、尾をからませて、ゆらりと静かに立つ。その姿は、小さいながらも、まさにタツの一族である。

タツノオトシゴはまた環境により、その色を変えることで有名だ。赤・黒・黄色・緑・茶・灰・白・黒など、じつに多彩である。海の藻のなかで様ざまに色を変えるタツノオトシゴが、「海のかくし絵」とよばれるのも、そうした理由からだ。*

生薬《しょうやく》、いわゆる漢方薬の世界では、タツノオトシゴは、海馬《かいば》とよばれる。その頭が、見ようによっては馬の頭に似ているからだ。生薬は海馬をまるごと乾燥させたものであり、やはり生ぐさい。

日本でも、タツノオトシゴは各地の沿岸で見られる。中国では、福建や広東《カントン》などの南方が主な産地である。

＊これまで見た水族館のなかで、色とりどりのタツノオトシゴを楽しく観賞できたのは、2005年8月、米国シカゴでのことだった。

タツノオトシゴの漢方名は「海馬」

図版は、四川省成都の生薬マーケットでのもの。成都の北駅ちかくの荷花池《ホーホアチー》という繁華街で、赤みがかった海馬が山のように積まれていた。

その薬効には、じつに興味ぶかいものがある。

まず、「腎《じん》を補う」という。中国医学では、この「腎」を特別に重要視している。それは腎臓の腎というよりも、生命力の源泉ということなのである。海馬には、その生命の源を補う力があるという。

また、「陽を壮《さか》んにする」ともいう。ここでいう陽は、男性の機能のことだ。女性を陰、男性を陽と対比するのは、中国人の伝統的な考え方の特徴である。

人類の世代リレーは、陰と陽との共同の作業の結果である。そのためにも、陽は壮《さか》んでなければならない、というわけだ。こうしたタツノオトシゴの薬効は、じつは科学的にも確認されている。ハツカネズミによる動物実験がある。海馬からの抽出物は、去勢したネズミを発情させるし、正常なネズミの発情期を延長させるのである。

さらに、「血《けつ》を活かす」ともいう。ここでいう「血」も、血《ち》ではない。中国医学では、気と血とが生命の基礎であるとする。とくに女性の場合、この血《けつ》が大切だ。海馬は、それを活性化するし、難産にはよく効くという。

民間の伝承では、産婦にタツノオトシゴを握らせると、安産になるという。日本にも、中国にも、この伝承が同じようにある。親の龍はもとより超能力をもつが、その子もまた「霊験あらたか」であるようだ。

中国の薬に、海馬補腎丸《かいばほじんがん》がある。すでに製品となった薬、すなわち製剤である。海馬補腎丸は、これまでの薬効の説明をそっくりパックしたような薬である。それは海馬をはじめ、二十種類もの薬剤から作られる。その中には、次項から取りあげる龍骨もある。どうやら龍は、親子で、人間様のために役立っているようだ。

87 身近かな漢方薬にも龍骨の処方

一九九六年に、中国の薬をあつかった本『チャイナ・ドラッグ』（エンタプライズ社）を出版した。専門的な仕事をする場合、やはり友人や知人の世話になることがある。ありがたいものだ。中国薬のことは、友人の中医師の李雲祥《リーユンシァン》さんのお世話になる。

李さんの家系は代々の中医である。二十数年前、李さんは日本人の奥さんや子供さんたちと、日本にやってきた。東京の四谷にある中国薬を専門にあつかう薬局に、今度も李さんを訪ねた。いつもの温厚そうな笑顔が、そこにあった。

「龍骨《ロンクー》をいれた薬ありますか?」

「エッ? 今度は、龍骨を書くんですか……」

と笑いながら、李さんは箱を二つだしてくれた。

柴胡加龍骨牡蠣湯（さいこ・か・りゅうこつ・ぼれい・とう）

桂枝加龍骨牡蠣湯（けいし・か・りゅうこつ・ぼれい・とう）

である。漢字がならび、とっつきにくい。だが、右のように区切って読めばいい。それは薬剤や製法をしめしている。柴胡や桂枝に龍骨などを加えた薬である。湯とは、もともと煎《せん》じ薬で、液体のことだが、いまでは錠剤や顆粒《かりゅう》のものもある。

サイコはセリ科の植物で、日あたりのいい山野に自生する。春さきの苗は美味《おい》しいオヒタシになり、夏には黄色い傘状の花をつけ、晩秋には燃料の柴《しば》となる。サイコの根を乾燥させたものが柴胡《さいこ》で、肝・胆・心などによく効く薬だ。

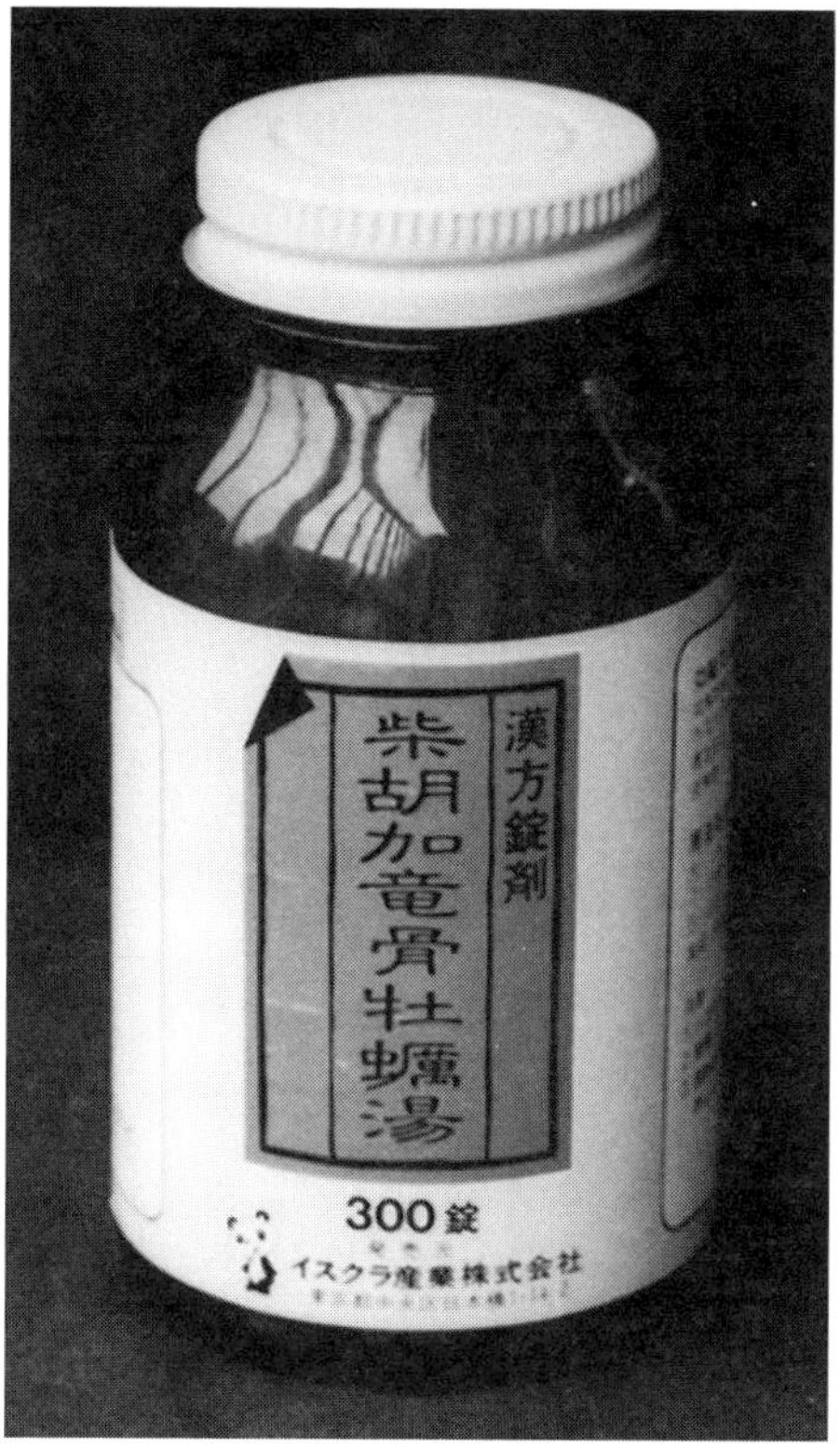

龍骨入りの漢方薬「柴胡加龍」

牡蠣《ぼれい》は、じつはカキの貝がらである。その中身は、寒い時期の絶品で、生かき、酢がき、かき鍋など、どれも美味しい。その貝がらを捨てずに、収斂《しゅうれん》材として薬にするあたりが、中国人の知恵というものだ。

桂枝《けいし》は、ニッケイの樹皮であり、京都の八橋《やつはし》など、お菓子にも用いられる。その桂枝などを処方した桂枝湯は、風邪の初期によく効く、昔ながらの薬である。

さて、龍骨いりの二つの薬である。李さんの話によれば、前者はノイローゼや動脈硬化など、後者はヒステリーやインポテンツなどに、よく効くという。目のまえの薬は日本製であるが、この二つの処方は古典的な中国の処方であり、二千年の歴史があるという。

龍骨の正体は、ウシやサイなど大型動物の骨の化石である。龍骨はカルシウムを主としており、やはり収斂の作用があるという。収斂とは、キュッと束ねて一つにまとめることである。これは生体にとって重要な作用の一つである。

ノイローゼなどの精神病は、やはり精神の作用がゆるんだ結果である。インポなどは、本来の機能がたるんだ結果であろう。龍骨の薬効は、そうしたゆるみやたるみを、収斂させ、本来の機能を回復させるという。

中国の薬、いわゆる漢方薬は、もとより組み合わせに妙がある。長年の経験により、各種の薬剤を、一定の割合で混ぜ合わせるのである。

「龍骨と牡蠣は、姉妹の関係にあり、いっしょに処方することが多いですよ」

と語る李さんは真顔である。ますます分からなくなってくる。中国薬の世界は奥が深く、それがまた魅力でもあるのだが……。

88
洗龍からは水しぶきがあがった

龍船に乗り、皇帝のために「不老不死の霊薬」をさがす……。道士の徐福《じょふく》が多数の若い男女を率いて、旅立つ……。なんともロマンに満ちた話であり、想像をかきたてられることか。

ところで衛生とは、文字どおり、生を衛《まも》ることである。英語で（公衆）衛生のことを、ハイジーン（hygiene）という。その語源は、ギリシア神話にでてくる健康の女神ハイジアである。生を衛ること、すなわち健康であることは、神代の時代からの関心事だった。

中国には、伏羲《ふっき》や女媧《じょか》とともに、三皇のひとりとされる神農《しんのう》や、五帝のひとり黄帝《こうてい》がいる。神農は、人民に農耕なるものを教え、「百草を嘗《な》めて」、薬草と毒草の区別を教えたという。黄帝の名前は『黄帝内経《だいけい》』など、数多くの医学書や薬学書に冠せられている。

ところで、火で煮たり、炊いたりするのは、衛生の基本である。水で手を洗うことは、いつの時代からの知恵であろうか。中国では、新石器時代にすでに、石の針による治療が行なわれていた。甲骨文字のなかには、二十以上の病気を意味する漢字がある。秦《しん》

「洗龍」は手洗いの遊び

代には陶器の排水管が用いられていた。

トイレのことを「お手洗い」という。これは傑作の日本語だろう。中国では一般に「洗手間」「厠所」と書く。北京の郊外にある大鐘寺（覚生寺）でのことである。重さ四十六・五トンの鐘があり、最近では「古鐘博物館」とも呼ばれる古刹《こさつ》である。

「この洗龍《シーロン》は、皇帝が用をたした後、手を洗ったものです」

との説明に、「エッ?」と自分の耳を疑ったものだ。実際に、皇帝が用いたというのではなく、観光地によくあるレプリカ（複製品）である。それは何の変哲もない青銅の器だった。さしずめ洗面器である。強いていえば、一対の柄《え》があることだ。それを持ち上げるためだろうと考えたのは、こちらの間違いだった。

「手のひらに水を少しつけて、左右の手で、それぞれの柄をこすります」

係員は説明しながら、実演をしてくれた。彼が手のひらを器の柄にこすりつける。キュッ、キュッという軽い音がする。しばらくすると、器の水の表面に、細かい水紋ができた。それがやがて水しぶきとなり、水面から十センチ以上も立ちのぼった。サーッという、爽《さわ》やかな音をたてながら……。まさに「龍」を呼び出した、という感想である。ほんとうに驚いてしまった。

「先生もどうぞ」

といわれて試みたが、そう簡単に、龍は出てきてくれなかった。ポイントは、柄と手のひらの摩擦の加減《かげん》にありそうだ。強すぎても、弱すぎても、水紋や水しぶきは現れない。

ほどよい程度の摩擦の振動が器に伝われば、それが水しぶきとなる。意地ではないが、こちらも汗をかきながら、チャレンジした。とうとう最後には、小さな水しぶきができた。

皇帝が用をたした後、洗龍で手を洗い、龍の遊びをしたという話は、たとえ作り話であっても、とても面白い。この洗龍であるが、最近では中国の各地でお目にかかるようになった。また、東京は新宿にある高級な中華料理店では、入り口に飾り物として置いてある。

第Ⅵ章　諸外国の「龍」

89 龍に守られる国ベトナム

ベトナムの首都ハノイの旧称は、タンロンである。ベトナム語で、タンは昇ること、ロンは龍を、それぞれ意味する。「タンロン・ハノイ建都千年記念大祭」が開かれたのは、二年前のことだった。日本では残念ながら、あまり大きく報じられなかったようだが、現地は大賑わいだったそうだ。国内からは百二十万、外国からは三万、計百二十三万の来客があったという。

ちなみにベトナム社会主義共和国は、その面積が三十三万平方キロで、日本の九割ほどの広さ。人口の八千四百万は、日本と比べると七割弱である。首都ハノイの人口は六五〇万人で、東京の約半分ある。

ミレニアム、すなわち千年紀を祝えるような古都は、世界でもそう多くない。ハノイの前身であるタンロンがその資格をもち、しかも「昇龍」「龍が昇る」という場所である。このあたりにベトナムの人たちの龍によせる想いがよく現われている。それは同時に、中国との距離的な近さでもあり、複雑な「愛憎」の背景があるだろう。

伝承によれば、このタンロンの命名には興味ぶかい故事がある。一〇〇九年、ベトナムで最初の本格的な王朝を築いたのがリー・コン・ヴァン（漢名、李太祖）である。これが李王朝であり、史実である。翌年、彼がいまのハノイの地を都と定めると、何と、黄金の龍が現れたというのだ。それでタンロン（昇龍）と命名した、とされる。

李王朝が国名を「大越」と定めたのは、一〇五四年。当時の中国は北宋であり、宰相の王安石がベトナム攻略を主張し、両国の間には緊張感が走った。機先を制したのは、「昇龍の勢い」にあった李朝ベトナムだった。水陸から中国に侵攻、宋側もこれに反撃、ベトナムに侵攻、結局は「痛み分け」だったが、和睦の条件は国境の確定など「大越」に有利な内容だった。この交戦により北宋の財政は疲弊して、北方から遊牧民族の侵攻もあって、臨安《りんあん》（現、杭州）に遷都し、南宋となる。その南宋は一一七四年、李朝を「安南国王」として冊封*し、格別の扱いをした。

龍にちなむ地名は、まだある。ユネスコの世界遺産に登録（一九九四）されたハロン湾である。ハは、降り立つこと、ロンは龍で、「龍の降り立つ」湾。ハノイの東百五十キロにあり、ベトナム屈指、エメラルドグリーの景勝地である。

永年ここハロン湾に住みつづけてきた漁師たちの伝承がある。昔、昔のこと、外敵が侵入して来ると必ず、天から龍の親子が舞い降りてきて、無数の宝石を吹きだす。それが現在のような奇岩となり、さしもの強敵も海からは侵入できなかった……と。

ベトナムといえば、日本で一番知名度の高いのはホー・チ・ミン（一八九〇〜一九六九）であろう。あの「山羊ひげ」の温厚そうな風貌とは裏はらに、彼の人生は峻烈そのものである。当

ベトナムのパレードを先導する龍

＊冊封（さくほう）、称号などを介し、宗主（そうしゅ）国と朝貢（ちょうこう）国の関係を定めること。唐朝は、日本を含む四囲の諸国から朝貢をうけ、大きな存在感のある宗主だった。

時のベトナムの知識人がそうであるように、中国文化の高い素養をもつ彼は、阮愛国《グエンアイクオ》や胡志明《ホーチミン》という中国名をもつ。『胡志明漢詩集』が中国で出版されている。

前回の辰年だった二〇〇〇年は、ベトナムにとって記念すべき年だった。なぜなら、ホー・チ・ミンがベトナム共産党を創設（香港にて）して七〇周年にあたり、米国によるベトナム侵略を終結させた「サイゴン陥落」の二十五周年にあたったからだ。首都ハノイでは、賑やかなパレードが繰り広げられ、その様子は日本でもかなり大きく報道された。「建国の父」ホー・チ・ミンの巨大な肖像をかかげた行進があり、それを先導するかのように、龍が舞っていた、と報道にある。

手もとに一枚、ベトナムの絵はがきがある。入手の経過を、次の手紙に語ってもらう。

「前略　きびしい寒さが続いていますが、お変わりありませんか。先日はsymposiumでベトナムのことについていろいろお話がいただきましたが、本当にありがとうございました。龍という話はベトナムでお寺の建築に対して、あちこちまだ残っています。こういうテーマについて、はがきを一枚送ってあげます。時間があれば、ベトナムへいらしゃってください。あのとき、私はベトナムにいたら、案内してあげます。また、すてきな記念写真を送っていただきましたが、ありがとうございました。天候不順な折柄、お体を大切になさってください。早々。グエン・チ・ツ・ホン」（原文のママ）

この手紙は、ベトナムの龍のことでもあり、大切に保管している。だが、ホー・チ・ミンと同じ姓であるグエン（阮）さんの顔は、悲しいかな、記憶にない。封筒の裏には、「〒930-01 富山医科薬科大学和漢薬研究所　生物試薬部門」NGUYEN THI THU HUONG より」とだけある。富山医科薬科大学は、いまは富山大学である。

十数年ほど前、よく富山県に行った理由が二つある。一つは、富山県と友好関係にある中国の遼寧省からミッションがくると、通訳のお声がかかったからだ。日本側は県知事クラスであり、中国からも相応の賓客であり、緊張しながらの仕事だった。

もう一つの理由は、楽しいものだった。富山医科薬科大学（当時）の難波恒雄教授（二〇〇四年没）とは、インドの伝統医学を学ぶ「アーユルヴェーダ研究会」で長年の交友があり、よく訪ねて行った。その和漢薬研究所には、中国やベトナムなどアジアから優秀な留学生が集っており、彼らとの交流もまた楽しみだった。

ベトナムの西方崇福寺（タイフーン寺）

グエン・チ・ツ・ホンさんとの出会いは、その頃のことだと思う。「昇龍」の国ベトナムから留学にきた日本で、龍の話がでて喜んでくれたのだろう、今ではわが家の宝となったベトナム製の絵はがきには、Chua Tay Phuong 寺の外観が印刷されている。その屋根には、龍が天空に向かうかのような様をしており、その数もかなり多い。

余談になるが、ベトナムの水上人形劇は有名である。客席の前にあるのは、舞台ではなく、水面である。その後方には極彩色の幕がかかり、人形の使い手たちは幕の後ろに隠れている。思うに、竹かなにかの棒の先に龍や人形を取りつけてあるのだろう。人形などは水面の上に、棒は水面下で操作、という仕組みのはずだ。水面を泳ぐように動く人形や龍の芝居は、ベトナムならではの演目として好評を博している。

90 龍を見に、初めて韓国ソウルまで

本の出版や講演を機に、新たな道が開けることもある。前著『龍の百科』(新潮社、二〇〇〇年)が書店に並んだのは、二〇〇〇年正月のことである。松が取れた頃、大阪にいる友人が『コリアニュース』を送ってきてくれた。初めてみる週刊紙である。発行は、大阪市内にある済民日報・大阪支社だった。

その『コリアニュース』の元旦号が、辰年特集をしていた! これは驚きだった。大見出しも、小見出しも、わが目を釘づけにするものだった。「新千年の幕開け二〇〇〇年は、勇気・正直・信頼の辰年」「韓国文化の中の龍(ヨン)」「龍は水を司る伝説の霊物」「辰年に朝鮮通信使節渡日」「民画にも龍の絵が」という具合だ。ミレニアムを漢字で書くとすれば、確かに「新千年」となるだろう。いずれも読みごたえある内容で、それが正確な日本語で書かれていることに、敬意を表した次第だ。

古い韓国語では、龍のことを「ミル」と発音しており、このミルは同時に、水を意味するという。ミはまた、ミナリ(野菜のセリのこと)にあるように、水(みず)の語源だという。日本語のなかにある韓国語にまたまた遭遇することになり、ギクリとした。

『コリアニュース』の紙面に、小さいながらも、見逃すことのできない記事があった。韓国の首都ソウルで「龍の美学展」が開かれているという。これはチャンスだ。正直に告白すれば、十二年前のその時点で、日

本から一番近い隣国である韓国の首都ソウルには行ったことがなかった。行ってみたいという願望はあったが、通俗的なツアーに参加する気はなかった。機会がなかったというのが実情である。

龍に呼ばれて韓国のソウルまで、といえば大げさだが、そんな心境だった。韓国へは、ビザなしで入国できることも新鮮だった（中国が、十五日以内ならビザなしとなったのは、二〇〇四年から）。問題は言葉である。アンニョンハシムニカ（今日は）程度はできるが、会話は無理である。ただ今回は、龍に関連した展示物を見ることが主である。調べていくうちに、ソウルでは模範タクシーという制度があるという。運転手のマナーがよく、簡単な日本語なら通じるという。それなりの料金らしいが、背に腹は変えられないし、いちおう仕事でもある。

模範タクシーは高級車だった。運転手も信頼できそうだ。市内のホテルをでて漢江（ハンガン）を渡り、南へ。約四〇分で、目的地の湖林博物館（成保文化財団）に到着した。じつは日本を出発する前に、在日韓国人の友人に頼んで、見学するという予告の電話をいれてもらってあった。その効果であろうか、門衛さんや受付はテキパキしており、好感がもて、安心する。

その一階が、特設「龍の美学展」である。十世紀から十九世紀までの壺・盤・銅鏡・水差し・文具・屏風など七十余点、いずれも「韓国の誇る龍の精品」が並ぶ。壮観そのもの。それらを二度、ゆっくり見終わると、三時間ほどが経っていた。あるいは時間が止まっていたのかも知れない。

いつものことだが、美術館や博物館などでは、もしも、もらえるなら、どれにしようか……と思いながら見学している。見終わるころには、その一つが決まっている。だが、今度ばかりは、その一つが決まらず、結局は二つになってしまった。

龍頭宝幢（高麗時代）

青磁飛龍形注子

一つ目は、高麗時代の「龍頭宝幢《りゅうとうほうとう》」である。青銅製で、高さ一〇五センチ、国宝。その龍の表情は威厳に満ちているだけでなく、きわめて美しい。幢（とう）は、幡（はた）と同じで、飾りを施した旗のこと。この「龍頭宝幢」はそれ自体、すでに華麗であるが、その長さから考えると、これを棒につなげ、幢や幡をぶら下げた可能性もある。

二つ目は、やはり国宝の「青磁飛龍形注子《せいじひりゅうけいちゅうし》」である。まさに躍動的であり、高さ二十五センチ。この龍の口から出れば、水であれ、酒であれ、まさに美味そのものだろう。

これら以外にも、ソウル市内では、中央博物館や民俗博物館で「龍」の展示が行なわれていた。初公開の「青龍図」があった前者、後者の「文化立国をめざす龍の夢」展は少年少女たちで大賑わいだった。韓国の龍は、日本や中国の龍とは一味どころか二味以上も異なっており、独自の龍の文化があり、龍の美学がある。そんなことを実感させられ、龍を堪能したソウルの一日だった。

91 済州島に、もう一つの龍王祭

済州市西郊外の龍淵の龍頭岩

東アジアの地図をながめる時、大陸の中国と、半島の朝鮮・韓国と、島国の日本、それらから等距離ともいう位置にある済州《チェジュ》は、いささか気になる場所だった。その理由は、これら三国の交流や往来を考える場合、ある種の重要な役割りを演じそうな立地条件だからである。

その済州島を初めて訪れたのは、一八九八年のことだった（二〇〇六年から済州島は、高度な自治権をもつ特別行政道になった）。目的は、徐福の調査だった。徐福は、秦の始皇帝の命令で、不老の仙薬を求めて東の海へと船出したという。それは二千年以上も昔からの「伝説」とされてきたが、中国や日本の関係者の調査と研究により、歴史的「事実」だったことが判明しつつある。

北京で開かれた徐福国際シンポジウムで、済州徐福学会の洪淳晩《ホンスンマン》（一九二九〜二〇〇九）会長にお目にかかった。日本語で話ができる人で、ありがたかった。洪先生はすでに済州における徐福の事跡を調査されており、自らが主幹である『漢拏《ハルラ》日報』に連載されていた。その洪先生から

日本語で、

「今度、済州へ来なさい。そこの徐福の遺跡は、私が案内しますから」

と誘いがあった。四年後、京都や大阪の有志と連れだって、済州を初訪問したという次第である。この前後のことは拙著『徐福』（原書房、二〇〇七年）に詳しく書いておいた。

韓国の龍について、渉猟した本のコピーやメモなどいくらかの蓄積はあった。また、東京の有楽町にある「韓国観光公社」に問い合わせると、「龍の祭（ギルノリ）の関係資料」を郵送してきてくれた。かつて新羅《しらぎ》の都だった慶州には、「龍の仮装行列」がある。これは七世紀の新羅、第三十代の文武王の「死んでも東海の龍となって倭の侵略から国を守る」という雄心を示すものだという。

さて、済州である。済州は、日本の北海道とよく似ている。地理的には島（ド）であり、行政的には道（ド）である。その面積は約千九百平方キロで、香川県とほぼ同じ、人口は約五十五万人で、鳥取県とほぼ同じ。道庁の所在地である済州市が島の北半分を占め、南半分は西帰浦《ソギュポ》市である。

国際空港もある済州市の西郊外にあるのが、龍淵《ヨンヨン》。その名のように、龍が潜むという伝説がある水域だ。すでに河口ちかくで、音楽好きな人であれば、毎年ここで開かれる船上の音楽祭のことを知っているだろう。そこにかかる龍淵橋をわたれば、龍頭岩がある。海に向かって吼える勇姿、と言いたいところだが、この龍には、あまり名誉でない故事が伝わっている。

この龍はもともと、龍宮に棲んでいたのだという。ふとした出来心から、済州島の中心にある聖山・漢拏《ハルラ》山に住まう神の玉をこっそり盗み、さあ帰還という瞬間、ことの顛末に気づいた神の放った矢が龍の頭に命中した。さしもの龍も飛翔することができず、激痛に身をよじりながら固まり、岩になった……と。

済州の祭儀に、儒教の系譜にあり、男が主宰する堂（ダン）と、豊漁を祈願し、女が主宰する祭（グッ）があることは、よく指摘され、話題にもなる。ただ、やはり一定の神秘性を保つ行事であるせいか、具体性をもつレポートが見つからなかった。意外なことに、実家のある新潟県に帰った折り、地元紙『新潟日報』に詳細な記事を発見したのは、一九九六年四月のことだった。

「この村（浦木里＝ポクモリ。西帰浦市からバスの終点）の海女たちは、毎年旧正月前後の時期に、竜王祭を営んできた。竜王祭は、海の神に収穫の豊じょうと労働の安全を祈願する祭りだ……いよいよ竜王を招く番だ……ジャン、ジャン……激しくドラとシンバルが鳴る……民族衣装の金《キム》さんは両手に神が降臨するササを持ち、高く飛びはねる……」（4月8日号「上」）

「一九四五年の解放後、自主的な建国を志す若者たちは、米軍政を背景に半島南部に政権を樹立しようとしていた勢力と対立した。四八年四月三日。漢拏山ののろしを合図に全島で武装闘争が始まった……政府軍・警察の制圧はし烈を極め……事件後、真相に触れることはタブー視され…．海女の生活に巫俗《ふ》の儀礼は欠かせない。女たちは竜王祭のような地域の祭りのほか……」（4月22日号「下」）

後日、この記事はじつは共同通信の配信によるもので、一連の記事が『生の時・死の時』（共同通信社、一九九七年）にも収録されていることを知った。

済州の「三つの特徴」とされるのは、「風が強い」「石が多い」「女が多い」。前の二つは、一回目の訪問でも実感できた。三つ目の特徴は、歴史的な背景があるとされるが、海女により龍王祭が保持されていることを知り、深い感慨を覚えた。*

＊その後も済州へは、徐福文化東アジア国際学術大会などで何度か訪れている。この島は歴史的に、東アジアで大きな動きがある場合、重要なポイントとなることを実感した。

92 乳海を攪拌するナーガ

94項で述べるように、中国文化圏の龍と、インド文化圏のナーガと、欧米文化圏のドラゴンは、それぞれ別個のものである。仏教の経典が漢語に翻訳される過程で、ナーガは「龍王」と訳されることが多い。それが中国や朝鮮をへて日本に移入してきた経緯があり、龍と龍王（ナーガ）が混同されるのは、仕方のないことかも知れない。その辺のことも考慮して、この三つの関係を思い切って数式にすれば、

ナーガ ≒ 龍 ≠ ドラゴン

とでもなりそうだ。これは歴史や文化の背景がなせるわざであり、相互の理解はなかなか難しい。余談になるが、中国と米国が電撃的に国交を樹立した一九七二年から、アメリカ人の観光客が中国を訪れるようになる。桂林の幼稚園で、図画の時間を参観したところ、中国と米国の間に「龍の橋」がかかり、園児の友好の気持ちが「米国への侵害」と誤解され、大騒ぎになったという。

インド（印度ないし天竺）が、中国（唐）と並んで、世界レベルの歴史大国であることは、誰も反対しないだろう。零（ゼロ）の発見をしたインドであり、漢字を創始した中国である。この二つの歴史大国の古代の往来は、仏教がそうであるように、天竺から唐への流れが主であるようだ。

身近な例でいえば、手ないしスプーンで食事をするのがインド圏と、箸《はし》を用いるが中国圏である。この食習慣は、インドシナ半島を明確に二分している。スプーンのタイ側と、箸のベトナム側である。この半島こ

そが、より具体的にいえば、そこを流れるメコン川が、古代からアジアの二大国の影響を分け合ってきたのである。メコンの西、タイの国際空港で「乳海攪拌《にゅうかいかくはん》」の群像（口絵8頁）をみたのは昨年秋のこと。

それはインド文化圏に育った者であれば、誰もがよく知っている天地創造の神話である。よろずインドのことには、長〜い、長いイントロがあるのだが、ここではそれを省略して、物語の核心から始めよう。舞台を設定するのは、ヒンドウー教の最高神ビシュヌである。これまた変身が得意なインドであり、ビシュヌ神は巨大な亀クールマに化身し、その背中には大マンダラ山を乗せている。場所は、海の上だ。

バンコク国際空港の「乳海攪拌」の群像

そこに登場する両雄は、デヴァなど正義の神と、悪魔の頭目アスラたち。この正と悪とが共同作業をして天地を創造するあたりが、いかにもインド的だ。具体的には、ナーガすなわち大蛇のヴァースキの長い胴体を、ぐるりと大マンダラ山にめぐらせる。そのナーガの頭をアスラが、その尾をデヴァが、それぞれ持って、交互に引っぱることにより、山を回転させるのである。海を攪拌しようという訳だ。

攪拌された海には、当然のことながら多くの生き物たちがいる。それらは激しく攪拌され、細かく切断されて、海はやがて乳のような色になった。乳海である。それでも攪拌はつづき、千年はつづいたという。さしものナーガも苦しみもだえて、口から毒を吐いたそうな。毒は天地創造には不要なものであり、シヴァ神がこれを呑みつくし、事なきを得たという。彼の喉が青いのは、その毒のせいであるとか。

さて、いよいよ創造の時である。白く泡だつ乳海からは、白い象、逞しい馬、各種の宝石、願いごとをかなえてくれる樹、聖なる樹、ビシュヌの妃神ラクシュミーなどが誕生してきた。そして最後に現れたのが医神ダンヴァンタリーである。彼は右肩に壺をもち、その中には不老の霊薬アムリタが…。

まだまだ神話は終わらないのだが、ここまでとしよう。アムリタは漢字にすれば、甘露《かんろ》。甘露は飴のことではなく、不死の霊薬のことだ。この乳海撹拌の物語は、インド舞踊でもよく取り上げられるし、カンボジアのアンコール遺跡（世界遺産）の第一画廊でも、壮大なレリーフ（浮彫）となっている。

タイ国の都バンコクの新しい国際空港で、通関を終えた後、搭乗するまでの時間をすごす場所がある。あとは飛行機に乗るだけと、旅人の財布のひもも緩むのだろう。ものすごい規模の免税店であり、お土産が飛ぶように売れている。そんな場所の通路にある「乳海撹拌」に、ほとんどの人は関心がないようだ。こちらは逆に、あかず眺め、あらゆる角度から写真に撮り、大満足だった。その説明が、中国語と日本語で（英語なし）というのも、珍しかった。これは思うに、近年タイを訪れる観光客の数を反映したものだ。

最後に、ナーガであるが、乳海撹拌のようにインド神話のなかでも重要な役割を演じている。だがそれは、かなり難儀そうな出番でもある。仏典に登場する「八大龍王」は、龍族が擁《よう》する八人の王であり、雨や水を司どる神なのだが、シャカの説法に耳を傾け、仏法を擁護する存在となる。仏画のなかでも、観音のために乗り物になっている龍……、そのあたりに南アジア、すなわちインド文化圏におけるナーガ像のあることを再確認しておく必要がありそうだ。

93 国旗に龍がいるブータン

世界の屋根とされるヒマラヤ山脈、その南東側にあるブータンは、日本から遠いこともあり、「民族衣装を着ている人たちの国」という程度の印象しかなかっただろう。少なくとも二十一世紀の最初の辰年の一年前、すなわち昨年の十一月までは、多くの日本人にとっては、そうだったと確信できる。

このブータン王国について、復習しておこう。その面積は三・九万平方キロメートルで、九州とほぼ同じ。人口は約七十万人で、鳥取県より少ない。ちなみに鳥取県の人口は、四十七ある都道府県のなかで、下から二番目である。世界で唯一、チベット仏教を国教とする王国で、現在のような世襲王政は一九〇七年からであり、二〇〇八年からは立憲君主制に。国王には六十五歳の定年制がある。

いわゆる豊かさを計る数値として、GDP（国民総生産）やGNP（国内総生産）があるが、それが実感を伴わないこともよく指摘される。ブータンのGNH（国民総幸福量）は注目されるところだ。それは一九七二年、ワンチュク国王（当時。現国王の父）が創始したものである。GNHは心理的幸福や健康、よい統治、生活水準など九つの要素を総合的に分析する。国勢調査での「いま幸福か」という問いに対し、「とても幸福」が四十五・一%、「幸福」が五十一・六%だったという（二〇〇五年）。これを合計すると九十六・七%となり、ほとんど全部のブータン国民が幸福を享受していることになる。*

ちなみに、世界幸福地図というものがある。英国レスター大学のA・ホワイト教授（社会心理学）により

＊日本での「幸福国」ブータンという評価に呼応するかのように、ブータン国の政治家から、「人の欲望には限りがなく、それが問題になっている」という反応があり、興味ぶかい。

ブータンの国旗の龍

作成され、国別の幸福度ランキングを図示している。こちらの分析要素は、健康と富、そして教育を主としている。ベスト三は、デンマーク、スイス、オーストリアであり、ブータンは第八位となっている。ちなみに米国は二十三位、日本は九十位である。この地図にある国の総数は百七十八であるから、日本は「中間以下」ということになるが、さて、どうしたものか？

閑話休題。

ブータンの龍である。ブータンという名称は、古代インド語のサンスクリットを起源としおり、「高い所」を意味するという。ヒマラヤも同様に、「雪の家」という意味だ。歴史的に、インドの影響力は大きく、ヒマラヤの南側だけでなく、北側にあるチベットまで及んでいる。

もう一つの説では、チベット語の方言で、ブータンは「龍の地」を意味するという。ブータン王国の国民の約八割がチベット系であり、残りの約二割がネパール系である。これもまた事実だ。

そして、ブータン人自身は自国のことを、「ドウルック（雷龍）の国」と呼ぶ。その雷龍《かみなりりゅう》がどのようなものかは、国旗をみれば一目瞭然である。君主を象徴する黄色（左上方）、仏教の象徴であるオレンジ色（右下方）、その二色を背景として、白い鱗が美しい龍が中心である。両手両足の爪（三本）には珠をもち、その四つの珠は富のシンボルである。このブータン国旗が制定されたのは、一九六〇年のこと。

国章にもまた、一対の雷龍が配されている。円形の国章で、上側にあるのは吉祥の傘（チャットラ）、下側にあるのはデザイン化された蓮の花。その中間に、仏教の宝器である金剛杵《こんごうしょ》（ドルジェ）が二本、十字に交差している。交差している部分には、太極図が画かれている。それらを全体的に守るように、左右から、雌雄の雷龍が画かれているのだ。

ちなみにブータンの国花は、メコノプシス・ホリドウラ（青色のケシの一種）である。

ブータンと日本は、人の顔がよく似ているという。国交が樹立したのは一九八六年であるが、それ以前から大の親日的で知られる。東日本大震災の翌日には、ワンチュク国王（三一歳、二〇〇六年に即位）が供養祭を主宰し、一週間後には百万ドルの義捐金が日本に贈られている。

二〇一一年十一月十五日、その国王が結婚したばかりのペマ王妃（二一歳）とともに、震災後、初の国賓として来日した。東京での柔道や、京都の古刹での一コマなど、若やいだ、爽やかな映像が伝えられた中、一番印象に残ったのは、やはり福島県相馬市の小学校でのことだろう。

青いケシ（ブータンの国花）

国王「励ましと親愛の情を示すために来ました……皆さんの中に人格という龍がいます。年をとって経験をつむほど龍は大きく、強くなります」

王妃「再び日本を訪れたら、またこの学校に来ます」

テレビの音声では、これらの言葉は英語で発っせられていた。若き国王の率いるヒマラヤの「龍の国」に好感をもつ日本人がさらに増えたようだ。

94 龍はナーガやドラゴンとは異なる存在

辞書をひくと、dragon（英語）やnaga（サンスクリット語）が、「龍のこと」と訳されていることが多い。これは問題だろう、とかねて思っていた。中国や日本の「龍」のことを調べれば調べるほど、その思いを強くする。

その理由は、龍と、dragon（ドラゴン）やnaga（ナーガ）は、外見などで似ている点もあるが、性格や役割などでは、大きく異なっているからである。

まず、ナーガである。インドやタイを旅行した人は、毒蛇コブラを思わせる大小の像をよく目にするだろう。それがナーガである。インドの神話にでてくるナーガ王は、地下にいて、その情欲の熱でもって、川や湖の水を煮えたぎらせる。すべての植物は枯れてしまい、万物は死ぬばかりである。そこへ、正義の神クリシュナが登場し、ナーガ王を征服して、地上の富を守る……というストーリーである。

このナーガの正体について、インド研究家で、畏友《いゆう》の伊藤武さんは次のように推理している。

「それはクロコダイルが特殊進化したワニで、クンビーラのことである。俗名はガビアル。雄ワニの鼻の先が壺のような形をし、体長は七メートルにもなる。昔は、ガンジス水系を中心にして、メコン河や揚子江の中流にまでウヨウヨいた。残念なことに、今日では絶滅の危機に瀕《ひん》し、インドやネパールの動物保護区にわ

ずかな数が生息しているにすぎない」（『身体にやさしいインド』講談社、一九九四年）

このクンビーラが、釈迦牟尼《しゃかむに》（シッダールタ）一族のトーテムであったこと、日本語では金毘羅《こんぴら》となり、航海の安全をまもる神として、四国の琴平《ことひら》町に祭られているなど、彼はなかなかの博識である。

さて、西洋のドラゴンであるが、かなり異様である。体には四本の脚があり、爬虫類《はちゅうるい》を思わせるが、頭がいやに大きく、翼はコウモリに似ている。尾には鋭いトゲもある。原初的には両性をもつ神というが、どうやら魔神のようだ。

ギリシア神話には、百のドラゴンの頭をもつテュポーンが登場する。天にもとどく背丈で、両手を広げれば、東西の果てまで達し、目からは、火を放つ怪獣であるが、最後はゼウスにより、山のしたに閉じこめられてしまう。『聖書』にでてくるドラゴンやヘラクレスと戦うドラゴンを含めて、ドラゴンが「悪の化身」であることに変わりはない。

毒蛇コブラに似たナーガ

ここでは、ヘブライ語のドラゴンを一考しておきたい。その理由は、『新約聖書』がギリシア語で書かれたのに対し、『旧約聖書』はヘブライ語で書かれたからである。ドラゴンに相当するヘブライ語は「タンニーン」であり、その原義は「長い動物」「大きな怪物」である。

紀元前六世紀、ヘブライ語を用いていたユダヤ人は、バビロン（現在のイラク中部）に強制移住させられた。かの「バビロンの捕囚」である。そのバビロンの地の創造神話には、混沌としたヘビのような怪物（ティアマト）が登場する。このようにドラゴンの起源をたどり始めると、連想が連想をよび、果てることがなさそうだ。

それに対して、中国の龍《ロン》は、どうであろうか。それはときに、猛威をふるい、人命や財産を損なうこともあり、畏怖される存在である。しかし総じて、龍は、超人的な能力をもち、絶大なパワーを発揮する存在として考えられてきた。そうした理由から、龍は、皇帝のシンボルとなり、皇帝によって専用されるようになったのである。龍は、中国人や日本人にとって、瑞祥《ずいしょう》でこそあれ、凶相ではない。われらの龍は、インドなどのナーガや、西洋のドラゴンとは、明確な一線を画しており、それらとは異なる存在である。

95 ヘラクレスに退治されるドラゴン

龍と「似て非なる」ものに、ナーガやドラゴンがいた。インドのナーガの起源とされるクロコダイル（ワニ）や、百の頭をもち、火をふくヨーロッパのドラゴンについて、また『聖書』の世界にみる「赤きドラゴン」が、キリスト教の天使たちに攻撃され、撃滅されることは、第96項で紹介する。

さてここでは、ギリシア神話のなかに、ドラゴンの「前身」を調べてみたい。

意外なことに、ギリシア神話の世界もまた、ドラゴンないし、ドラゴンに似た「怪物」たちでいっぱいだ。ゼウスのドラゴンとの死闘、アポロンのドラゴン退治、英雄カドモスのドラゴン退治、王子イアソンのドラゴン退治、そしてヘラクレスのドラゴン退治……。

もうすこし具体的に、それらのストーリーを追ってみよう。

ゼウスは、ギリシア神話のなかの最高神であり、社会の秩序や天候をつかさどる。父のクロノス神を追放し、自ら王位についたという「剛の者」である。そのゼウスが死闘をくりかえした相手が、翼をもつドラゴン「テュポーン」である。両者の格闘で、ゼウスは不覚にも、「神の鎌」をテュポーンに奪われてしまい、その鎌で、手足の腱《けん》を切り取られてしまう。最後は、テュポーン目がけて、ゼウスは火山（エトナ山）を投げつけ、ともかく決着をつける。いちおうゼウスの「ワザあり」だが、最終決着は、英雄のカドモスにゆだねられることになる。

ヘラクレスに退治されるドラゴン

アポロンはゼウスの子であり、光明や音楽、医術をつかさどる。レトを母として、デロス島に生まれたアポロンは、誕生して間もなく、母の仇敵《きゅうてき》であるドラゴン「ピュトーン」の退治に出かける。泉のほとりに住むピュトーンは、アポロンによって射殺《いころ》されてしまう。

英雄カドモスは、やがてテーバイ国の王となる人物である。彼はなかなかの知恵者であり、牛飼いに変身して、翼をもつドラゴン「テュポーン」を安心させる。しかも、魔法の牧笛でドラゴンを眠らせ、ゼウスの腱を盗みだすのである。その後、従者がドラゴンに殺されたことに怒ったカドモスは、石でそのドラゴンを打ち殺したという。

王子イアソンは、叔父からの難題を解くために、遠い東の世界に出かける。そこには黄金の羊の毛皮があり、ドラゴンが寝ずの番をしている。イアソンは、その国の王女メディアから魔法の水をもらい、それでドラゴンを眠らせることに成功、黄金の羊の毛皮を手にいれる。

ヘラクレスもまたゼウスの子であり、ギリシア神話のなかの最強の英雄である。彼の人生もまた苦行に満ちたものだが、「十二の難題」はあまりにも有名だ。その一つが、黄金のリンゴを取ってくること。はるかな西の海には、ドラゴン「ラドン」のいる楽園があり、そこには黄金のリンゴがある、と考えた古代ギリシア人。ヘラクレスは度かさなる難業のすえ、その島にたどりつき、手にした弓でドラゴンを射殺し、黄金のリンゴを持ちかえるのである。ヘラクレスはまた幼児のとき、二匹の大きな蛇をしめ殺したとされる。

このように、ギリシア神話のなかのドラゴン「ドラコーン」は、ある種の「霊力」をもち、翼のある爬《は》虫《ちゅうるい》類を思わせる「空想上の怪物」である。それらの共通点は、英雄ないし神によって、退治されてしまうことだ。ドラゴンを、古代ギリシアにとっての「強敵」と読みかえれば、神話のなかに史実がほの見えてくるかも知れない。

96 『聖書』世界のドラゴンを考える

キリスト教のバイブル『聖書』は、もとより宗教の書である。同時にそれは、ヨーロッパの歴史や、そこに住む人たちの考え方を知るうえでの必読の書でもあろう。キリスト教とユダヤ教はよく、前と後に二つの顔をもつヤヌス神（古代ローマ）に比せられる。

『聖書』には二つある。思いきって簡単にいえば、『旧約聖書』は、ユダヤ人にあたえられた救済の準備および約束を内容としている。そして『新約聖書』は、イエス・キリストによって成しとげられた救済の約束を、その内容としている。

この新旧の二つの『聖書』のなかのドラゴン（龍）は、ヨーロッパ人の龍にたいする理解をよく示していると思われる。

まず、『旧約聖書』である。その冒頭は「創世記」であり、「出エジプト記」である。その内容は神話であり、伝説であるが、ユダヤ人の移動の歴史が四千年におよぶことに、改めて驚かされてしまう。『旧約聖書』「詩篇」第七十四章に、ドラゴンが出てくる。

　神はいにしえより、わが王なり、
　救いを世の中に行いたまえり、
なんじ、その力をもて海を分かち、

大天使ミカエルに打ち負かされるドラゴン（デューラー画）

水のなかなるドラゴンの首《こうべ》を
くだき、
鰐《わに》の首を打ちくだき、
民にあたえて食となしたまえ
り……。

次に、『新約聖書』である。いよいよ、キリストの誕生である。『新約聖書』の最後の部分を飾るものとして、よく話題となる「ヨハネ黙示録」がある。

視《み》よ、大いなる赤きドラゴンあり。これに七つの頭と十の角ありて、頭には七つの冠あり。その尾は天の星の三分の一を引いて、これを地に落とせり。ドラゴンは子を産まんとする女のまえに立ち、産むを待ちて、その子を食わんと構えたり。女は男の子を産めり……かくて、天に戦《いく》さ起これり。ミカエルおよびその使いたちは、ドラゴンと戦う。ドラゴンも、その使いたちも、これと戦えり……かの大いなるドラゴン、すなわち悪魔と呼ばれ、サタンと呼ばれて全世界を惑わす古き蛇は、落とされ、地に落とされ、その使いたちも共に落とされたり。

ミカエルは言うまでもなく、キリスト教を守る大天使である。

キリスト教の世界では、引用文のなかの「女」はマリア、「男の子」はキリスト、であるとされる。

要するに、キリスト教の世界では、ドラゴンは、「首をくだかれる」という対象であり、「食となされる」対象なのである。「詩篇」のなかのドラゴンは、ユダヤ人を迫害したエジプト王のことかも知れない。さもなくば、巨大かつ獰猛《どうもう》で、攻撃的であり、キリスト教を害する存在なのである。

だとすれば、ドラゴンの運命はすでに明らかである。いずれは、キリスト教の側の神ないし王、もしくは天使たちにより、攻撃され、撃滅されることになる。

97　英国のワイヴァーンは生気にあふれ

例外のない規則はない、ともいう。

キリスト教世界でイメージされるドラゴンは、火をふき、人畜を損なう存在であり、それは宗教の「敵」でもあったが、このドラゴンの系統のなかで、例外を探すとすれば、それは英国のワイヴァーン（wivern）であろう。ワイヴァーンは、ふつうの辞書では「飛龍」と訳され、図とともに、「翼と、二本の鳥のような足をもち、尾のさきは矢じりのようにとがっている」などの説明がある。ドラゴンが龍でないように、ワイヴァーンはワイヴァーンである。

ここで注目すべきは、ワイヴァーンのいる場所だ。これまで、ギリシア神話では神や英雄に「退治」され、『聖書』では天使によって撃滅され、パリのノートルダム聖堂の柱では司教の杖《つえ》に抑えつけられるドラゴン

ロンドン橋をかざるワイヴァーン（英国）

だった。しかし英国のワイヴァーンは、まったく異なっている。

まず第一に、英国王室の紋章である。それは十三世紀以来、かなりデザインの変遷があるが、現在では、王冠をいただく盾を中心にすえ、左からは白馬が、右からはライオンが、護っている。

いつの時代であれ、赤いワイヴァーンは、中央の盾のほぼ四分の一を占めている。

第二に、ロンドン市の紋章である。それは明らかに、王室の紋章をベースにしているが、中央にある盾を、左右から、二匹のワイヴァーンが守っている。

第三に、ロンドン橋である。あの「ロンドン・ブリッジ落ちた」の橋の両側には、やはり剣マークいりの盾を片手にしたワイヴァーンが立っている。*

第四に、レドン・ホール市場の入口である。この市場はロンドン子の胃袋を満たすためにあり、入口の柱には、その重厚な屋根をささえるワイヴァーンがいる。

第五に、鉄道会社の紋章である。逆三角の盾のうえに、飛翔せんばかりのワイヴァーンがいる。

こうした例をあげると際限がない。日本から近いところでは、一九九八年まで英国に「支配」されていた

＊東京の日本橋は「東海道」を含む五街道の起点である。その橋を守護するかのように、青銅の像がある。それが紛れもないワイヴァーンであることを、ごく最近になって確認した。

香港《ホンコン》の紋章にも、ワイヴァーンがいる。誤解を恐れずにいえば、大英帝国が「七つの海を支配」した時代、その影響がおよんだ場所には、何らかの形のワイヴァーンがいる。

さて、このワイヴァーンの特徴であるが、ドラゴンとは明らかに一線を画している。それは生気にあふれ、荘厳で、強力な意志をもち、パワフルな形象となっている。

これまでに見たように、英国王室のワイヴァーンは、盾のなかにいる守護神であり、バイキング系の王権をよく表現しているだろう。ロンドン・ブリッジのワイヴァーンは、落ちることなどないよう、強固な構造物であることを願ったものだ。鉄道の紋章としてのワイヴァーンは、やはり「飛龍」のようなスピードにあやかったもの。

英国のワイヴァーンはこのように、形態的にはドラゴンに似ているが、性格的には完全に異なっている。ドラゴンは火をふき、人間に被害をあたえる。ワイヴァーンはある種の霊力をもち、むしろ人間に活力をあたえる空想上の動物であり、英国王室の紋章から、庶民の足、「地下鉄」まで、どこにでも顔を見せているのである。

98　ロシアのドラゴンの歴史的背景

十二年前、すなわち前回の辰年には、よく龍の話をしたものだ。朝日カルチャーセンター（東京）では連続講座五回、竜王町（滋賀県）では町制四十五周年の記念講演など、記録をみると全部で三十回以上、各地で龍の話をした。やはり『龍の百科』（新潮社）はかなり影響があったことを実感した。

自分自身もその会員である日本翻訳家協会で、総会の折りに龍の話をする機会があった。時間はそれほど長くなかったのだが、例によって、多数のスライドを放映し、龍の絵をできるだけ多く見てもらうように配慮した。まずまずの好評だった。最後の時間はいつものように、質疑応答とコメントである。龍の起源や爪の数についても、かなり突っこんだ質問があり、手ごたえを感じた。

モスクワ市旗中央部の騎士ゲオルギウスとドラゴン

この協会には、各国語のスペシャリストが多く、当然その国の文化や歴史についても熟知している人がいる。タイ語の専門家からは、「中国の龍とはすこし違うようですが、寺院の屋根や階段に、龍のようなモノがたくさんいますよ」と。それはナーガのことである。ロシア語の人からのコメントが印象に残った。「はっきり覚えてはいないのですが、モスクワの市の旗には確か、ドラゴンがいたはずですが……」と。これは意外でもあり、聞き捨てならない情報だった。さっそく調べにかかる。

確かに、そうだった。モスクワの市旗は、暗い赤を地色とし、中央には白馬にまたがり、青いマントを翻した騎士が画かれており、彼は右手に長い槍をもっている。その槍が突き刺しているのが、馬の脚のしたにいるドラゴンである。これは龍ではない。また、この騎士はゲオルギウスだという。

そのゲオルギウスは、ロシア人などはなく、古代ローマ末期、十一世紀ころのキリスト教の殉教者である。この殉教には、ドラゴン退治と同時に、異教との戦いがあるのだ。毒を振りまき、人には噛みつき、さらには羊や人の生け贄《にえ》を要求する巨大なドラゴン。それを勇者ゲオルギウスが、槍で突き刺した後、村人たちに「キリスト教に改宗するなら」、このドラゴンを殺してやると迫ったという。

その場しのぎで、村人たちは彼の要求をいれ、キリスト教に改宗した。しかし異教徒の王のほうは収まらない。ゲオルギウスを捕え、拷問にかけ、逆に彼にキリスト教を放棄するよう迫る。神の加護により無事だった彼も、最後は斬首され、殉教者となった、と『黄金伝説』（56章、前田敬作・今村孝訳、平凡社、二〇〇六年）は伝えている。

この『黄金伝説』（レゲンダ・アウレア）は、十三世紀に成書したキリスト教の聖人伝集である。その分量は『旧約』と『新約』の二つの『聖書』を合わせたほどで、百余名の聖人たちの生涯を記している。中世ヨーロッパでは『聖書』についで広く読まれた本である。芥川龍之介の『奉教人の死』の主人公は聖女マリナであるが、『黄金伝説』をもとにしているとされる。

ここでいう「異教」は当然、イスラム教である。十字軍の歴史（計八回、約二百年にわたる）をどう理解するかは、その立場によって全く異なる。キリスト教からすれば、それは聖地エルサレムを奪回する「聖戦」であり、「義軍」である。しかし、イスラム教からすれば、道理なき「侵略」であり、「賊軍」である。この

ロシア国章

二大宗教の抗争は現在にいたるまで、人類に少なからぬ影響をあたえつづけている。

　さて、ロシアのキリスト教である。それは十世紀末、ウラジミール一世により、集団的な洗礼から始まったとされ、千年以上の歴史をもつ。カトリックとも違い、プロテスタントとも異なることから、ロシア正教と自称、スラブ民族の精神的支柱であることは、信徒数の九千万人（公称）からも類推できる。ちなみにロシア連邦で、第二代大統領、第五代および第九代首相をへて、二〇一一年、大統領に返り咲いたＶ・プーチン氏（一九五二〜）は、敬虔なロシア正教徒だという。

　そうした背景を知れば、モスクワの市旗に、ドラゴンを刺し殺すゲオルギウスが画かれていることは、容易に理解できる。それが制定されたのは一九九五年のことであり、ソビエト連邦が崩壊して四年目のことである。さらに言えば、この市旗のデザインは本来、帝政ロシアの紋章に由来している。それが二〇〇〇年には、ロシアの国章の中央に画かれ、その背景を黄金の双頭鷲が飾るようになる。

　ユーラシア大陸の北方の雄スラブの政治体制は、二十世紀の初頭にロシア革命を選択し、それが自壊する形で今日に至っている。この間、帝政ロシアの紋章にあったドラゴンは、一時的に姿を消したが、復活し、首都モスクワの市旗の中に、またロシア連邦の国章の中に見ることができる。歴史の流れは、ときに渦巻き、ときに逆流があって、複雑としか言いようがない。

99　中南米のククルカンは農耕神

古代文明の不思議は少なくないが、その最たるものが、中米、メソアメリカのそれであろう。メソ（meso）とは本来ギリシア語であり、「〜の間」「中間」を意味する。メソポタミアは、二つの川、すなわちチグリスとユーフラテスの間にある場所のことである。長大なアメリカ大陸、その南北の間、いまでいうメキシコ国と中央アメリカの一帯に、やや詳しくいえば、北はメキシコのパヌコ川から、南はコスタリカのニコヤ湾あたりまで、紀元前二〇〇〇年頃から、壮麗な神殿ピラミッドをもつ農業文明が栄えたという。例えば、

マヤ文明――メキシコの南東部、ユカタン半島、前三世紀から後十六世紀

アステカ文明――メキシコの中央高原、一五二一年に滅亡

ティオティワカン文明――メキシコの中央高原、起源前後から七世紀

などはその一部にすぎないとされる。近年、その輪郭がようやく明らかになってきた。

春分と秋分に、壮麗なピラミッドに降臨するのが、ククルカンである。マヤ文明のシンボル的な存在であるチチェン・イッツァ（一九八八年、ユネスコ世界文化遺産に登録）を例に、すこし詳しく見てみよう。その所在地はユカタン州都のメリダの東百二十キロ、古典期マヤ文明の遺跡で、その面積は約四平方キロ。

春分と秋分に現れるククルカンの全体像

ここにあるピラミッドを、スペイン語ではカスティーヨとよび、それは城塞を意味する。本来のマヤ語ではケツァルコアトルといい、それはマヤの最高神ククルカンを祭る神殿である。その別名は「ククルカンの神殿」ないし「ククルカンのピラミッド」という。

それは大きな、九段の層からなる四角形で、急こう配の四つの面には各九十一の階段がある。その頂上には真四角の神殿がある。階段の総数は、九十一の四倍、三百六十四であり、最上部の神殿の一段をたせば三百六十五となり、それは一年の日数である。マヤ文明の暦は、その独自性と精度の高さで有名だ。

ピラミッド全体が真北から十五度傾いている。北に面した階段に注目しよう。それは他の階段と同様、とても急峻で、手すりの部分にすがりながら、登り降りすることになる。その階段の手すりの一番下にあるのが、ククルカンの頭の像である。どうみてもそれは、恐そうな表情をしている。

一年に二回（春分と秋分）、太陽が沈む瞬間が見ものである。この日はピラミッド全体が真西からの夕陽を浴びることになる。日没の直前、ククルカンの頭から階段の手すりにかけての部分だけが夕陽を浴び、それ以外の周囲は陰となる。その結果、まるでククルカンが胴体をくねらせながら、この世に現われたかのような、幻想的な光景となる。その瞬間を見るために、大型バスを連ねて観光客が訪れるようになった。

それはチチェン・イッツァに限らず、古代のピラミッドがあり、近年、交通が整備された場所ならどこでも同じである。メキシコシティーを訪れる観光客のうち約八割が、古代都市ティオティワカンの遺跡に行くという。そこには「太陽」と「月」の名を冠した二つの有名なピラミッドがある
神として祭られるククルカンの正体を、すこし詳しく拝見してみたい。それは「羽根をもつ蛇」であり、メソアメリカの各地での呼び名はすこし異なるが、神話中の最高神であり、創造の神であることに変わりない。人類の誕生に関与し、人類に文明を授けたとされるククルカンである。その原型を、ケツァール（キネバネドリ科）に求める人もいる。その姿は、黒い目、黄色のくちばし、胸毛は赤と白、羽根は緑で、雄は一メートルの尾羽をもつという、まさに幻の鳥なのである。

その神ククルカンが、春分の日、ピラミッドに舞い降りたのは、午後四時半すぎだった、とＮＨＫの番組「失われた文明」は報じていた。それは確かに感動的なシーンであるが、それ以上に大切なことは、春耕の開始を告げることである。生きるために食べなければならない人間、その人間に「さあ、そろそろ働き始めなさい」と教えてくれる蛇ないし鳥を、豊穣の神に仕たてあげたのも、また人間である。

周知のように、この独自の繁栄を謳歌し、鉄器を知らなかったメソアメリカ文明は、十六世紀、スペイン人によって徹底的に滅ぼされてしまう。この史実はもっと知られなければならないし、語られなければならないだろう。

メソアメリカ（中米）は地理的には、アジアから見ると、地球のほぼ裏側にあたり、最も遠い場所である。だがしかし、マヤ文明やアステカ文明などに、どこか郷愁のようなものを感じてしまう。いつも食べているトウモロコシの原産地は中米であり、ジャガイモの原産地は南米である。さらにまた、アメリカ大陸の先住

民族たちは「蒙古斑」をもつアジア系であり、太古の昔の氷河期、アリューシャンを歩いて、アジアからアメリカに渡ったなどと聞けば、一層の親しみを感じるというものだ。

第Ⅶ章　日本人と「龍」

100　正倉院の御物に太古の龍骨

ヒトが恐龍のことに気づいたのは、意外におそく、一八二二年のことだ。イギリスのマンテル夫人が散歩のときに発見した「不思議な化石」は、じつは恐龍の歯であることが、やがて学問的に証明される。中国の恐龍のことは、すでに61項で紹介した。最近では、日本の恐龍も話題となり、石川や福井など四県にまたがる手取《てどり》層群に、スポットがあてられている。

さて、65項で明らかにした龍骨《りゅうこつ》であるが、じつは日本にもある。奈良の正倉院は八世紀の創建だが、そこには千年の眠りにつく龍の骨や歯がある。

正倉院はよく「シルクロードの東の終着駅」といわれる。そこに超国宝級の文化財があることは世界的に有名である。そうした「宝」を戦火や風雨から守り、今日につたえた功績は大きい。いずれも聖武《しょうむ》天皇の遺愛品や、東大寺の寺宝である。中国の唐代の琵琶《びわ》や陶磁器、ペルシアのガラス器は夙《つと》に有名である。

だが、龍骨など薬物のことは意外に知られていない。昭和二十年代の後半、正倉院の御物の薬物にたいして学術調査が行なわれた。それは当時の民主化の風潮とも関係があっただろう。正倉院は要するに、東大寺という寺に属する大きな倉庫なのである。六十点にのぼる貴重な薬物が、盧舎那《るしゃな》仏のために奉じられた形になっている。

そのリストがあり、「種々薬帳《しゅじゅやくちょう》」とよばれる。最古のものは天平勝宝八（七五三）年六月二十一日付けであ

る。その中に、

龍骨　五斤十両　　五色龍骨　七斤十一両　　白龍骨　五斤　　龍角　十斤　　五色龍歯　二十四斤　　似龍骨石　二十七斤

などとある。リストはその後も作成されており、薬物の分量がすこしずつ減っている。それは思うに、実際に用いられたことを意味するだろう。余談になるが、天平版のリストの最後に、薬物の奉納にかかわった人物たちの肩書きと、本人のサインがある。そのトップは、

藤原《ふじわらの》朝臣《あそん》仲麻呂《なかまろ》

である。仲麻呂の曾祖父は、「大化の改新」の推進者である鎌足《かまたり》だ。あの改新はじつは、七世紀に断行された「近代化」である。それは視点を変えれば、蘇我《そが》氏と藤原氏の抗争であり、勝者は後者だったのである。

さて、学術調査の報告書『正倉院薬物』（昭和三十年）によれば、

龍骨→化石鹿の角　　龍歯→印度象の歯

正倉院御物の「龍骨」はインド産？

であるという。写真は、『正倉院薬物』では「五色龍歯」とある。いまから千二百年前の天平の昔、この「龍の歯」は美しく五色に輝いていたのであろう。二十世紀の「科学」はそれを、

「かなり高度に進化したゾウの上顎《じょうがく》右第三大臼歯《だいきゅうし》であり」
「おそらくはインドからの渡来品であろう」

と結論する。その成分の約半分は酸化カルシウムであると

いう。

こうした科学的な鑑定に、「夢がさめた」と思うのは、筆者だけであろうか。

101 浦嶋神社には龍宮城の掛け軸が

沖縄の海に初めて潜ったのは、一九七二年の冬のことだった。雪国の新潟で育った筆者の感覚からすれば、十二月の沖縄の西表《いりおもて》の海は「泳げた」のである。民宿の家の人たちは、「寒いです」と首をすくめていた。だが、サンゴ礁のあいだを、赤や青の熱帯魚が泳ぎまわる光景を目のあたりにして、「龍宮は、あるかも知れない」と思ったものだ。

浦島のことは、日本人のひとりとして、こども心に刻まれていた。カメをいじめるな、というのは動物愛護だろう。タイやヒラメの舞う龍宮は、幼ごころにも優美だ。玉手箱からたち上る白い煙は、やはり恐かった。この物語の背景に、常世《とこよ》の考えがあり、神仙思想があることを知ったのは、大学を出てからのこと。不明を恥じることになるが、十八年前（一九九四年）まで、ほんとうに日本に、浦島太郎を祭る神社があることを知らなかった。

京都府与謝郡の伊根《いね》町に、浦嶋（島）神社はあった。別名、宇良神社《うらのかむやしろ》。祭神は、浦嶋子《うらのしまこ》すなわち浦島太郎である。日本海にのぞみ、天の橋立のすこし北にある伊根町は、昔もいまも漁業が盛んである。海に面した一階が舟のガレージになっている「舟屋《ふなや》」も有名だ。

この浦嶋神社は、天長二年（八二八）の創始だというから、すでに千年以上の歴史がある。宮司の宮嶋さんのご好意で、浦島太郎の掛け軸を見せてもらった。この「社宝」は、正しくは「浦嶋明神縁起絵巻」といい、室町初期の作品であるという。掛け軸となっている「絵巻」の内容を、文章にすれば、大略、以下のようであろう。

龍宮掛け軸と玉手箱。中央が李連慶氏

浦島さまは、水の江の浦へ、いつも釣りに出かけます。ある日、五色の亀が釣れ、不思議なことと思っていると、すでに夢のなか……

美しい姫がいつしか舟にのり、龍宮へと案内されました。常世では、春夏秋冬、いつも眺めがよく、飽きることがありません。

豪華な御殿では、うるわしい音楽をききながら、楽しい日をおくりました。

花のような乙姫《おとひめ》さまのもてなしに、月日のたつのも忘れていました。

ある日、太郎はふと両親のことを思い出し、帰ることにしました。

乙姫は名残りをおしみ、絶対に開けてはならないと、玉手箱をくれました。

轗軻《かんこ》の橋をわたり、この世にもどると、見知らぬ顔、見知らぬ場所ばかりです。
あまりの寂しさに、浦島は、姫との約束を忘れて、玉手箱を開けると……

じつは浦嶋神社への道は、ある種の「ご縁」があった。それは徐福《じょふく》である。徐福は秦《しん》代の道士であり、始《し》皇帝《こうてい》に派遣されて、不死の霊薬を探しに東海へ船出した、と司馬遷《しばせん》の『史記』にある。

中国徐福会の李連慶《リーリエンチン》*会長は、元インド大使であり、作家としても著名な方だ。李会長のご案内をして、伊根町を訪れたのだった。一九九四年八月のこと。

京都の伊根町は、「徐福上陸の地」であり、丹後《たんご》徐福会の石倉昭重会長らが、李会長を案内してくれた。そんな訳で、浦嶋神社の「社宝」も、至近距離から、拝見させてもらった。ちなみに、伊根の新井崎《にいざき》神社は、やはり徐福ゆかりの場所であり、標柱には李会長の揮毫《きごう》がある。また、伊根町には、大地の「気」のエネルギーがでるとされる龍穴《りゅうけつ》がある（254頁）。

荒波の打ちよせる海岸から、西に日本海を望むと、沖あいに二つの島がある。カンムリのような冠島《かんむりじま》と、クツのような沓島《くつじま》である。地元の言い伝えによれば、それは神仙思想を具現しており、神聖な再生の場所であるという。

102 日本のあちこちにある龍穴——奈良県宇陀市

伊根からの帰りのことだった。伊根では、前項にあるように、浦島伝説や徐福のことなど、期待どおり、

＊李連慶　外交官であり、作家としても有名だったが、気さくなお人柄だった。徐福の交流を軌道にのせるため、私財を投じて尽力された。2012年3月、北京にて没。享年88歳。

いやそれ以上の収穫があった。そこは丹後半島の東側で、若狭湾から宮津湾への入口にあたる。鉄道に乗るために、天橋立にもどる必要がある。後になって知ったことだが、天橋立は全体として、いままさに飛翔せんとしている龍とされ、観光ポスターにも用いられている。

車では、日本でも中国でも助手席に乗ることにしている。

「アッ！ ちょっと！ 止まって！」と、こちらが大声をだしたので、急ブレーキがかかる。

「いま確か、龍穴とかいう案内板があったけど？」と聞くと、うなずいた運転手はUターンをしてくれた。見間違いではなかった。ほとんど樹のかげに隠れるようにして、青い標識があり、「龍穴——龍宮に通ずる穴」と書かれており、下向きの赤い矢印もある。そこには確かに、小さな「穴」があった。

地面から十センチほど、石組みがあり、その中央部にあるのは、高さ約三十センチ、幅が十センチほどの「穴」だ。小さなもので、その横を歩いて通ったとしても、気づかない可能性が大だ。龍宮に行けるとしても、まず入ることが不可能である。そっと、手を入れてみた。わずかにではあるが、風が吹いてくる。

室生寺の「龍の散華」（奈良県宇陀市）

「龍宮は、ここから、やはり近いらしいですね？」と、伊根の人に、水を向ける。

「行った人がいるかどうか？ 帰ってきた人はいないようですよ」という、笑いながらの答えだった。

「龍穴神社」の奥宮のご神体の「龍穴」

二つ目の龍穴があったのは、奈良県でのこと。

一度は行ってみたい、という場所があるものだ。昔の教科書に出ていたり、何かの本で読んだりして、印象にあるのだが、これまでチャンスが無かったという所である。室生寺《むろおじ》も、その一つだ。それがある宇陀《うだ》市も、これまで訪れたことがなかった。寺そのものは、その知名度から想像していたよりも、小じんまりしていたが、「龍の散華」という収穫があった（1項）。

室生寺かいわいの案内図を見ていた時のことである。その左隅に、「龍穴神社」「吉祥龍穴」という文字があり、小さな龍の絵があった！　吉祥なる龍穴と、龍穴の名を持つ神社、寺からはちょっとした距離ではあるが、是非とも行かずばなるまい、と決意する。

それは予想よりも大きな神社であり、鬱蒼《うっそう》とした木立の中にあった。境内の入口にある案内図に、「本日はようこそ室生龍穴《りゅうけつ》神社へご参拝くださいました。龍穴（奥宮）へご参拝される方は、先ず拝殿前でご拝礼の後、その旨を社務所の方へお申出くださって浄衣（略小忌衣）を着用の上、参拝されますことをお勧めいたします……」とある。

目指す龍穴はどうやら、この神社の一部というより、さらに重要度の高いと思われる「奥宮」のようだ。期待できそうではないか！

ただ、どうしたことか社務所は無人だった。かなり広い境内なのだが、自分以外は誰もいない。仕方なしに、こちらは浴衣のまま、案内図の道順をいちおうデジカメに収め、龍穴を目指す。標識があり、そこからは山道であり、かなりの勾配だ。汗が流れて、気持ちがいい。途中に「天岩戸《あまのいわと》」など、摩訶《まか》不思議な場所があったのだが、ここでは省略しよう。こちらの目的は龍穴である。

鳥居があった。そこから今度は、かなりの急坂を下ることになる。つづら折れで、石段だ。ふと振り向くと、もう道にあった鳥居も見えず、かなり谷深くまで下りたことが実感される。小さな、お堂がある。屋根と柱だけで、壁はない。板の間は清潔そのものだ。ということは、掃除にくる人がいるということだ。靴をぬぎ、そこに坐る。眼下には、水量は少ないが、渓流が音をたてている。視線をあげ、水平の方向を見やると、そこに龍穴があった。

流れの向こう側、ほとんど直角の岸壁に、左上から右下にかけて、割れ目がある。大きい。左右に一メートル以上、高さは五十センチほど。このサイズながら、変幻自在の龍のこと、棲み家としても問題ないだろう。一本しめ縄が張ってあるのだが、それが小さく見える。

渓流を渡ってくる涼風に吹かれながら、ご神体としての龍穴をしばし拝謁《はいえつ》する。お堂からの距離は約二十メートルだが、三百ミリの望遠レンズを用いると、かなりアップできる。龍穴の内部は？　などと空想するだけなら許されるだろう。坐ったまま瞑想し、呼吸法をすると、体内の「気」が大きく動いた感じがした。

103 日光の鳴き龍は、耳と目を悦ばす

ここらあたりで、日本の龍にも登場してもらおう。国宝クラスの美術品のなかにも、民間の行事や信仰のなかにも、数えきれないほど、日本の龍がいる。まずは、「人工の粋を凝らした」という定評のある日光の社寺（東照宮、輪王寺、二荒山神社）からである。

「日光の鳴き龍」である。その下で、柏手《かしわで》をうち、ブルルーンというような、「龍の鳴き声」を聞いた人は少なくないだろう（現在は拍子木《ひょうしぎ》を打って聞かせている）。天井から迫りくるような龍の名画があり、自分の柏手に応じるかのように、龍が鳴いてくれる。まさに、目を喜ばせ、耳を悦《よろこ》ばせてくれる。

鳴き龍の原理は、じつは山彦《やまびこ》と同じものだ。音響学では、反響ないしエコーという。ヤッホーという山彦の場合は、その叫び声などが、対向する山や絶壁によって反射され、ひと呼吸おいてから、自分に聞こえてくるものだ。

鳴き龍のことを、専門的には、フラッター・エコーという。flutter は動詞で、旗などがハタメクことである。転じて、再生した音がゆれること、をも意味する。フラッター・エコーは、対向する二枚の壁などの間で、反射がくり返されて生じる音響現象である。

日光に、鳴き龍に、話をもどそう。

奈良時代の日本には、大きな宗教ブームがあったようだ。高く、奥深い山を開き、そこを霊場とするもの

である。そこでは一般に、古来の神祇《じんぎ》と仏教とが、共存し、結びついている。いわゆる山岳信仰である。日光の男体山は、それ以前から男山と呼ばれ、下野《しもつけ》の民から尊拝されていたのは事実である。

ただ、現在の日光のような高い知名度を確立させたのは、徳川家康かも知れない。東照宮が家康の霊を祭る神社であることは、意外と忘れられている。関ヶ原の戦い（一六〇〇年）によって、戦国の世に終止符をうった家康は、その十六年後、駿府城（静岡）で亡くなった。その遺言により、遺骨は久能山に埋葬され、そこに神社が造られるはずだった。

その計画を変更し、家康の遺骨を日光に移したのは、天海《てんかい》である。「怪僧」の異名をもつ天海は、比叡山《ひえいざん》の出であり、家康の最高ブレインでもあった。それを実行したのは、二代将軍の秀忠である。三代将軍の家光は、東照宮の規模があまりに小さいことをこの嘆き、現在のような規模に修復した。一説によれば、家光の真意は、参勤交代と同様に、全国の大名たちを修復の事業に参加させ、彼らの財力を消耗させることにあったという。いまの東照宮は、国宝の本殿や陽明門をはじめ、国の重要文化財も少なくない。建物の柱や梁《はり》などには、龍また龍である。龍もまた、百以上と少なくない。

焼失する前の「日光の鳴き龍」

わが「日光の鳴き龍」は、薬師如来を祭る本地堂（薬師堂、重文）にあった。その天井に、狩野《かのう》永真安信の筆になる、長さ八メートルの蟠龍《ばんりゅう》がわだかまっていた。それは惜しくも、昭和三十六（一九六一）年に焼損し、堅山《かたやま》南風により再現された。

その下で柏手をうつと、ブルルーンと「龍が鳴く」のは、龍の画《えが》かれている天井が、わずかに凹《へこ》んでいるからだ。天井と床の間で、音が反射をくり返し、音響効果が生じるのである。匠《たくみ》たちのその巧みな工夫は、「大将軍」家康に、いかにも似つかわしいであろう。

中国でフラッター・エコーを利用したものに、北京の天壇の三音石や、河南省の三門峡の法輪寺塔（俗称、ガマ塔）などがある。いずれも、定められた場所で拍手をしたり、大声をだすと、大きく反響する。

104

龍にちなむ植物——金龍草、銀龍草

龍にあやかる植物は少なくない。龍の鬚《ひげ》（ユリ科）、龍舌蘭《りゅうぜつらん》（リュウゼツラン科）、龍脳菊《りゅうのうぎく》（キク科）、龍血樹《りゅうけつじゅ》（スズラン科）、龍鬢帯《りゅうびんたい》（リュウビンタイ科。漢名＝観音座蓮）など。まだまだ、ありそうな気がしていた。

「銀龍草を見てきましたが、ご存じですか」と連絡をくれたのは、大阪にいる読者である。

彼女は友人たちと連れだって山野をよく歩くという。奈良の三輪山で撮ったという写真を添付したメールをもらったのが、五月初旬だった。銀竜草《ぎんりょうそう》と書かれた看板があり、その横にあるのは、銀白色の植物である。樹木の陰になるような場所で、落ち葉の間から成長しているように見受けられる。ということは、キノコの類だろうか、とまずは想像する。

龍と名のつく、そんな植物を知らないでおり、不明を恥じるばかりである。さっそく調べてみた。イチヤクソウ科、一年草の腐生植物で、学名を Monotropastrum humile といい、草丈は五〜二〇センチ程度。うす暗い林の中などで、腐った木や枝、葉などに生育する。銀白色の茎は円柱状でスックと立ち、葉は退化した鱗片状で、数枚あり、その先端に一つだけ花をつける。その白い花は筒状で、鐘に似ており、やや下向に咲く。花弁も白く、三〜五枚あり、かなりの肉質。果実は卵型をした液果である。

こうした全体の姿から、それを銀白色の龍にみたてて、銀龍草という名前が付けられたという。銀龍草が緑色ではなく、白いのは、葉緑素を持たないからである。自身では炭酸同化できず、栄養分を作りだすことができないので、菌類を介して、寄生した腐植物から炭素源を得ているのである。

日本の各地に生息し、朝鮮半島や中国、サハリン、インドシナ半島にも分布するという。

銀龍草

英語名は、Indian pipe ないし Waxflower という。前者は、その形態をよく表現しており、「インドのパイプ」とはよく言ったものだ。後者は、その銀白色から、まるで蝋細工のような花と命名したのだろう。中国名は、水晶蘭で、とても上品である。

笑ってしまったのは、その別名が幽霊茸《ゆうれいたけ》であること。確かに、その白っぽい姿が、林のうす暗がりにあれば、ちいさな幽霊に見えなくもない。

もらったメールの末尾が、ふるっていた。「銀龍草のほかに、金龍草というのもあるそうで、すっごく珍しくて、

金龍草

写真に撮れれば百万円はする、というガイドの話でしたよ」と。ガイドさんは職業上の必要から、お客さんを喜ばせるために、面白い話しをよくするし、文学的な潤色をすることもあるだろう。これは許される。破格の金額はともかく、その金龍草というのも、当方は初耳（目？）だった。

　これも調べてみる。金龍草もイチヤクソウ科だが、多年生の腐生植物で、学名をMonotropa hypopithsといい、正しくは錫杖草《しゃくぞうそう》という。その姿が、僧侶や修験者がもつ杖（錫杖）に似ているからとされる。やはり山地の林の中で、木蔭に生え、草丈は十～二〇センチ程度。黄色で、肉質の茎をし、葉には銀龍草と同様、葉緑素というものがない。花は小さな鐘の形をし、茎の先に数個、下向きに咲く。

　その花であるが、銀龍草よりやや遅く、七月～八月に咲く。最初は下向きだが、咲き進むにつれて上を向くようになり、実をつける頃には、真っ直ぐになり、果実は立ち上がるようにつく。

　やはり腐生植物（菌根植物）である金龍草は、銀龍草と同様に、自身では葉緑素をもたず、自力で栄養分を作りだすことが出来ない。茶褐色をしているのは、全草に葉緑素がないためである。栄養分は、根の表面ちかくにある菌根が枯葉などを分解し、そこから吸収している。

　余談になるが、錫杖で思い出したことがある。蓮の杖である。神奈川県の伊豆半島、その先端にある下田を、数十年ぶりに、ぶらりと訪れたのは昨年の夏。近年は竜馬ブームをあてこんでいるようだが、当方はペリーのほうに関心がある。海岸にあるその像をみて、城山公園にのぼり、やおら帰路につく。

日本の「写真師の開祖」という看板と、一つの像があった。下岡蓮杖《しもおかれんじょう》＊（一八二三～一九一四）のことは知らなかった。絵師から写真師（カメラマン）に転じ、写真館だけでなく、印刷所や乗合馬車、牛乳しぼりなど各種の実業を手がけたという。開国の地・下田にふさわしい人物だ。彼の雅号が蓮杖であり、その像の左手は蛇腹のカメラを、右手は蓮根さながらの杖を、それぞれ持っていた。

105

高級ブランド米「龍の瞳」

数年前から、気になっている米があった。主に新聞だったと記憶しているが、「龍の瞳《ひとみ》」という品種の米が高い人気を集めている、という。その一部は切り抜いて、わが「龍ファイル」に保存してある。

思いたって、ネット検索をしてみた。驚いたことに、百件ほどの項目がある。いちおう上位の二割ほどを調べると、例によって、大同小異であり、明らかなコピペも少なくない。しかも促販（販売促進）が主目的であることが分かる。商魂たくましく、という現代日本の縮図である。

米の一般的な評価としては、新潟県の魚沼《うおぬま》を産地とする「魚沼産コシヒカリ」が最上位にあるだろう。ただ残念なことに、その銘柄米として売られているものの約半分に、別の品種の米が混入していたとの報道も、ごく最近あったばかりだ。悪貨（米）が良貨（米）を駆逐しなければよいのだが……。

＊ごく最近、江戸城を撮った下岡蓮杖の写真が発見された。これまで知られていなかった江戸城の「素顔」を知るための手がかりとして、話題になっている。

高級ブランド米「龍の瞳」

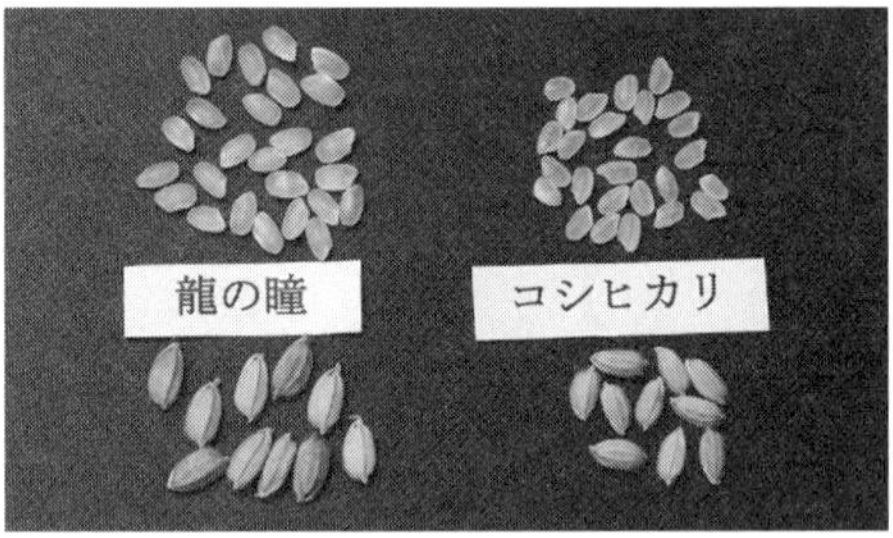

米粒は大きい

論より証拠、調査なければ発言なし、だ。ネット通販はひとまず敬遠して、池袋のデパートの地下へ、久しぶりに行ってみる。複数の米売り場があり、その全てに「龍の瞳」は置かれていた。しかも、ほとんどの場所で、最前列にあるということは、やはり一定の評判となっているからだろう。

ものは試しである。一番ちいさな紙袋を求める。一キロいりで一四七〇円だった。その場でも、やはり高目だなと感じたが、その後、米の値段が気になりだした。五キロいりの袋で売られていることが多いが、魚沼コシヒカリが四千円程度、秋田こまちや宮城のササニシキは二〜三千円台である。

大まかに比較すると、「龍の瞳」は、高級銘柄米の一・五倍、一般銘柄米の二〜三倍の値段である。

米というものは、透きとおるように白く、噛んで堅く、粒がそろっているものが上質とされる。「龍の瞳」の際だった特徴は、その粒が大きいことである。一般の米粒の約一・五倍はある。これは誰の目にも疑いない。米粒が大きいのだから、炊きあがったご飯の粒は、確かに大きくなるというもの。よくある評価の「弾力」は、この粒の大きさと関係しているだろう。

その米粒の色は、真っ白というより、いくらかクリームがかっており、炊いてみると、さらに明らかだ。香りは一般的であり、山形県新庄《しんじょう》の友人が送ってくる「さわのはな」のような特別な香気はない。

さて、その味である。新聞やネットでは「甘みがある」という評価が圧倒的だ。味覚はもとより、主観的な面が強いのだが、どんな米にも甘みはあり、旨みはあるものだ。「龍の瞳」に特別の甘みがある、とは思えない。むしろ特徴的なのは、ある種、奥深い味であり、野生を感じさせる食味である。これはコシヒカリなどには無いように、筆者には感じられる。

もう一つ、正直な印象を付けくわえておこう。「龍の瞳」は、温かいうちが美味しいお米である。

遅れてしまったが、「龍の瞳」の発見と誕生の経緯を紹介しておく。新聞やネットの内容を要約すると、以下のようである。岐阜県の温泉で有名な下呂《げろ》市に在住の今井隆さん（五六歳）が、前回の辰年（二〇〇〇年）に、棚田のコシヒカリで、背丈が十五センチも高い稲を発見、収穫後、米の粒が大きいこと、とても美味しいことに注目、その栽培をつづけた……。彼は当時、農水省東海農政局の職員であり、自分の棚田でも数種類の米を栽培していた。その目的は、仕事がら、地元の条件にあう美味しい米を探すこと。

「龍の瞳」は、突然変異の米である。それを発見したのは、今井さんの努力であり、功績だ。四年後には、地域の農家が種もみをもらって生産するようになり、その二年後には品種登録も済ませた。飛驒《ひだ》産の「龍の瞳」が、その発見から市場で評価されるまで、いわゆるブランドとなるまで、十年かかったという。

米を、日本列島に住む人たちが知るようになったのは、縄文の晩期（陸稲）とも、弥生の初期（水稲）とも、される。いずれにせよその後、米が日本人の主食であり、収量や食味の向上がつづいている。「龍の瞳」もまた、そうした日本人と米のお付合いの一コマではある。

ちなみに、これまでのジャポニカ（短粒、粘り気あり）とインディカ（長粒、粘り気なし）という、日本人に分かりやすい米の分類は、実態はそれほど単純なことではなく、修正が求められているようだ。

106　豊作祈願の蛇踊りは実は龍

日本の各地に「蛇踊り」がある。たぶん長崎の「くんち」が元祖だろうが、長野県の諏訪《すわ》市などにもある。それとよく似たお祭りが少なくない。例えば、島根県の託綱《たくつな》（桜江町）、香川県の雨ごい龍（仁尾町）、長野県の岳《たけ》の幟《のぼり》（上田市）、新潟県の大したもん蛇まつり（関川村）、群馬県の戴水《たいすい》の儀（板倉町）、疫神除け（明和村）、埼玉県の藁蛇《わらへび》（龍蛇ともいう、鶴ケ島市、108項）、東京都の大蛇お練り（世田谷区）、藁蛇（文京区）、蛇より（稲城市）、神奈川県の青龍祭（清川村）、千葉県の藁蛇（船橋市）、辻《つじ》切り（市川市、佐倉市）、茨城県の盆綱（土浦市）、ボンドノ（石岡市）、栃木県のジャガマイタ（小山市）など。

これらの蛇（ときに龍）を「ご神体」とする日本の祭りは、まさに枚挙にいとまがない。それらの共通点は、雨乞《あまご》いをポイントにした「豊作祈願」である。このように、蛇踊りは、かつての日本の地域社会で、蛇に仮託された龍に、「稲作が順調にいくよう雨を降らせて下さい」と期待する共同体イベントなのである。

さて、長崎の蛇踊りであるが、江戸時代の日本の鎖国と関係がありそうだ。飛行機がなく、船が唯一の外界との交流手段だった時代、港は、未知の世界からの情報の着信地だった。物資も、文化も、同様である。それらの情報や文化は、港の長崎から日本の各地へ発信された。

幕府の鎖国政策が完成したのは、寛永十八年（一六四一）である。例外は、オランダと清国だった。長崎の出島《でじま》に唐人屋敷が作られたのは、元禄二年（一六八九）のこと。その背景には、慶長年間（十七世紀初）から、長崎にきて帰化する中国人がいたこともあろう。

江戸時代から伝わる長崎の蛇（龍）踊りの図

かくして、この時代の長崎は対外的に開いた唯一の「窓口」だった。いずれにせよ、清国からきた貿易船の役人も乗組員も、唐人屋敷に住んだのである。そこは日本のなかのリトル・チャイナだった。

唐人屋敷に隣接する本籠町《ほんかご》の人たちには、唐船の修理や、物資の搬入という仕事があった。遊女の仲宿があったのも、この時代のことである。古老たちの伝えた話によれば、「本籠町の者が唐人屋敷の塀のところの外と内とで、蛇踊りの使い方を見習ったということです。蛇拍子もその時、唐人から習ったものでしょう」ということだ。

その長崎の「蛇」であるが、一定の規格がある。形相は大蛇に似ており、頭には耳があり、鹿のような一対の角があり、たてがみは長く、体には九千枚の鱗《うろこ》と四本の脚があり、それぞれの脚には四本の鋭い爪《つめ》があり、その足元からは火炎がたち、尾には七本の鋭い剣がある……。

この蛇（龍）の躍動を演出するのは、珠使《たま》い、頭使い、尻尾《しっぽ》使いの三人である。蛇をもつ者が何人いようと、この三者が名人でなければ、全体として「目の覚めるような生き物」にはならない。それに楽器いりのお囃《はや》子《し》である。長崎の人たちが「唐人」から教わった「蛇踊り」を、最初に諏訪神社に奉納したのは、十八世紀初め、享保《きょうほう》年間（一七一六～一七三五）のこととされる。

中国の龍灯《ロントン》すなわち龍踊りのことは、60項で紹介した。それは十世紀の宋《そう》代から、そう呼ばれており、唐人屋敷の清国人も、「龍灯」と教えたはずである。それが長崎では、「蛇跳」「蛇踊り」となる。これは通訳の問題というより、日本人の龍にたいするイメージの問題だろう。長崎の蛇の頭（顔）が、円山応挙の龍をベースとしていることは定説だ。だが、絵のように平面ではなく、立体となったモノを、長崎人は「龍」とは呼べず、「蛇」と呼んだのだ。ちなみに、長崎などの蛇踊りをみた欧米人は、それを dragonprocession と表記している。

107 青森では龍の頭で「虫送り」

中国の農暦では、龍はきわだった存在である。正月の十五日に、龍灯《ロントン》すなわち龍踊りがあり、豊作を祈願する。二月二日の龍抬頭《ロンタイトウ》は、春耕……農作業の開始を告げる日であり、順調な雨の恵みがあるよう祈願する。

このように、農耕民族の切ないほどの想いが、龍には託されている。それは日本に伝来し、長崎の蛇踊りや、各地の蛇ないし龍を祭る儀式となった。

農業には、もう一つ、クリアすべき大きな問題がある。病虫の害である。作物の成長をさまたげる病気、順調に生育している作物を食べてしまう虫、収穫寸前の果実を横どりする鳥。このように、農耕には「自然の敵」が少なくない。狩猟に比べると、農耕はなかなか手間のかかる生業《なりわい》である。それでまた、龍の出番となるのである。

五所川原市《ごしょがわらし》（青森県）の「虫送り」は、興味ぶかい夏祭りである。八月の上旬（三〜七日）、白装束に、烏帽子《えぼし》をかぶり、ワラジばきの若者たちが、荒馬を先頭にして、「虫」をかつぎ、にぎやかなお囃子《はやし》とともに、街中をねり歩く。例年、少なくとも十本は「虫」が作られるという。

ここでいう「虫」とは、稲わらを編んで作った巨大な柱である。直径は約一メートル、長さは約五メートルはある。その先にあるのが、木彫りの龍の頭（口絵7頁）である。手に手に松明《たいまつ》をもつ若者たちの行く先は、西の郊外にある岩木川のほとりである。

龍の頭をした「虫」を中心に、大きな人垣ができる。まず、神主により儀式が行なわれ、神楽や獅子舞がつづく。燃えさかる松明は、さしずめ病虫害や疫病を焼きはらう業火《ごうか》である。民の委託をうけた龍は、大小の虫どもを従えて、まさに昇天するのである。かくて、五穀豊穣を祈るセレモニーは完成する。

稲の敵は、イナゴ、メイチュウ、ウンカなどだ。中国の小説や映画のなかで、地平線から飛来したイナゴなどにより、田畑の作物が見るまに喰いつくされる光景がある。それは誇張ではないようだ。日本でも江戸時代、何度も、壊滅的な被害を受けている。

青森などの東北地方では、元禄年間（十七世紀末）のこと、津軽に押しよせてきた「イナゴの大群」が、収穫まぢかの稲をすべて喰いつくしてしまったのだ。「虫送り」の行事は、それを機に考えだされたものだという。かつては「早苗《さや》ぶり」と呼ばれた。

西日本の一円が、ウンカの大被害を受けたのは、享保年間（十八世紀初）のことだ。民俗学者の柳田国男は、次のように記している。「享保十七年……当年は風雨時を得五穀豊年の処、西国表の国々稲に雲霞《うんか》という虫生じ次第々々に隣国に移り五畿内近国まで参り……一夜の間に数万石の稲も喰《く》い候由。依之俄《にわか》に米穀六十匁《もんめ》に売買仕り候。極月《しわす》に至っては百二三十匁位になり……」（「実盛塚《さねもり》」）。

秋の収穫がフイになれば、穀物の値段はハネ上がり、民の生活は苦しくなる。日本の各地にある「虫送り」の祭りは、こうした切実な背景をもつものだった。無形の行事のほか、「虫送」や「虫追」は地名としていまも残っている。また、平家の荒武者の「武威」を借りて、害虫どもを脅そうとしたらしく、「実盛、ご上洛、稲の虫や、お供せい」と囃《はや》したてたという。実盛塚は、その名残である。

108 四年に一度の龍まつり――埼玉県鶴ヶ島市

これほど盛大な龍イベントが、自宅から一時間ちょっとの場所に、あったのか！　と驚嘆したのは、二〇〇〇年夏のことだった。埼玉県の鶴ヶ島市にある脚折《すねおり》町でのこと。

その年（辰年）には、龍の話をする機会がたくさんあった（98項参照）。埼玉県の狭山《さやま》市にある柏原公民館での公開講座「龍の世界」（全3回）でのことである。毎回、いちばん前の席で、静かに、にこやかに聞いてくれている男性がいた。名刺を交換すると、「脚折雨乞行事保存会」の会長（当時）高澤勲州さん（六八歳、現在）だった。その肩書のことについて質問すると、

「この夏に、本番がありますから、是非、見にきて下さい。四年に一回です、オリンピックと同じ年に。それから、こちらは毎年やっている『龍フェス』です」と、案内はがきを渡してくれた高澤さん。

真紅の地色のはがきには、黒字で「龍のまち つるがしま」、白ぬきで「アートフェスティバル」とある。毎年、二月の上～中旬、市民参加型で、所在地や国籍を問わず、龍をテーマとする作品展示会であり、太鼓やパントマイムなどのアトラクションもあるという。すでに七回の実績もある。

いざ出発の龍蛇（埼玉県鶴ヶ島市脚折）

この「龍アートフェスティバル」には、その後、自分だけでなく、友人たちも誘って行くようになった。龍をめぐるエネルギーを実感できるからである。実行委員会からの誘いがあり、会場で龍のショートスピーチをしたり、中国の龍の写真を展示してもらったりもした。

残念なことに、この龍フェスは第十五回（二〇〇八年）を最後に、その幕を閉じた。二月十七日の最終イベントの会場では、その終焉を惜しむ声がたくさんあり、いずれの日にかの再開を望む声もあがった。筆者の考えでは、龍のエネルギーはひとまず地下にもぐったのである。あたかもそれは地中を流れる伏流水のように、どこかし

ら流れつづけ、またいつか泉のように地上に姿を現わすことだろう。

二〇〇〇年の八月六日、白鬚《しらひげ》神社の境内には、背中に赤く「龍」の字を染めぬいた青いハッピ姿の高澤さんがいた。本日の主は、長さ三十六メートル、重さ三トンの龍蛇《りゅうだ》である。七〇本の孟宗竹で骨格をつくり、五七〇束の麦わらで頭から尾までを形づくる。その全身をおおうのはクマ笹の葉だ。頭の高さ四・五メートル、胴回り六メートル、開けた口は一・六メートル……と、破格のサイズである。

神職の出番である。お祓《はらい》をする。この瞬間、竹と麦わらで作られた龍蛇は、龍神へと変身する。

そして、いよいよ出発だ。目的地の雷電池《かんだちがいけ》までは三キロ弱、龍のハッピ姿の人たちが、龍神を担いで、練り歩く。渡御《とぎょ》である。その後につづくギャラリーの数も少なくない。また、休憩する能善寺や、交通規制がかけられ交差点などにも、ひと目見ようとする群衆があった。

昼過ぎの出発から約四時間、炎天下を、ずっと龍蛇の列から離れず、前から後ろから写真をとってきた者として、かなり疲れていた。だがしかし、「雨ふれ！　たんじゃく！　ここに懸れ！　黒い雲！」と大声をかけながら、それを担いできた猛者たちには、ご苦労様と言わなければならないだろう。

この行事のクライマックスは、終点にあたる雷電池でのこと。鬱蒼《うっそう》とした木立の中、その池は思ったほど大きくなかった。昔は、もっと大きかったという。いまでは身長三十六メートルの龍神には、いささか窮屈だろう。担ぎ手たちの声も、すでに嗄《か》れてきており、会場には女性アナウンサーの声で、例のかけ声が、マイクを通して流れる。それに呼応するかのように、龍神はゆるゆると池に入る（口絵7頁）。

一瞬、会場全体が静まりかえる。それまで龍神を担いできた猛者たちが、一斉に、龍神の解体を始めたからである。彼らの歓声と、マイクの女性アナウンサーの興奮した声が交錯する。さしもの大きな龍蛇も、アッという間に、竹とわら、笹の葉となり、雷電池に浮いている。かくして、龍神は昇天したのである。池の周囲は、行事の参加者や見物人を含め、全体が歓喜の坩堝《るつぼ》と化した。

この鶴ヶ島市の脚折雨乞行事は、伝承によれば、昔から日照りの折りに、雷電社の池で行われ、霊験あらたかだったという。江戸期だけでなく、明治になってからも成功例の記録がある。ただ、社会と産業の変化があり、昭和三十九年（一九六四）に途絶えたが、同五十一年（一九七六）、地域の一体感を再認識するものとして復活した。国の選択無形民俗文化財、市の指定無形文化財となっている。

今年の高澤さんからの年賀状には、「今年は四年に一度の脚折雨乞行事の年です。八月五日、日曜日」とあった。鶴ヶ島の龍の雨乞い行事は、四回目となるが、やはり行かずばなるまい、と思う。

109　ドラゴン・サミットの市——茨城県龍ケ崎市

龍（蛇）の行事は、第106項でみたようにかなりある。本書では、長崎の「蛇踊り」（106項）、青森の「虫送り」（101項）、さらに埼玉の「雨乞い行事」（108項）を、代表的な龍イベントとして紹介した。まだまだあることは当然なのだが、その詳細は次のチャンスにゆずる。

ところで、地名にみる龍もまた、少なくない。それを調べていると、「ドラゴン・サミット*」なるものに遭遇した。龍（竜）を地名で共有する場所（行政）が、一堂に会して、龍をテーマとして相互交流をする、というものである。それに加盟する計十五の市町村に手紙をだした。龍の話だからだろう、反応がいい。各

＊ここでの「ドラゴン」の使い方は、野球の中日ドラゴンズがそうであるように、本書の94～96項や98項のドラゴンとは異なり、むしろ日本独自の意味を持たせてある。

地からの返事や、その後のことを総合すると、以下のようである。
初回が昭和六十三年（一九八八）秋田県の竜王町で開かれ、第十七回が平成十六年（二〇〇四）茨城県の龍《りゅう》ケ崎《がさき》市で開かれ後、市町村の合併により構成メンバーが減少し、休止の状態にあるドラゴン・サミットではあった。この間の開催地だけを記せば、龍ヶ岳町（熊本）、北竜町（北海道）、竜洋町（静岡）、竜王町（滋賀）、龍神村（和歌山）、龍郷町（鹿児島）、竜王町（山梨）、天竜市（静岡）、雨竜町（北海道）、竜北町（熊本）、天龍村（長野）、龍山村（静岡）、龍野市（兵庫）である。
二回の開催をした場所が二つある。滋賀県の竜王町と、茨城県の龍ヶ崎市である。前者では、二〇〇〇年四月、町制施行四十五周年を記念して、講演「創生 世界の龍」をさせてもらった。後者は、そこが東京から近く、いつでも行けるという安心感があり、結果的には未踏の地だった。
時は移り、電子メールの時代になった。かつてドラゴン・サミットに参加していた行政に、再度コンタクトしてみた。返メールは早かったのだが、やはり時代の変遷があった。
「龍にまつわるイベント、現在のところ予定がありません」竜王町（滋賀県）
「現在、龍に関するイベント等につき実施しておりません」（旧、竜洋町）磐田市（静岡県）
「六月の第一土曜、遠州はまきた飛龍まつりで、火祭りなどがあります」「佐久間ダム祭りで、龍神渡御、龍神の舞いなどがあります。十月の最終日曜」（旧、天竜市）浜松市（静岡県）
「平成の大合併により、旧四町が合併して新市となり、その後、龍のイベントなど少なくなり、残念ながら何もございません」（旧、龍ヶ岳町）上天草市（熊本県）
（ドラゴン・サミットは、平成十九年〈二〇〇七〉に構成する市町村長が同意し、解散した）

「龍のイベントは開催しておりませんが、市内にあるモニュメントの多くは龍をデザインしたものであり、自治体名に『龍』が入っていることの影響は大きいと感じております。お近くにお越しの際は、是非、お立ちよりいただければ幸いです」龍ヶ崎市（茨城県）

チャンス到来のようだ。龍ヶ崎市の政策推部まちづくり推進課（担当＝持丸さん）は、その後、市内にある「龍モニュメント」の一覧や地図など、たくさんの資料を送ってきてくれた。

やはり、百聞は一見にしかず、である。自宅を朝六時すぎに出発、八時すぎには龍ヶ崎の駅前にいた。コミュニティバス「龍ゆうバス」（料金百円）で、一番遠くにある森林公園へ。その名の通り、鬱蒼たる森林のなかに、高さ二メートルはあろうかという、石の龍があった。迫力十分。夏場であれば、どうやら口から水

石の龍のモニュメント
（茨城県龍ヶ崎市の森林公園）

市役所前の通りにもドラゴン（龍ヶ崎市）

を吐きだす仕掛けのようだ。水が流れていく仕組みも、よく出来ている。

そこからは、基本的に歩いての龍モニュメント探索となった。北竜台公園の自然石に彫られた「昇り龍」、市役所まえの歩道などにある青銅の「昇り龍」や「珠をつかむ龍の爪」、文化会館の緞帳「刺繍の龍」、橋の欄干には「龍のレリーフ」、龍泉寺にある「水屋の龍」、公園のベンチや道路のマンホールのふたの市章は龍をデザインしたもの、道路名にある「龍宮通り」や「たつの子通り」……。

よくぞ、ここまで徹底したものである。ところで、地名の龍ヶ崎については、諸説があるという。

その一、川の多い地形で、その水を巻あげる竜巻が発生すること。

その二、台地の地勢が龍を思わせる。

その三、かつて龍崎という姓の領主がいた。

その四、干ばつに苦しむ農民のために、恵みの雨を降らせてくれた小龍の伝説。

いずれにせよ、龍ヶ崎の人たちの龍によせる想いには、熱いものがある。

駅前や道路の案内板に、なにやら食べている龍のロゴがあった。それはコロッケだった。龍ヶ崎はコロッケの街であるという。気のせいか、コロッケを売る店が多かった。駅ちかくの「まいん」で、揚げたてのコロッケに、ダボダボとソースをかけて食べてみた。一個八十円、美味しかった。

ついでながら、「龍の瞳」（105項）のおにぎりを持ち、十五キロほど歩いた「龍の探索」だった。

110 「雪舟の龍」から大運河に挑戦

最後の龍はどれにしようか、と悩んだ末、いささか故あって「雪舟の龍」にした。

日本人の画僧や画家たちの筆になる龍は、それこそ枚挙にいとまがないだろう。日光の「鳴き龍」のことは紹介ずみだ（102項）。国立博物館（東京上野）では、新春から特別陳列「天翔ける龍」をしている。そのポスターに選ばれたのは、曽我直庵の「龍図屛風」である（安土桃山）。それ以外にも、牧谿（室町）・探幽・宗達・応挙（江戸）、橋本雅邦（明治）など、よく知られた「龍」がある。

画聖・雪舟《せっしゅう》（等楊、一四二〇〜一五〇六）のことは、かねて調べてみたいと思っていた。涙でネズミを画いた話は有名で、小僧さん時代、備中・赤浜（岡山県総社市赤浜）宝福寺でのこととか。この寺へも、修行をした京都の相国寺へも、盛んに創作活動をした周防（山口県）や豊後（大分県）、雪舟の郷記念館のある益田（鳥取県）へも足を運んだ。ある程度の理解はできたが、不満も残った。

不満というのは、中国でのことである。彼が遣明船《けんみんせん》で海を渡ってからの約三年間、皇帝のいる京師（北京）まで行き、寧波《ねいは》の寺では相当のポストにつき、本格的に水墨画を学んだことなどが、引用ないし孫引きの説明として、あるにはある。雪舟の中国における事跡は、まだまだ未知の分野のようだ。

かくなる上は、自分で調べるまでだ。遣隋使や遣唐使の多くも、まず九州から出航し、運がよければ寧波（浙江省）あたりに上陸、大運河を北上した。帰路は、おおむねその逆である。大運河はもとより、ライフワークの一つと考えていた。そこを往復する雪舟ならば、ファイトわくテーマだ。

「大運河2000キロを雪舟とともにいく」を、月刊誌『東亜』（発行＝霞山会）に計十二回連載したのは、二〇〇三年の四月号からだった。歴史をタテ糸に、地理をヨコ糸に、浙江・江蘇・山東・河北・天津・北京の四省二市を、大運河の歴史と現況を取材し、表現した。日本のトレンドは、小さく軽く……らしいが、筆者が好きなのは、中国的な、長大なテーマである。発見と出合いの連続だった。

寧波の天一閣（図書館、博物館）にあった雪舟の像、彼が見たであろう大運河にかかる橋、現存する紀元前五世紀の運河、大運河と黄河のクロス・ポイント、北上とともに細る大運河、南運河と北運河をむすぶ天津、北京で雪舟が請われて龍を画いた場所の特定……かつてない最大級の仕事だった。

そんな大仕事をさせた、一つの理由があった。雪舟の「波《は》涛《とう》雲《うん》龍《りゅう》図《ず》」（三幅対、紙本）である。

雪舟の「波濤雲龍図」（三幅対）の「平龍」

二〇〇一年春のことだった。その一年前にだした『龍の百科』を読んだという人から電話があり、会って相談したいことが……という。画商の柴原睦夫さんだった。初対面だったが、なぜか波長が合った。聞けば、NHKテレビの「新日曜美術館」で、龍を取りあげる企画があり、協力してほしいとのこと。龍のことであれば、断る理由はなく、できる範囲で喜んでやります、と応じた。

夏（八月二七日）、雪舟の「波涛雲龍図」の所有者である丸山重忠さん（広島県呉市在住）、柴原さん、NHKのクルーが拙宅に来訪、半日がかりの取材だった。秋に放映された番組の内容はこうである。

瀬戸内の「龍島」にある民家の屋根裏で発見された三幅の龍図、それが雪舟の作であるか否か、故人をふくむ研究家たち、著名な日本画家たちが、それぞれの立場から見解を述べる。ある研究者はすでに「極《きわめ》」（本物証明）を書いており、ある人は「紛れもなく本物」といい、ある人は「たぶん、ちがう」といい、ある人は「江戸期の作品だ」という。要するに、各人各様で、意見が一致しないのである。

筆者の出番は、龍図の関連ではなく、龍そのものの解説である。中国の龍の定義の嚆矢《こうし》は『説文解字《せつもんかいじ》』である（32項参照）。その内容をベースに、できるだけ分かりやすく話したつもりだ。

その番組「謎の龍図」が放映されたのは、二〇〇一年九月十六日の朝九時と夜八時の二回。やはりNHKの影響は大きいと思う。前回（一九八八年）モーニングワイドで、中国天津にある南開大学の教え子たちがやった学生劇「赤い風車」（東京と山梨で公演）を取りあげてくれた。その時もそうだったが、番組が終わるとすぐに電話が鳴った。見た、という人からである。それも相当の数だった。

「謎の龍」の真偽（雪舟か否か）は、本書の筆者にとって正直な話、あまり大きな問題ではない。有名人には「偽作」のみならず、生誕地や墓までも複数ある。それは後世の人たちの願望がなせる結果であろう。雪舟と聞き、彼が漂白した日本の各地を想像し、雪舟の龍と聞いて、彼が滞在した中国の寧波や、北京までを往復した大運河に想いをはせることは、それだけで幸せというものだ。

おわりに

二度あることは三度ある、という。それは本当だった。

龍のことは、中国との付きあいが長くなり、深くなるにつれて、材料は多くなる一方だった。龍の本や雑誌のコピー、新聞の切りぬき、グッズなどが書庫の一角を占める。それにしても中国人は、どうしてこんなに、龍が好きなのだろうかと思う。上は皇帝から、下は庶民まで、その龍好きは徹底している。

そんな龍を、いつか表現してみたいという思いがあった。

最初のチャンスは、想定外の方向から、予想外の内容でやってきた。長野県の須坂《すざか》市で発行されている週刊紙『須坂新聞』から、「龍の連載をしてみませんか」という、お誘いだった。テーマはどんピシャである。週一回の締切というのも、かなりの緊張感であり、いつかは体験したいと思っていた。望むところだ。それでは百回ほどの連載「龍百話」を、と申しでて応諾された。一九九四年十二月の第0回「予告」から、第百回「未完の弁」まで、三年がかり、一度も休まずに連載した。苦しくも、楽しい、執筆だった。

二度目は、前回の辰年である二〇〇〇年、その直前にやってきた。「龍百話」の内容を前提とし、それを取捨選択し、必要におうじて加筆するという条件で、新潮社の選書として企画が通ったのである。これは望外のことである。選書や新書というシリーズは、ある種のカラーとスタイルがあり、ページ数なども一定の制約がある。だが、書店にいけば実感するように、全体として、大きな存在感をもっている。

それまでに、新書は三冊だしていた。講談社の現代新書で、「気」シリーズである。さて選書はどうなるか、と一抹の不安もあったが、ベテラン編集者の手にかかると、面目一新、自分ながら驚くような一冊となった。『龍の百科』である。二〇〇〇年の一月、書店の新刊コーナーで平積みになった自著を、面はゆい気持ちで眺めた。その裏表紙に、推薦文を書いてくれたのは、尊敬する大先輩の加賀乙彦さんである。

そして十二年が過ぎ去った。この間に、還暦をむかえ、著書や訳書を総計すると、自分の年齢くらいの数にはなる。だが、表現への意欲はいちおうキープしている。龍に関しても、書き込みをする保存本や、関連の資料ファイルは、辞書類とともに、仕事机から手のとどく範囲に置いてある。

ところで「未完の弁」を『須坂新聞』に書き、計百一回の連載を終えたのには、理由がある。その時点で、当方の見聞と知見には限界があった。中国は別として、韓国や東南アジアの龍を実地に調べたことはなかった。インドや欧米、中南米にも、調べるべきことがあるはずだ。地球は、大きく、広い。

それでもこの間、韓国やタイには行くチャンスがあった。トルコやギリシャ、イタリアへも観光にいき、そこのドラゴンは見てきた。日本でも、龍や蛇の伝承地はかなり回った。

三度目の正直である。これまでの二作の内容には、龍だけでなく、人の要素が共存している、と指摘してくれたのは、原書房の編集者の奈良原眞紀夫さんである。これは著者自身が気づかなかったことだ。そうした視点から、これまで発表した内容を、全面的に組み替え、かなりの新稿を加えた。

このような存在感ある作品となったのは、奈良原さんの功績であることを記して、謝意としたい。

二〇一二年一月

池上正治

虫送り　275, 276
も
毛沢東　7, 99
モンゴル　157, 159, 180, 182
モンゴル族　194
モンゴル族自治県　88

[や]
ゆ
遊牧　100
ユダヤ人　243, 245
よ
陽　198
楊貴妃　40, 46, 51, 176
ヨハネ黙示録　244

[ら]
ライチョウ（雷鳥）　205, 206, 207
老龍頭　101, 102, 103
洛陽　26, 122, 160
り
李斯　38, 56, 81, 83
李白　40, 132
李連慶　260
『龍——一種の未解明の動物』　88, 89
龍　5, 22, 24, 44, 64, 65, 67, 74, 82, 87, 88
『龍——神話と真相』　65
龍王　28, 29, 119, 144, 146, 147
龍踊り　151, 274
龍顔　38, 39, 40
龍眼　207, 208, 209
柳毅（りゅうき）　143, 144, 145
龍宮　115, 116, 117, 118, 119, 144, 258
龍穴　110, 111, 112
龍骨　156, 164, 165, 166, 214, 216, 256, 257
龍山文化　73, 92, 161, 162, 163
龍女　117
龍神　119
龍水　148
龍頭蛇尾　53, 54
龍の蚕　129, 131
劉備　47, 48
劉邦　38, 41, 42, 43
龍袍　50, 83, 120, 192
龍脈　108, 111, 112
龍門　31, 96, 109, 113, 114, 117, 122, 123, 124, 161
竜文切手　9, 10
ろ
老子　35, 76, 77, 128
濾沽湖（ロコ湖）　23, 33
魯迅　45, 190
龍鍋（ロンクオ）　204, 205
『論語』　34, 36, 125
龍師（ロンシー）　146, 147, 148
龍抬頭（ロンタイトウ）　149, 151, 198, 199, 274
龍井（ロンチン・茶）　127, 128
龍菜（ロンツァイ）　211, 212
龍蚕（ロンツァン）　130
龍灯（ロントン）　149, 150, 274
ロンドン・ブリッジ（橋）　247

[わ]
ワイヴァーン　245, 246, 247
ワニ　41, 89, 238
藁蛇　272

天壇　59
天帝　73
天に登り　27
天に昇る　24
と
道教　145
銅銭　86
洞庭湖　142, 143, 144
陶文　73
登龍門　53, 96, 98
トーテム　21, 22, 29, 30, 57, 93
毒蛇コブラ　238
ドラゴン　238, 239, 240, 241, 242, 243, 244, 245, 247
敦煌　122, 133
灯会（トンホエ）　154

[な]
ナーガ　135, 238, 240
長崎　150, 272, 273, 274
長崎の出島　60
に
日光　264
日光の鳴き龍　264, 265
人参　136, 137, 209
の
農業　145, 159, 275
農耕　100, 173
農耕文化　159
農暦　141, 142, 149, 198, 200, 274

[は]
佩（はい）　80, 171, 172
白磁　194
白龍　147, 182, 193
ひ
贔屓（ヒイキ）　69, 70, 179
『百家姓』　66, 67
飛龍　79, 80, 142, 205, 206, 207, 245, 247
碑林　165, 178, 189
ふ
プイ族　115, 116
馮紹政（ふうしょうせい）　27, 28
風水　108, 110
風水師　112
分龍節（フェンロンチエ）　149, 151, 200
父系制　57
婦好　92, 166, 167, 168, 175
伏羲　20, 21, 23, 66, 133, 217
仏教　135
仏教遺跡　134
筆　189, 190, 191, 192
武帝　25, 82, 119, 126, 132, 144
文房四宝　186, 190, 191
へ
ペーロン　81, 141, 142
碧巌録　53, 54
汨羅　80, 142
北京　8, 57, 59, 101, 121, 138, 151
北京故宮　58
ヘビ　21, 22, 29, 30, 41, 89, 93
蛇　273, 274
ヘラクレス　239, 241, 242
ほ
袍　83
方壺　169
封禅（書）　24, 25
『抱朴子』（ほうぼくし）　69, 128
北斗　22, 24, 32, 43
母系制　24, 33
母系制の社会　23
星　71
渤海国　92, 93, 103, 119, 193

[ま]
前島密　12
馬王堆　45
松田敦朝　9, 11
満州族　194, 207
マンテル　156
み
ミカエル　244
蛟　69, 80
ミャオ（族）　145, 147, 148
む
虫　29, 172, 275

正倉院 256, 257
上蔟（じょうぞく） 130
昇天 26, 124, 275
鍾乳洞 116, 117
照壁 121
女媧 20, 21, 23, 32, 66, 132, 133, 217
徐霞客（じょかかく） 114
諸葛孔明 46, 47, 48, 112
徐福 39, 99, 119, 131, 201, 210, 217, 260
シルクロード 82, 105, 131, 132, 133, 134, 135, 256
白い龍 183
新疆 32, 105, 132, 133, 134, 155, 173, 217
新石器時代 157, 159, 167, 189, 217
神仙思想 26, 258, 260
神仙世界 79, 212
『神仙伝』 77
秦皇島市 39
『新約聖書』 239, 244
神話 20
す
瑞祥 64, 174, 190
硯 189, 190, 191
脚折（すねおり）雨乞行事 2
墨 188, 189, 190
せ
姓 21, 66, 67
斉 119
西安 178, 189, 204
青花の龍 193
青花龍文壺 184
『聖書』 240, 243
青城山 23, 124
青銅 25, 75, 168, 176
青銅器 164, 169, 171
青銅製 177
姓名 66
青龍 70, 71, 72, 84, 147
石仏 122, 123
赤龍 147
浙江省 31, 100, 129, 173, 200
薛濤（せっとう） 187
『説文解字』 56, 81, 82, 83, 87
禅（問答） 53, 54
『山海経』 111
陝西省 79, 93, 96
銭龍 85, 86, 87
そ
楚 77, 79
蒼頡 81, 179
『荘子』 35, 36
蒼龍 72, 84, 103, 120

[た]
泰山 25, 136
岱山 201
大地震 108, 109
大同 120, 121, 122
大龍切手 13, 14, 15, 16, 17
辰（龍）年 7, 9
辰年 2, 6, 8
辰年の年賀切手 2
タツノオトシゴ 170, 212, 213
端午 81, 141
ち
地支 5
螭首 178, 179
治水 29, 30, 31, 93
チマキ 141, 142
粽 81
趙匡胤 52
長江 92, 109, 110, 140, 141, 143
長城 40, 99, 100, 101, 103, 104, 105, 106
張僧繇（ちょうそうよう） 48, 49
清蒸龍王（チンチョンロンワン） 202
陳濤 54, 55
つ
壺 168, 170
て
鄭 181
鄭州 31, 93, 169
テュポーン 239
天 22, 27, 59, 173
天意 163
天下太平 85
天体 71

金属器　25
金の龍　188
金文　75, 164
く
屈原　79, 80, 81, 141, 142
黒い龍　140
け
荊山　24, 25, 26
景徳鎮　65, 185
逆鱗　36, 37
玄宗皇帝　27, 40, 51, 176
乾隆（皇）帝　83, 191
こ
鯉　98
項羽　41, 42, 43
黄河　83, 92, 93, 110, 136, 159, 160, 161
康熙
『康熙字典』　194
康熙帝　191, 192
甲骨文字　27, 73, 74, 75, 163, 165, 178
孔子　34, 36, 75, 76, 77, 124, 125, 126, 136, 170
孔子廟　178
杭州　51, 55, 127, 129, 131
江西省　64
江蘇省　7, 100, 201
黄帝　22, 24, 26, 32, 43, 83, 84, 124, 173, 217
皇帝　92, 136, 192, 205
黄袍　51, 52
黄龍　83, 85, 147, 174
蛟龍　13, 42, 79, 80
故宮　57, 59, 83
五行　85, 112
黒陶　92, 163, 167
黒陶文化　161
黒龍　147, 192, 193
黒龍江省　88
湖南省　7, 79, 145
湖北省　141
暦　5, 149
鯀（こん）　29, 30, 93
昆明　108
崑崙　109, 110, 112

[さ]
採集の生活　173
彩陶　92, 159, 160, 161
蔡倫　187
山海関　103, 104, 105
散華　3
三国　47
『三国志』　48, 112
三国時代　128
『三才図会』　42, 111
山西　96
山西省　93, 161
山東省　44, 100, 124, 136, 161, 184, 203
三門峡　31, 93, 160
し
洗龍（シーロン）　218, 219
『史記』　24, 34, 42, 43, 77, 211, 260
『詩経』　75
詩経　172
自貢市　154
始皇帝　25, 39, 40, 41, 43, 56, 81, 86, 99, 100, 119, 186, 210
四川省　23, 33, 44, 141, 155
十干　5
司馬遷　24, 42, 43, 77, 211, 260
四方　85
蛇踊り　4, 150, 272, 274
『周易』　68, 78
周恩来　5, 7, 8
十二支　5, 7
首星　72
狩猟　275
舜　29, 31, 184
『荀子』　69
荀子　38
春節　149, 154, 158
純白の龍　135
葉公　34, 35, 36
『升庵外集』　69
椒図　69, 70
少数民族　115, 145, 194, 207

索　引

[あ]
アクセサリー　172, 175
蒼い龍　99, 101, 104
青森県　275
赤絵　194
雨乞い　27
安徽省　42
安陽　165, 168, 178
い
イギリス　60
石段　57
殷墟　164, 165, 166, 178
インド　210, 238, 240, 257
陰　198
陰陽の図　84
う
禹　4, 29, 30, 31, 84, 93, 166
浦嶋（島）神社　258,259, 260
浦島太郎　117, 119, 258, 259
雲岡　120
雲岡石窟　122
雲南省　23, 29, 33, 108
雲龍　186
え
影壁　121
干支　158
燕　119
お
炎帝　43
黄玉　180, 193
王符　22, 45, 120, 133
鳳　64, 65
乙姫　118, 119, 259

[か]
夏（王朝）31, 166
海馬　212, 213
葛洪　69, 77, 128
画像石（レリーフ）20, 44
河図　84
瓦当　44, 71
カドモス　241, 242
鼎　24, 26, 168
河南省　25, 122, 160, 165, 175
河北省　119
神　31, 33
紙　186, 187, 190
嘉峪関　101, 104, 105
臥龍　46
画龍点睛　50, 194
迦楼羅（カルラ）135
灌県　151
漢字　74, 81, 82, 83, 165, 179, 217
甘粛　159
韓非　36, 37, 38
『韓非子』36, 37, 67
漢方薬　212
き
気　22, 24, 43, 108, 109, 110, 173, 198
黄色　83, 85, 92
貴州省　113, 115, 116, 117, 145
キジル　135
徽宗皇帝　55
吉祥　174, 205
吉祥物　85
絹　131
九似説　45, 120, 133, 185
『旧約聖書』239
九龍壁　120, 121, 122
堯　29, 184
餃子　154, 203, 204, 205
仰韶　159, 161
仰韶文化　81, 92, 160, 161, 162, 175
強壮剤　211
恐龍　87, 154, 155, 156, 256
玉　38, 92, 157, 158, 166, 167, 171, 172, 175
曲阜　124
許慎　27, 81, 83
ギリシア神話　175, 217, 239, 240, 241, 242
キリスト　244
キリスト教　243, 245
銀貨　61
銀コイン　60

ロシア連邦
黒龍江
黒龍江省
ハルピン
モンゴル
内蒙古自治区
長春
吉林省
黄河
フフホト
遼寧省
瀋陽
北京市
朝鮮民主主義
人民共和国
天津市
日本海
銀川
オルドス
天津
渤海
大連
河北省
太原
石家荘
夏回族
自治区
陝西省
延安
山西省
済南
大韓民国
蘭州
青島
黄海
甘粛省
三門峡
開封
山東省
西安
洛陽
鄭州
河南省
江蘇省
四川省
合肥
重慶市
湖北省
南京
上海市
日本
成都
武漢
安徽省
上海
長江
杭州
東シナ海
南昌
浙江省
貴州省
長沙
湖南省
江西省
福建省
沖縄
貴陽
福州
馬祖島
厦門
台北
広西壮族自治区
広東省
金門島
広州
台湾
深圳
汕頭
南寧
マカオ
香港
珠海
南シナ海
ベトナム
海口
海南省
0
500km
フィリピン

中国を中心とする地図

カザフスタン
キルギスタン
ウルムチ
トルファン
新疆ウイグル(維吾爾)自治区
嘉峪関
敦煌
パキスタン
崑崙山脈
青海省
西寧
ヒマラヤ山脈
チベット(西蔵)自治区
ネパール
ラサ
ブータン
バングラデシュ
ガンジス川
インド
ミャンマー
昆明
雲南省
ラオス
タイ

池上正治（いけがみ・しょうじ）
1946年（新潟県）生れ。
東京外国語大学中国科卒業。
作家・翻訳家。
著書に、『徐福』、「気」の三部作（1991～95年）、
『世界の花蓮図鑑』（共著）など。
訳書に、『体系　中国老人医学』『徐福と始皇帝』
『中国慈城の餅文化』など。
著訳書の総計60余冊。

龍《りゅう》と人《ひと》の文化史《ぶんかし》百科《ひゃっか》

●

2012年9月28日　第1刷

著　者………池上正治《いけがみしょうじ》
発行者………成瀬雅人
発行所………株式会社原書房
〒160-0022 東京都新宿区新宿 1-25-13
電話・代表 03(3354)0685
http//www.harashobo.co.jp
振替・00150-6-151594

組　版………株式会社西崎印刷
印　刷………株式会社平河工業社
製　本………東京美術紙工協業組合

ISBN978-4-562-04864-9